中国古典哲学名著研读书系

学术顾问　陈　来　　总主编　孙熙国　张加才

道法自然的境界
《老　子》

白　奚　王英杰　◎著

中国出版集团
研究出版社

图书在版编目 (CIP) 数据

道法自然的境界：《老子》/ 白奚, 王英杰著. --
北京 : 研究出版社, 2022.4
　ISBN 978-7-5199-1050-1

　Ⅰ.①道… Ⅱ.①白…②王… Ⅲ.①道家②《道德经》- 研究 Ⅳ.①B223.15

中国版本图书馆CIP数据核字(2021)第163999号

出 品 人：陈建军
出版统筹：丁　波
责任编辑：刘善军
助理编辑：于孟溪

道法自然的境界：《老子》

DAOFA ZIRAN DE JINGJIE：LAOZI

白奚　王英杰　著

研究出版社 出版发行

（100006　北京市东城区灯市口大街100号华腾商务楼）
北京中科印刷有限公司印刷　新华书店经销
2022年4月第1版　2024年4月第2次印刷
开本：710毫米×1000毫米　1/16　印张：24.25
字数：299千字
ISBN 978-7-5199-1050-1　定价：69.00元
电话（010）64217619　64217652（发行部）

版权所有·侵权必究
凡购买本社图书，如有印制质量问题，我社负责调换。

中国古典哲学名著研读书系
编委会名单

学术顾问：陈　来

总　主　编：孙熙国　张加才

编　　　委（以姓氏笔画为序）：

　　　　王英杰　化　涛　白　奚　朱　岚　刘成有

　　　　李　琳　李良田　李道湘　肖　雁　宋立卿

　　　　张旭平　张艳清　林存光　董　艺

总序

著名哲学家、哲学史家
清华大学国学研究院院长

中华优秀传统文化是中华民族的"根"和"魂",是中华民族的精神命脉,是涵养社会主义核心价值观的重要源泉,也是我们在世界文化激荡中站稳脚跟的坚实根基。在这一意义上说,丢弃了中华优秀传统文化就等于割断了我们的精神命脉。党的十八大以来,习近平总书记多次强调中华优秀传统文化之于中华民族的重要意义,强调中华优秀传统文化积淀着中华民族最深沉的精神追求,包含着中华民族根本的精神基因,代表着中华民族独特的精神标识。

"文以载道,文以化人。当代中国是历史中国的延续和发展,当代中国思想文化也是中国传统思想文化的传承和升华,要认识今天的中国、今天的中国人,就要深入了解中国的文化血脉,准确把握滋养中国人的文化土壤。"这是 2014 年 9 月 24 日习近平总书记在纪念孔子诞辰 2565 周年国际学术研讨会暨国际儒学联合会第五届会员大会开幕会上的讲话中提出的一个重要论断。千百年来,中华优秀传统文化已深深地植根在中国人的内心和血液之中,潜移默化地影响着中国人的思想方式和行为方式。因此,要了解中国,做

总序

一个真正意义上的中国人，必须学习中华优秀传统文化，明白我们从哪里来，将来要到哪里去。

学习中华优秀传统文化，最有效的方式就是读中华文化经典，学中华文化原文，悟中华文化原理。但是，中华文化典籍浩如烟海，究竟应该读哪些典籍，从哪些典籍入手学习中华优秀传统文化呢？德国哲学家雅斯贝尔斯在《历史的起源与目标》一书中提出，公元前800年至公元前200年是人类文明的"轴心时代"，是人类文明精神的重大突破时期。这一时期产生于古代希腊、古代中国、古代印度等国的伟大思想家的著述和思想塑造了人类文化的不同传统，直到今天还影响着人类的生活和实践。因此，本丛书选取了中华文明"轴心时代"具有重要代表意义的典籍《易经》《老子》《论语》《孙子兵法》《墨子》《大学·中庸》《孟子》《庄子》《荀子》《韩非子》，请相关专家进行注释、梳理和阐释，最后形成了《中华文化的源头：〈易经〉》《道法自然的境界：〈老子〉》《儒家思想的奠基：〈论语〉》《兵家圣典的智慧：〈孙子兵法〉》《兼爱天下的情怀：〈墨子〉》《止于至善的诠释：〈大学·中庸〉》《内圣外王的追寻：〈孟子〉》《天地精神的融通：〈庄子〉》《礼法并举的方略：〈荀子〉》《经世治国的谋略：〈韩非子〉》等十项成果。

我理解，本套丛书所做的这一工作，不仅仅是让读者读懂和了解中国先秦时期的思想和文化，还希望读者在学习和阅读的过程中，领会中华优秀传统文化的主要内容和独特创造，思考中华优秀传统文化的价值理念和鲜明特色，把握中华文化的历史渊源、发展脉络、基本走向。正如恩格斯所说："在希腊哲学的多种多样的形式中，差不多可以找到以后各种观点的胚胎、萌芽。"中国也是一样。在中国先秦哲学的多种多样的形式中，差不多可以找到后来中国哲学演变发展的各种观点的胚胎、萌芽。只有学习了解和把握了先秦哲学，才能进一步了解和把握汉唐以来的中国哲学乃至整个中华文化的演变和发展。

参加本套丛书撰写的作者都是中国哲学专业的博士、有多年教学和研究经验的专家学者。我在阅读他们的初稿时，感受到他们有强烈的社会责任感、民族自信心和文化自豪感。他们的工作力图达到两个目的，一是让读者通过阅读中国古典哲学名著学习中华优秀传统文化，了解中华优秀传统文化是我们这个古老民族的"根"和"魂"，二是力图用当代中国的生活和实践激活中国古典哲学名著中所蕴含的思想智慧与合理内容，实现中华优秀传统文化的创造性转化和创新性发展，从而服务于当代中国的文化建设和文化发展。

不忘本来才能开辟未来，善于继承才能更好创新。我愿意向各位读者郑重推荐本套丛书，并期待着本套丛书能够为各位读者了解中华优秀传统文化，增强文化自觉和文化自信，坚定道路自信、理论自信、制度自信，发挥应有的作用。

2022 年 3 月于清华园

目　录

导言 01
第一章 001
第二章 007
第三章 013
第四章 017
第五章 021
第六章 026
第七章 031
第八章 036
第九章 040
第十章 044
第十一章 051
第十二章 055
第十三章 060
第十四章 066
第十五章 072
第十六章 077

第十七章	081
第十八章	086
第十九章	089
第二十章	095
第二十一章	100
第二十二章	104
第二十三章	108
第二十四章	113
第二十五章	116
第二十六章	124
第二十七章	127
第二十八章	132
第二十九章	137
第三十章	141
第三十一章	145
第三十二章	149
第三十三章	154

第三十四章	158
第三十五章	162
第三十六章	166
第三十七章	171
第三十八章	177
第三十九章	185
第四十章	190
第四十一章	195
第四十二章	199
第四十三章	203
第四十四章	206
第四十五章	210
第四十六章	214
第四十七章	217
第四十八章	221
第四十九章	225
第五十章	229

第五十一章	233
第五十二章	238
第五十三章	243
第五十四章	247
第五十五章	251
第五十六章	255
第五十七章	259
第五十八章	263
第五十九章	270
第六十章	273
第六十一章	277
第六十二章	281
第六十三章	284
第六十四章	287
第六十五章	291
第六十六章	295
第六十七章	299

第六十八章	303
第六十九章	306
第七十章	309
第七十一章	312
第七十二章	314
第七十三章	317
第七十四章	321
第七十五章	324
第七十六章	327
第七十七章	330
第七十八章	334
第七十九章	338
第八十章	342
第八十一章	346
参考书目	351
后记	353

导言

　　《老子》是中国文化最重要的古代典籍之一，它代表着中华文明最伟大的哲学智慧。为老子所开创、以老子为代表的道家思想是中华文化的主干之一，是人类取之不尽、用之不竭的精神宝藏。

老子其人其事其书

　　在中国古代重要的思想家中，老子是引起争议最多的人物。老子究竟是谁？他是哪个时代的人？《老子》这部书是谁写的？成书于何时？古往今来，围绕着这些问题出现过很多观点，产生过许多争论。《史记》是最早记述老子其人其事的史书，是我们了解老子的主要材料依据。下面主要根据司马迁的记述，并参考其他古籍中的相关材料，将老子的生平事迹和相关问题归纳为以下几个方面：

　　一，老子的国籍、故里。"老子者，楚苦县厉乡曲仁里人也。"《史记》对先秦诸子里籍的记载，这是最明确、详尽的。其地，一说在今河南鹿邑县东，一说在安徽亳县或涡阳。老子在世时，苦县（今河南鹿邑）属陈国。公元前479年，陈国为楚国所灭，其地遂属楚国，所以司马迁才说老子是楚人。由于老子的故里位于现在的河南省与安徽省的交界一带，所以两个省都在争。

二，老子的姓名。"姓李氏，名耳，字聃。"《说文解字》曰："聃，耳曼也。""曼"意为长，聃即耳朵长、大之意。盖老子生来耳朵有些特别，故以耳为名，以聃为字。在先秦时代，"子"是对知识分子的尊称，相当于后世所谓"先生"，当时称"子"的如孔子、墨子、孟子、庄子等，都是在姓氏后加一"子"字，那么，既然老子姓李，为什么不和其他人一样称为"李子"，而称为老子呢？关于这个问题，有几种说法：①"老"是尊称，称"老子"犹如后人所谓老先生。这大概是由于老子特别长寿的缘故，《史记》曰："盖老子百有六十余岁，或言二百余岁，以其修道而养寿也。"②按道教的说法，或曰"李母怀胎八十一载"生老子，"生而皓首，故称老子"，或曰"李氏女所生，因母姓也"，或曰"生而指李树，因以为姓"。③高亨《老子正诂》认为，古有"老"姓而无"李"姓，"李"姓是后起的姓氏，是由"老"姓辗转通假而来的；且先秦典籍中皆称老子或老聃，没有一处称"李耳"。从音韵学上来说，"老、李一声之转"，"耳"和"聃"字义相应，于是到了汉代，老聃就变成了李耳。高亨先生的考证是令人信服的，现在学术界基本都认可这种看法。

三，老子的职业。"周守藏室之史也"，"守藏史"又称"征藏史""柱下史"，属于周王朝的史官，掌管图书文献档案，所以现在人们多说这个官职相当于国家图书档案馆的馆长。在春秋时代的贵族政治条件下，一个官职往往就是一门学问，贵族们不但世传其官，而且世传其学，因而老子很可能出身于有深厚文化修养的史官世家。老子出任周王室的"守藏史"，可以想见他的知识学问在当时有着相当显赫的声名。

四，老子与孔子的关系。"孔子适周，将问礼于老聃。"根据《史记》的记载，老子在担任周王室的守藏史期间，曾会晤了孔子，孔子向老子请教了有关"礼"的问题。关于孔子问礼于老聃一事，很多古籍都有记载，不仅有正宗的史书和道家的著作以及杂家的作品，更多的是儒家自己的作品，这表明孔子问礼于老聃的传说在先秦乃至秦汉时期十分流行，儒家不仅认可这样的说法，而且对此并不介意。孔子曾问礼于老子并非道家的杜撰，而是自孔子以来儒家代代相传的事实，即便儒家在获得独尊的地位后仍不能否认。尽管唐代的韩愈、南宋的叶適等人对此愤愤不平，认为此事是道家的编造，但也无法改变古籍中的记载。

五，老子的生卒年。已不可确考，但既然孔子曾向他极为恭敬地请教过礼，可知老子必年长于孔子，盖孔子青年时，老子已是中年。孔子生于公元前551年，老子的生年据此约略可以推知。现在学术界一般都接受这样的推测，老子年长于孔子20岁，其生年约为公元前571年前后，属于春秋末期。

六，老子、老莱子与太史儋。根据《史记》的这些记载，老子即老聃，他与孔子同时又年长于孔子，这本应该是没有问题的。但是司马迁接下来又有这样两条记述，一是"或曰：老莱子亦楚人也，著书十五篇，言道家之用，与孔子同时云"；二是孔子去世一百多年后，周太史儋见秦献公，"或曰儋即老子，或曰非也，世莫知其然否。"这两条记述，引发了古往今来的无数争论，人们由此怀疑《老子》一书是否是老子本人所著。最早对《老子》是老聃所著提出怀疑的是北魏时期的崔浩，此后直到清代和当代，不断有人认为《老子》非老聃所著。不少人认为，司马迁在《老子列传》中已经无法确定究竟谁是老子，于是他列出了三种可能：老聃、老莱子、太史儋。其实，司马迁在这个问题上并不是含混不清的，他明确地认定了老子就是春秋时期的老聃。司马迁写作《史记》，总是把自己认为比较可靠的材料作为正传加以记载的，对于有疑问的史料，他常用的一种处理方式，就是在正传后面加上附录。这里的两个"或曰"，表明在司马迁所处的时代，就流传着关于老子身份的三种不同说法，司马迁本着负责任的态度，将两种不大可靠的传言作为附录附在正传之后，供人们在阅读时参考，并不是他在这个问题上含糊不清。

七，老子是不是隐士。"老子，隐君子也"，"其学以自隐无名为务，居周久之，见周之衰，乃遂去"，大概从此隐姓埋名，浪迹天涯。后世人们在谈到隐士的话题时常常以老子为主要代表，这是不准确的。因为老子曾经多年担任周王朝的史官，到了老年才退隐，显然与庄子一类的从来不当官或坚决不当官的隐士不同，不是典型的隐士。

八，老子与《道德经》。"至关，关令尹喜曰：'子将隐矣，强为我著书。'于是老子乃著书上下篇，言道德之意五千言而去。"按《史记》的说法，《道德经》是老子在过关时在较短的时间内创作完成的，司马迁依据的可能是当时的传说，实际上，《道德经》中的思想是老子一生思想和经验的总结，不会是在短时期内完成的。这里牵涉两个由来已久的争论：老子究竟是不是《道德经》的作者，《道德经》又是什么时代的作品。对此有几种有代表性的观点：第一种观点认为，《道德经》基本上是老子本人独立完成的，但有战国时人的增益。持此观点者以高亨为主要代表。第二种观点主张将老子其人与其书分开，认为老子是春秋后期的人，但《道德经》成书于战国中期，这种观点以郭沫若、唐兰为主要代表。第三种观点认为老子是战国时期的人，《道德经》也成书于战国。此种观点以梁启超、罗根泽、冯友兰为代表。第四种观点认为《道德经》成书更晚，在秦汉之间，甚至是在汉代。

关于这几种观点，各有各的根据和道理，曾经争论不休，但目前学术界的意见比较趋向于一致了，其中最主要的一个原因就是郭店楚墓竹简《老子》的发现。郭店《老子》的出土，彻底打破了《老子》晚出说的谬误，证明了至晚在战国中期已有《老子》版本流传于贵族阶层。现在学术界大体上已经认定，老子就是春秋后期年长于孔子的老聃，《道德经》一书的主要部分是老子写的,但在后来的流传过程中不断演变、不断有人增益,内容逐渐丰富,有不同的版本在不同地区流传,直到汉代才基本定型。传本有王弼本(魏晋)、河上公本(东汉)、唐傅奕本《道德经古本篇》,亦称《古本老子》(主要依据南北朝时期开发项羽妾冢所得项羽妾本)、帛书本(西汉)、郭店竹简本(战国中期)。

九,老子最后的去向。传说老子"西入流沙",《史记》只说老子为关令尹喜著书上下篇之后,过关,"莫知其所终"。关于"关",历代学者解释不同,或曰为函谷关(今河南灵宝境内),或曰为散关(今陕西宝鸡境内),现代学者多认为是函谷关。但无论是函谷关还是散关,老子过关后肯定是西入于秦,陕西周至的楼观台据说就是老子讲经的地方。据《水经注》卷十九记载,今陕西周至县东南有"大陵","世谓之老子陵"。另外,南宋罗泌《路史》记载:"户县柳谷水西有老子墓。"还有一种说法,说老子死于陕西扶风。总之,老子最终死于秦地。今周至县仍有楼观台、老子洞、流沙等遗迹,每年都举行祭奠活动。

老子思想的核心和精神灵魂

老子对中国文化的贡献主要是在哲学方面,他实现了中国"哲学的突破"。老子的哲学思想,有两个东西最为重要,一个是其学说的核心概念——"道",一个是其思想的基本精神——自然主义。"道"是老子学说的基石,自然主义是老子学说的灵魂。老子"论太始之原以明自然之性"(王弼《老子指略》),从"道"的观点出发,以自然主义的基本精神对宇宙、社会和人生提出了自己的洞见卓识。

(一)"道"论

在老子的学说中,"道"不仅具有宇宙本原的意义,而且还具有规律、原则和方法的意义，不仅是支配物质世界运动变化的普遍规律，而且也是人类社会所必须遵循的基本法则。

1."道"的形而上意义

"道"之所以能够作为老子哲学的核心概念，关键就在于它所独具的形而上的特性。老子说，有一个浑然一体的东西，早在天地形成之前就已经存在了，不知道它的名字，只好勉强叫它"道"。我们既听不到它的声音，又看不见它的形象，也触摸不到它的形体。"道"不是一个有具体形象的东西，它不属于形器世界，人们无法用感觉经验来感知它。"道"虽然没有固定的形体，虽然超越了我们的感知，但却并非空无所有，它是真实存在的东西。"其中有象""其中有物""其中有精""其中有信"，这说明"道"是一个真实的存在物，但它不同于普通的存在物，它是"无状之状，无物之象"。

老子又告诉我们，"道"这个形而上的真实的存在体，在宇宙间是唯一的、绝对的、永恒的，而万物则是杂多的、相对的、变灭的。"道"同时又是不断地在运动着的，所以说它"周行而不殆"。整个宇宙万物都随着"道"的运动而在"变"在"动"，但具体事物在变动中都会消失熄灭，而"道"则永远不会消失熄灭，它永恒地存在，不会随着外物的变化而消失，也不会由于外在的力量而改变，所以说它"独立而不改"。

2．道与天地万物

（1）"道"是宇宙的本原、万物的始基。

"道"不仅"先天地生"，而且天地万物都是由它所创生的。"道"是唯一永恒的存在，是宇宙中最初的发动者，它具有无穷的潜在力和创造力。"道"本身潜藏着一切的可能，这些潜能由隐到显的过程，便是"道"创生万物的过程。老子说："道生一，一生二，二生三，三生万物。"道生万物的过程，即是一个由抽象到具体、由形而上到形而下、由少到多、由简单到复杂的过程。

（2）"道"是万物存在的根据。

"道"恰如一个母亲，在创生万物之后，还要培育、长养它们，使它们得到成熟。老子说："道生之，德畜之，长之育之，亭之毒之，养之覆之。"万物凭恃大道才得以存在，离开大道则意味着"早已"和死亡。大道广泛流行、无所不在，它内在于万物，作为万物之所以为万物的原因和根据而存在于万物之中。老子把落实、体现于万物之中并作为万物存在根据的"道"，称为"德"。万物所得之"道"就是"德"，"德"就是存在于万物之中的"道"。"道""德"一体，"道""物"不二。

（3）"道"是万物的归宿。

万物生生不息，"道"乃是万物取之不尽、用之不竭的源泉。万物有生亦有灭，最后都要向"道"复归，"道"又是万物的最终归宿。老子说："吾不知其名，强字之曰'道'，强为之名曰'大'。大曰逝，逝曰远，远曰反。""道"广大无边、无所不在、周流不息，向无限的远方伸展，但最终返回到原点，复归于最初的本原。万物向"道"的复归，老子又称之为"归根""复命"，"万物并作，吾以观复。夫物芸芸，各复归其根。归根曰静，静曰复命"。大千世界，芸芸众生，层出不穷，生生不息，老子从这纷乱的世界中找出了一条规律，那就是万事万物最终都不可避免地要向自己的本根复归，这个本根就是"道"。

（二）自然主义

自然主义是老子思想的基本精神和最高价值。老子说："人法地，地法天，天法道，道法自然。""自然"作为最高的"道"所遵循的基本原则，也是宇宙万物间最普遍的原则，不仅"道"要效法"自然"，天、地、万物、人所要效法的也是"自然"。"自然"具有普适性的价值，它普遍地适用于处理道与万物、人与自然、人与社会、人与人之间以及个体的身心和谐等各种关系。

"道"与万物的关系最能说明自然的价值,最能体现"道法自然"的原则。老子说:"道生之,德畜之,物形之,势成之。是以万物莫不尊道而贵德。道之尊,德之贵,夫莫之命而常自然。故道生之,德畜之;长之育之,亭之毒之,养之覆之。生而不有,为而不恃,长而不宰,是谓玄德。""道"创造和成就万物并不含有意识性,也不带有目的性,从不将万物据为己有而宰制之,也不恃望有所回报,"道"只是辅助万物的生长,"辅万物之自然而不敢为"。

《老子》一书,可以说就是老子的一套社会改革方案:通过"无为"的方法,恢复"自然"的崇高价值,使人类社会生活的各个方面都遵循"自然"这一最高原则,从而重建合乎"自然"的社会秩序。老子之"自然",首先是向君主建言。为了使人间的统治者能够遵循自然的原则,老子为他们树立了效法"天之道"的榜样——"圣人"。"圣人"合于天道,取法自然,与自然大道融为一体。圣人"法自然"的具体做法就是"无为","圣人处无为之事,行不言之教"。"自然"就是施行清静无为的政治,以不扰民为原则,扰民就不符合自然了。人民和政府之间相安无事,相忘于无为,这就是自然无为。在老子看来,最好的政治就是要建立起这种自发的、自然而然的、和谐的社会秩序。在这种自然的秩序下,人民根本感觉不到政府力量的存在,这样的政府是最理想、最成功的,生活在这样的政治条件下的人民也是最自然、最幸福的。

老子的人生哲学,其基本精神也是自然主义的。老子的养生之道与世俗之人截然不同。世俗之人皆注重享受,尽量去满足自己的物质欲望,老子把此种行为称为"益生""厚生"。在老子看来,人的生命也是一个自然体,对待生命也应本着因任自然的原则,不可妄加增益,如果贪图享受而放纵自己的欲望,不但不能增益生命力,反而会损害生命、招致灾殃。老子的修身之道,主张"绝巧弃智""知足知止""少私寡欲""返朴归真"。他告诫人们无休止地追逐名利和奢侈享受，不但对社会造成危害，同时也戕害了自己真朴的自然之性和自然之德，不要为身外之物所役使，要保持"虚静""真朴""自然"的心灵。老子的处世之道，主张柔弱不争、功遂身退、虚怀若谷、与人为善。老子十分推崇"水"的品质，他说："上善若水。水善利万物而不争，处众人之所恶，故几于道。""上善"之人处世好像水一样，水是最自然的，最接近于"大道"的精神。人类的行为应该向水学习，尽其所能地贡献自己的力量去帮助别人，但却不与别人争功、争名、争利。

老子的辩证法思想

在中国历史上，老子的辩证法思想产生了重大的影响。老子辩证法的价值主要在于它的方法论意义和较强的应用性，它渗透于社会生活的各个方面。自古及今，上自帝王将相，下至市井百姓，无不运用着它，受益于它的思想成果。

（一）"反者道之动"

《老子》辩证法最著名的一个命题就是"反者道之动"，它可以说是老子辩证思维的核心。老子认为，"反"是世界万物运动变化的原因和动力。从本原的"道"到具体的万物，无不包含着内在的对反作用——"反"，正是由于这种内在作用的存在，才使得"道"能够循环不止、化生万物，才使得万物能够变动不居、生生不息。"反"也是世界万物运动和变化依循的一个总规律：事物向相反的方向运动变化；同时，事物的运动变化总要返回到原来的初始状态。"反"的总规律中蕴涵了两个概念：相反对立，老子由此揭示了对立转化的规律；返本复初，老子由此揭示了循环运动的规律。

在老子看来，任何事物都有它的对立面，相对的事物之间相反相成。这种对反依存关系在自然界和社会现象中是普遍存在的，并且对反的双方之间又是互相包含、互相渗透的。老子说："祸兮，福之所倚；福兮，祸之所伏。"事物间对立相反的关系不是僵死的、凝固的，而是可以变动的，当事物发展到某种极限的程度时，便会改变原有的状态，而向反面转化，这就是古语所说的"物极必反"。老子认为，"物极必反"是宇宙间的一个普遍法则，任何事物的变化莫不如此，"物壮则老""兵强则灭，木强则折"。老子还指出，事物向反面的转化不是一下子就能实现的，需要经历一个数量上不断积累的过程。他说："合抱之木，生于毫末；九层之台，起于累土；千里之行，始于足下。"老子从万物蓬勃的生长中，看出了往复循环的道理，揭示了事物循环运动的规律。在老子看来，事物的运动变化无不遵循着返回原点的规律，这种回到原来出发点的循环往复的运动乃是世界的一个总的运动规律。

"反者道之动"向人们展示了世界万物辩证运动的总画面：万物在"道"的作用下运动不息；万物的运动都是向相反的方向运动；万物循环运动，返回原点。这既是万物运动的总规律，也是"大道"运动的总规律。

（二）"弱者道之用"

老子从经验世界中观察到，凡是柔弱的东西都是充满生机的和具有发展前途的，凡是刚强的东西都是快要走下坡路的，因此"柔弱胜刚强"。在老子看来，柔弱与刚强也是对反的双方，任何事物在它新生的时候都是柔软和弱小的，事物成长的过程也就是由柔弱而刚强的过程，并通过刚强最终走向死灭。既然如此，只要事物尽量保持柔弱的状态，经常处于柔弱的地位，就可以延缓乃至防止向刚强的转化，从而推迟乃至避免走向死灭。

老子把这种居守柔弱的方法叫作"守柔"。"守柔"是对"物极必反"法则的深入把握和合理运用。既然是"物极必反",那么人们就不能眼睁睁地看着事情发展到极端而走向反面,就应该采取措施争取主动,尽力使事物保持在柔弱的地位,推迟乃至防止事物向不利的方面转化。可见,"守柔"的方法是一种新奇的方法,积极的方法、也是一种高明的方法。这种"守柔"的弱用之术,从思维方式上来讲属于辩证思维中的逆向思维,是对"反者道之动"的实际应用。老子的贵柔、尚弱,并不是懦弱、胆怯。因为在老子眼中,柔弱是一种难得的、优秀的品质,是新生的标志,是生命力的象征,充满了生机;与此相反,刚强则是败亡的标志和衰落的征兆。与刚强相比,柔弱具有明显的优越性。柔弱的东西从表面上看是弱小,其实却是真正的强大,因为它永远具有生命力和发展的前途。因而说老子的守柔是"胆小怕事""不敢斗争"等,显然是对老子辩证法的一大误解。

老子的辩证法是中国最古老、也是最庞大的辩证法思想体系,它的影响不仅表现在哲学思维的领域,而且渗透到社会生活的各个方面,它在一定程度上决定着中国人的思维方式和生活态度,成为中国传统文化的重要组成部分。老子提出的以及由老子思想衍生出来的许多极富辩证意味的格言警句,如柔弱胜刚强、相反相成、物极必反、祸福相依、大智若愚、功成身退、知足常乐、无为而无不为等等,早已深入人心,成为中国人民的宝贵精神财富和智慧源泉。

老子思想的世界性和现代意义

老子在人类文明发展的早期,就依据自然主义的理念,预见到了文明进程中可能出现的副作用,并对此进行了深刻的反思。这种道家式的忧患意识，是对整个人类的前途和命运的终极关怀。老子站在全人类乃至整个宇宙的高度上思考问题，因而他所提出和思考的问题对于人类来说，往往具有更为普遍和永恒的意义。现代人类正面临着多方面的严重问题，而老子思想中以自然主义为基本精神的古老智慧，正可以作为现代人寻找文化对策、解决生活危机的新的智慧源泉。

（一）老子的生态智慧及其现代意义

古老的东方文化传统中，蕴涵着与现代生态平衡观念相契合的高度的生态智慧，这对于现代人重构人与自然的关系和走可持续发展之路，具有很高的启悟价值和借鉴意义。其中老子开创的道家传统的自然主义观念，更是一个有待深入开发利用的重要的思想资源。

在老子的时代，人与自然的关系尚未达到紧张的程度，老子关于自然主义的原则和理论，乃是通过对社会矛盾的观察和思考提出来的。而今，人类的智力得到不断的开发，科学技术得到了持续的飞速发展，与此同时，人们却忽略了或无暇顾及资源的合理利用和环境保护的问题，无节制地开发自然，破坏了自然生态的平衡，人与自然的关系变得日益紧张起来。资源的日渐枯竭、环境的日益恶劣降低了人类的生活质量，甚至危及人类的生存，人类不得不重新审视自己的行为，不得不修复和挽救人与自然的关系。于今，保护环境、维护生态平衡已成为全世界共同的呼声，一些有识之士提出的可持续发展的观念，得到了普遍的响应和重视。

现代人类越来越清醒地意识到，在没有人类行为强烈干预的情况下，自然界通常都能够以它的最佳状态存在着，发挥出最大的潜能，形成大大小小的生态平衡系统，这些生态系统具有自我调谐的能力，而整个宇宙就是一个最大的生态平衡系统。宇宙万物本来如此、自然而然地存在和发展着，历经了无数的岁月沧桑，人们就借用老子关于自然的观念，称其为"自然界"或"大自然"。而另一方面，人类的活动必然要作用于自然界，从而对自然界产生不同程度的影响，这是不可避免的。但这并不是说人类的活动必然会破坏自然界的和谐与平衡，并不意味着人类终将毁灭这个世界。事实上，只要人类不采取极端过火的行为，就可以大体上维持与自然的和谐，获得持续平稳的发展，尤其是在他们自觉地意识到自己也是自然界的一部分时更是这样。

西方的学者们惊奇地发现，现代人在付出了惨重的代价以后才获得的这种比较清醒的认识，同产生于两千多年前的老子的道家思想十分吻合。老子在人类文明发展的早期就预见到了文明进程中可能出现的副作用，并对此进行了深刻的反思和严厉的批评。老子指出，只要排除了人类不必要、不适当的行为的干扰破坏，万物就会"自化""自宾""自均""自定""自正"，即依靠本身具有的功能而自发地达到存在与发展的最佳状态，作为整体的宇宙就会自然而然地维持自身的和谐与平衡，并发挥出最大的功能。老子不仅揭示了万物自然存在、自然发展的真实状态，而且提出人类应当取法于宇宙的自然和谐，并以此为原则来约束、指导自己的行为，这就是老子所谓的"道法自然"。"自然"是老子最为崇尚的价值，在他看来，自然的程度越高，就越有发展的前途，付出的代价也就越小，因而人类的一切行为都应该尽可能地提高自然的程度。

老子的这一思想引起了众多当代著名科学家的高度重视，他们称之为"生态智慧"。美国著名物理学家卡普拉对生态危机深表忧虑，对老子关于自然和谐的思想十分欣赏，他说："……在伟大的诸传统中，据我看，道家提供了最深刻并且最完善的生态智慧，他强调在自然的循环过程中，个人和社会的一切现象和潜在两者的基本一致。"日本著名物理学家汤川秀树对老子的思想颇感惊异，他的话可以作为卡普拉以上说法的具体说明："……早在二千多年前，老子就已经预见到了今天人类文明的状况。或许这样说也许更正确：老子当时就发现了一种形势，这种形势虽然表面上完全不同于人类今天所面临的形势，但事实上二者是很相似的。可能正是这个原因，他才写了《老子》这部奇特的书。不管怎么说，使人感到惊讶的是，生活在科学文明发展以前某一时代，老子怎么会向近代开始的科学文化提出那样严厉的指控。"崇尚自然主义的道家思想，从来不把人和自然分开。它并不认为人有什么特别的不同，从来不主张对自然界的占有、宰制和掠夺，而是把人看作自然界的一部分，强调人与自然的和谐相处。在对待人与自然界的关系问题上，老子道家的自然主义思想同现代科学的观念和当代人类的价值取向是吻合的。以老子为代表的道家在遥远的古代向人类发出的警告，绝不是空穴来风，更不是杞人忧天，而是具有先见之明的。这一点已经无可争辩地得到了证实，足以引起现代人的重视和深思。

（二）老子的政治智慧与现代社会管理

老子崇尚自然的价值观念，是从对当时的社会生活特别是政治状况的观察思考中提升出来的。在他看来，当时的社会政治生活太不自然，统治者过多地干涉和控制人民的生活，不仅破坏了人民生活的安宁，也造成了诸多的社会问题。老子相信，在没有政府行为干扰的情况下，人民生活得最好最幸福。在如何管理社会的问题上，老子建议统治者要效法最高的"天"对待万物的态度，天道是自然无为的，因而统治者应该采取的正确态度就是"无为而治"，或曰"辅万物之自然而不敢为"，以无为的态度和方法来治理社会。

老子提出的无为而治，是一种高度的政治智慧，它是自然主义的原则在社会政治领域的落实和具体操作，它的基本理念就是尽量减少不适当、不必要的政府行为，以保障社会的自然和谐与人民群众的幸福安宁。无为而治并不是排斥任何政府行为，而是要把握好政府行为的性质和程度，以不破坏事物的自然状态和保障人民的正常生活为原则。老子关于无为的思想最易被误解，西方学术界起初在翻译和介绍《老子》一书时，就往往是从字面出发来理解，从而偏离了老子的本义。对此，英国著名科学史家李约瑟博士就曾指出："所有的翻译家和评注家都把'为'字原原本本地译成'行动'（action），于是道家最大的口号'无为'就变成了'没有行动'，我相信大部分的汉学家在这一点上都错了。'无为'在最初原始科学的道家思想中，是指'避免反自然的行动'，即避免拂逆事物之天性，凡不合适的事不强而行之，势必失败的事不勉强去做，而应委婉以导之或因势而成之。"李约瑟对"无为"的理解无疑是正确的，可谓深得老子思想的要领。

老子无为而治的主张是有其历史背景的。在上古"日出而作，日落而息，帝力于我何有哉"的安闲自足的自然经济条件下，事实上政府的存在，与一般人民的生活并不是一件有必然相关性的东西。十八世纪西方就流行着一句口号："最懒惰的政府是最好的政府"，那时的政府，并没有什么重大的事情可做，主要的工作只是替人民修修道路而已。但是社会历史发展到今天，情况就大不一样了，政府要统筹办理太多的事情，要做到"无为"已经是不可能的事。但是，无为而治中所包含的合理思想，对于今天的社会管理者而言，仍然具有相当重要的警醒和指导的意义。

古今中外，凡是推行"有为"政治的政府，按其行为的动机，皆可分为两种不同的情形：一种是为了满足个人或一部分人的野心和私欲的有为，我们可以称其为"恶意"的有为；另一种是排除了个人私欲的有为，我们可以称其为"善意"的有为。老子无为而治的思想，对这两种"有为"政治都提出了批评，而以对后一种"有为"政治的批评最为具有理论价值。老子通过对"善意"的"有为"政治的批评，提出了一系列独特的、包含着高度政治智慧的思想，对于当今的社会管理者，仍具有极高的启悟价值和指导意义。因为社会发展到今天，大部分国家的政府，其行为都可以说是出于"善意"的，但是善意的行为并不等于合理的行为，并不必然引出好的结果，多余的、强制的、勉强的政府行为都是违背自然的。而且，善意的动机往往容易起到一种掩盖的作用，使得诸如好大喜功、急功近利、主观专断、一意孤行、滥用权力等行为不易被觉察，甚至成为合理的。那些不必要的、不适当的政府行为，尽管是出于善意的，但由于权威在手，往往容易造成很大的混乱，使国家蒙受巨大的损失，使社会的发展出现曲折甚至倒退。

我国曾长期实行计划经济体制，用行政方式管理经济活动，结果是机构臃肿，人浮于事，互相掣肘，政府包办一切却又什么都办不好，造成了国民经济因缺乏内在的活力而发展缓慢的结果。而由计划经济向市场经济的转轨，就是要减少政府不必要的干涉和控制，让社会经济按其固有的规律自然运行，从哲学的角度看，这就是回归自然，实现由有为向无为的转变。老子说，"为无为，则无不治"，"我无为而民自化，我好静而民自正，我无事而民自富"。"无为"就是只保留最必要、最有效的政府功能，而将不必要、不适当的干涉和控制行为减少到最低限度，让社会依靠本身具有的创造能力和调谐功能而自发地达到最佳状态。而当人民"自化""自正""自富"之日，便是政府"功成事遂"之时。

历史的实践证明，老子的自然无为之道，是成功之道，无为而治是一种高度的政治智慧，是一种高明的管理方式，它可以帮助人们在社会实践中少走弯路，当代的社会管理者们，都应该学会从老子思想中汲取这种政治智慧和管理智慧。当今，无为而治作为一种政治智慧和独特的管理观念，受到了世界各国的有识之士的高度重视，日益成为各行各业的人们取得成功的法宝。

（三）老子的生活智慧与现代社会生活

当今的社会，科学和技术在飞速地发展，现代化的程度越来越高，但人们面对的仍然是一个充满矛盾的、不可思议的世界。社会财富呈几何级数增加，普通人得到的物质享受都足以让过去的皇帝们羡慕得死去活来，但人们不但不觉得自己富有，反而觉得钱越来越不够花；科学技术的进步成百倍地提高了人们的劳动效率，减轻了人们的劳动强度，但人们却更加忙碌，总是说活得很累，反而没有过去轻松清闲；交通工具和通信手段越来越方便快捷，仿佛地球在变小，但人们在享受天涯若比邻的快感的同时，又明显地感到彼此之间距离在拉大，越来越难以沟通，似乎是比邻若天涯；高新技术的发展使人们制造出诸如电脑等复杂的仪器设备，但同时又成了它们的附庸，离开了它们，人们将百无用处，电脑病毒可以使城市功能陷于瘫痪，真不知究竟是谁在控制谁；医疗技术日新月异，卫生保健的条件也今非昔比，但人们在享受这一切的同时，却又受到层出不穷的诸如癌症、艾滋病等现代病魔的威胁；人的智力得到了广泛的开发，人类变得越来越聪明，与此同时，人类也变得更加奸诈，各种骗术也花样翻新，令人目瞪口呆，防不胜防；物质文明的发展创造了越来越多的物质财富，但对于物质财富的追逐却使得真诚失落、道德滑坡、犯罪增加，人们的精神世界反而越来越空虚……面对这不可思议的世界，人们究竟应该怎么办？应该选择什么样的生活道路？这些疑问常使现代人陷于困惑之中。人们经过长期的思索后发现，返本开新，回到原来的出发点去重新思考，在古老的文化传统中开发其现代价值，可能成为解决现代社会问题的一条新路。在长期被忽视的古老传统中，蕴含着现代人所需要的智慧。其中，老子思想中丰富的生活智慧，正可以作为现代人寻找文化对策、解决生活危机的新的智慧的源泉。

在老子看来，人类社会最初的状态如同大自然一样，是和谐的、美好的，高度紧张的社会关系是违背自然的，绝不是人类社会应有的状态。对此，老子提出了旨在缓解社会压力、消除社会冲突、改善人际关系的处世原则和一系列具体的处世方法。这些原则和方法，便是老子的生活智慧，其基本精神可以概括为自然主义，即个人应以自然主义的心态对待他人及社会。现代人类面对的虽然是一个与老子完全不同的时代，所面临的问题也比老子的时代要复杂得多，但毕竟存在着许多相同之处，问题的实质并没有变。老子的自然主义人生观和处世哲学，恰恰就是一种高超的生活智慧。老子对待社会与人生的生活智慧，可以说是达到了一种高度艺术化的境界。重温老子的处世艺术，可以启发现代人懂得如何换个活法，以缓解自己承受的社会压力，使人生活得更明白、更轻松、更洒脱、更有美感而不落俗套。

现代社会为人们提供了足够的物质生活资料，人们不再为衣食无着而发愁，相反，过度的奉养却在破坏着人体的平衡，威胁着人们的健康，人们常常不得不采取一些极端的措施来抵消过剩的营养，这正好印证了老子"益生曰祥"的警告。在老子看来，人的生命也是一个自然体，对待生命也应本着因任自然的原则，"益生"的行为不但不能增益生命力，反而会损害生命，招致灾殃。现代人越来越意识到健康的首要性，老子的有关思想可以从哲学的高度引导现代人对自己的生命采取一种符合自然的态度。

现代社会为所有的人提供了通往社会上层的机会，这虽然是一种合理的社会需要，但无疑也大大地刺激了人们的名利之心的膨胀。我们每天都可以看到为了名利而奋不顾身的事例和由此演出的人间悲喜剧，却很少有人冷静地想过这种行为有没有必要和值不值得。老子在几千年前就曾这样发问："名与身孰亲？身与货孰多？得与亡孰病？"提醒人们不要被名利牵着鼻子走，不要为身外之物所役使。站在老子哲学的立场观察，现代人所承受的社会压力，有很多都是自找的，人们完全可以换一种轻松的活法。如果不把名利和社会地位看得过重，学会像老子那样知足知止、知进知退，从容豁达地对待人生，这何尝不是现代人较为明智的生活选择之一呢？

现代社会崇尚刚健进取，鼓励人们的竞争意识，这是社会前进的动力，本无可厚非；但也并非是越刚强、越有竞争性越好，并非在任何时候、任何情况下都必须如此。一味地刚强容易使得人生缺乏必要的韧性，单纯的竞争不但易使人际关系趋于紧张，诱发各种社会矛盾，而且也使社会成员长期处于巨大的压力之下，这是现代人常常感到心力交瘁的主要原因。人们在投身于激烈的社会竞争的同时，也需要适时地调节自己的心态，也时常会产生缓解所承受的压力的渴望，因而，老子所倡导的守柔、谦下、处顺、不争的古老的生活智慧并没有过时。在千军万马争过独木桥的情势下，采取顺其自然的超脱态度，主动地后退一步，庶几可获得天宽地广、如释重负的感觉。这种淡泊自然的生活艺术，在任何时代都不会失去其新鲜感，尤为竞争激烈的现代社会所需要。

处在巨大社会压力之下的现代人，为了自我保护并在竞争中获胜，常常不得不学会攻心斗智乃至虚伪巧诈，做些违背良心的事。尽管有人对此已习以为常、麻木不仁，但多数人常会因人性被扭曲而感到厌倦和不安。人们的内心深处，涌动着过高尚的、道德的生活的精神需求，潜藏着按照自己的自然本性去生活以安顿心灵的渴望。这使我们又一次想起老子关于返璞归真、见素抱朴、绝伪弃诈的古老信条，它可以净化现代人污染过重的心灵，超度人们的灵魂臻于自然的境界，在现代社会的喧嚣声中求得内心的安宁。这是一种极高极难的要求，但也是老子自然主义的最高境界，应该成为现代人生的一种精神归宿。

当然，老子的生活智慧并不是唯一合理的、完美无瑕的生活态度。

我们应该看到，老子的思想中不包含竞争意识，既不鼓励人们为改善个人境遇而奋斗，也不倡导个人对集体、社会的奉献，而这些正是现代社会生活中所必不可少的。我们当然也不能因此而埋没老子思想的价值，因为老子的生活智慧正是通过对现实生活及其价值标准之偏失的深刻反思而得来的。在现代社会中，人们仍然需要不断地对自己的观念和行为进行检视、反思和调整。对此，老子自然主义的价值观作为一种参照系统，在世界范围内都仍然具有重大的启悟价值和借鉴意义。

第一章

【原文】

道可道,非常道①;名可名,非常名②。无,名天地之始③;有,名万物之母④。故常无,欲以观其妙⑤;常有,欲以观其徼⑥。此两者⑦同出而异名,同谓之玄⑧,玄之又玄,众妙之门⑨。

【注释】

① 道可道,非常道:道,可以言说的话,那就不是恒常的道了。第一个"道",名词;第二个"道",动词,言说的意思;第三个"道",名词。常,恒常。此句意为:恒常的道,本是不可言说的。

② 名可名,非常名:名,可以称名的话,那就不是恒常的名了。第一个"名",名词,指道的名称;第二个"名",动词,称名的意思;第三个"名",名词。此句意为:道之名,是恒常的名,本是不可称名的。

③ 无,名天地之始:无,指称的是天地万物的始原。"名",动词,指称的意思。"天地",指万物。王弼本作"天地之始",检王弼注:"凡有皆始于无,故未形无名之时,则为万物之始;及其有形有名

之时,则长之育之,亭之毒之,为其母也。"是王弼本两句原来皆作"万物"。"天地",万物之总名,包万物者也,故"天地"可指代"万物"言之。"始",始源,指产生万物的本原。

④ 有,名万物之母:有,指称的是天地万物的本根。"母",母体,喻指生养万物的本根。

⑤ 观其妙:观照道的微妙。"观",谛视、观照。"妙",同"眇",微小之义。王弼注:"妙者,微之极也。"段玉裁《说文解字注》:"眇,微小。"

⑥ 观其徼:王弼本作"观其徼",徼(jiào),边际,王弼注:"徼,归终也。"帛书本作"观其所噭","噭"(qiào),同"窍",口也,孔也。《文子·道原》篇:"老子曰:'万物之总,皆阅一孔;百事之根,皆出一门。'""孔""门",即"噭"之意。按:"徼"当为"噭"。"观其所噭",观照道通向孔窍的状况,意即观照道的显现。这里的"所",助词,有表示趋向的意义。徐梵澄《老子臆解》说:"有孔,斯有可通。喻道至极至细,亦有遍漫通达。"帛书本文义较佳。

⑦ 此两者:指上文的"无"和"有"。高亨说:"两者,谓有与无也。"

⑧ 玄:幽昧深远的意思。《说文》:"玄,幽远也。"苏辙说:"凡远而无所至极者,其色必玄,故老子常以玄寄极也。"范应元说:"玄,深远而不可分别之义。"吴澄说:"玄,幽昧不可测知之义。"

⑨ 众妙之门:"妙",微、眇,幽隐的意思,这里指"无"。"众",众多的意思,与"妙"相对,这里指"有"。"众妙之门",意指有和无的门径。

【品鉴】

本章可以看作是《老子》全书的总纲。在此章中，老子提出了几个基本概念："道""名""无""有""玄"。这几个概念都是围绕着"道"而展开的，"道"是老子哲学的核心概念和最高范畴。

老子开篇即言"道"。他首先说明，自己想要论说的"道"是"常道"，而"常道"本身恰是不可言说的。为什么"道"作为常道，是不可言说的呢？老子在此章并未予以说明。统观《老子》全书，约略可知：常道之所以不可言说，乃是因为它作为形而上的本体，是无形无名的。凡可以言说的，皆是有形有名者；无形无名者，是不可言说的。因为"道常无名"（第三十二章）、"大象无形"（第四十一章）、"绳绳不可名"（第十四章），所以形而上的恒常之道是不可言说的。《庄子·齐物论》说："大道不称"，"不称"亦是不可称谓、不可言说的意思。

道之不可言说，并非说它是不能言说，说一说"道"对于道本身并没有什么妨害；而是说，无论我们怎样言说它，用概念说明它、用语言描述它，都不足以表达它的真实，而且说得越具体、描述得越形象，离它的真实就越远、越不像它。说出来的"道"，已经不是道之本身了。道，不是不及名言，而是超出名言的。在名言之内的，尽可以言说，用概念名词说得明白；超出名言的，是名言所不及的，用概念名词说不明白。当然，说"道之不可说"，也是一种说，因为你已经说它是不可说的了。这就是冯友兰所讲的，这是用"负的方法"来说的。道，不可言说，自然也就不可命名了。所以用来称呼常道的"道"之名，也就是"常名"。因为常名指称的不是具象之物，所以也就不可命名。凡可命名的，皆是有状有象者；作为"无状之状，无物之象"（第十四章）的道，自然是不可命名的。把道称之为"道"，只是为了方便起见，为了论说的需要，才不得已"字之曰道，强为之名"（第二十五章）。

"强"之一字，表明了老子的两难。既要说"道"，"道"又不可说；既要给"道"起名，"道"又不可名。不说、不名，不借助名言概念的工具，又无以表达思想。奈何？所以《老子》书中的名词概念，我们切不可看得太死，要透过名言的工具来体悟大道的真谛。在本章老子"强"用了一对概念来说明"道"，那就是"无"和"有"。"无"这个名，或者说"无"这个概念，指称的就是天地万物的始原。追始究原，是一种逆的观照，从有形的万事万物回溯到天地之先的原初状态。天地万物的原初状态，无形、无名、无象、无物，故可以"无"名之。道作为天地万物的本原，是"无"。道又是创生天地万物的本根，又是"有"。"无"，不是空无寂灭，而是含蕴着无限生机，蕴涵着无限之"有"。无形、无名、无象、无物者，正是无一形、无一名、无一象、无一物不出于其间者。道作为天地万物的本根，如同万物之母，无物不由母生之，故可以"有"名之。从"无"到"有"，是一种顺的观照。道即是无，又是有。以"无"观道，是追寻万物的"始原"，"始原"幽隐，不可名；"始原"，虽不可名，但可生万物，也正因其是"始原"方可生成万物。生万物者，即是"本根"。始原处，即是本根；本根者，即始原处。以"无"观道，道是"始原"，微妙幽隐；以"有"观道，道是"本根"，无限生机。所以，"无""有"之名，名称虽异，但同指向道，这叫作"异名同谓"。

"无""有"分别指称道的不同侧面。"无"指称道的幽隐面，微妙难识；"有"指称道的显现面，孕育众有。但幽隐和显现都是道的不同性状，"无"和"有"都只是观道的不同视角，所以，显现是"幽隐"的呈现，幽隐是"显现"的隐藏，有是"无"之有，无是"有"之无。道既是隐、又是显，既是有、又是无，既是隐之显、又是显之隐，既是无之有、又是有之无，这就是幽远深奥的"玄"了。"玄"也是指"道"而言的，是对合有无之后的"道"的言说，是似无而有、似有还无、若有若无、即有即无的"道"，既是"妙无"、又是"众有"的产生之门。这叫作"玄之又玄，众妙之门。""玄之又玄"，深远至极，就"有""无"不分了；"有""无"不分，就是"无有"了。《庄子·天下》篇述老聃之学曰："建之以常无有"，"常无有"或许就是庄子所理解的《老子》之"玄"吧。

　　本章从"道"说起，说"道"不可名，强以"无""有"名之，以"无"观微，以"有"观显，而后又打破"有""无"，同归于"玄"，"玄之又玄"，体道之门。陈鼓应说："整章都在写一个'道'字。这个'道'是形而上的实存之道，这个形上之'道'是不可言说的，任何语言文字都无法用来表述它，任何概念都无法用来指谓它。'无'和'有'是用来表明道由无形质落实向有形质的一个活动过程。由于这一个过程，一个超越性的道和具体的世界密切地联系起来，使得形上的道不是一个挂空的概念。老子说到道体时，惯用反显法：他用了许多经验世界的名词去说明，然后又一一打掉，表示这些经验世界的名词都不足以形容，由此反显出道的精深奥妙性。"这几句话，深得老子意旨，可以帮助我们很好地理解本章。

　　老子追问天地万物的始原、本根，提出了形而上的"道"的概念，并认识到了"道"的不可言说、不可命名，它是超出名言概念的。"道"范畴的提出，首当归功于老子，因为"道"成为最高的哲学范畴，乃是经老子之手实现的。因此，老子创立的学派被称为"道家"。在老子的学说中，"道"不仅具有宇宙本原的意义，而且还具有规律、原则和方法的意义，是老子对世界的统一性的根本性解释。"道"的这些意涵，在以后的章次中我们会慢慢体味到。"道"是全部中国传统哲学中最抽象、最丰富的范畴。它的存在,标志着中国哲学具有极高的理论思维水平。"道"不仅在中国传统哲学中具有极高的地位,而且也深深影响着整个中国传统文化的面貌。

第二章

【原文】

　　天下皆知美之为美，斯恶①已；皆知善之为善，斯不善已。故有无相生，难易相成，长短相较②，高下相倾③，音声相和，前后相随。是以圣人④处无为⑤之事，行不言⑥之教，万物作焉而不辞⑦，生而不有⑧，为而不恃⑨，功成而弗居⑩。夫唯弗居，是以不去。

【注释】

① 恶：指"丑"，与"美"相对。

② 长短相较：王弼本作"长短相较"，毕沅说："古无'较'字。本文以'形'与'倾'为韵，不应作'较'。"河上公本、傅奕本作"形"，帛书本作"刑"，"刑""形"古通用。据改。"长短相形"，长和短以形互显。

③ 倾：呈现。

④ 圣人：道家最高的理想人格。道家的"圣人"，从道顺德，自然无为。

⑤ 无为：不强为，不妄为。意指不扰自然，顺应自然。

⑥ 不言：不发号施令，不强施政令。"言"，指政教号令。

⑦ 不辞：王弼本作"不辞"，傅奕本、敦煌本及帛书本皆作"始"。陶绍学说："十七章王弼注曰：'居无为之事，行不言之教，万物作焉而不为始。'可证今王本作辞者，后人妄改也。'不为始'义较优，且与下句协韵。"彭浩说："'辞''始'两字同音而致误。"据改。"不始"，不创始、不造作的意思。劳健说："不为始者，谓因其自然而不先为之创也。"

⑧ 不有：不据为己有。有，占有。

⑨ 不恃：不自恃己能。恃，恃能。

⑩ 弗居：不自居其功。居，居功。

【品鉴】

本章以观念的相对性，来论说圣人的无为之治。

在老子看来，人们的社会价值观念都是相对相待的，美丑、善恶、有无、难易、长短、高下、音声、前后等等皆是如此。陈鼓应说："'天下皆知美之为美，斯恶已'，一般人多把这两句话解释为：'天下都知道美之为美，就变成丑了。'老子的原意不在于说明美的东西'变成'丑，而在于说明有了美的观念，丑的观念也同时产生了。下句'皆知善之为善，斯不善已'，同样说明相反相因的观念。后面的'有无相生'等六句，都在于说明观念的对立形成，并且在对立关系中彰显出来。"老子指出，人们对事物的称谓、概念与价值判断都是在相对关系中产生的，而相对关系是经常变动和转化的，因此社会价值观念的判断也是处于不断地变动、转化之中。

社会规定了什么样的叫作美，与此相对，不这样表现的，当然就是所谓的丑了。然而，这样所谓的丑就是真的丑吗？既然是真的丑，就不应该是与"美"相对待的丑；既然是相对于"美"才丑的，那就不是真的丑，只是相对于社会规定的"美"来说，才是丑的。相对于社会规定的"美"来说才是丑的，那就不是真的丑；社会规定的"丑"，不是真的丑，那么社会规定的"美"，也未必是真的美了，只是一种社会规定的"美"罢了。社会规定的"美"未必美，社会规定的"善"也未必善，有、难、长、高、音、前，也都未必如真，因为无、易、短、下、声、后，与它相对待。社会中相对的事物及其观念，在老子看来，它们不是永恒的、真常的存在；只有在超出相对而达至绝对的境域中，才有真实。老子利用观念的相对性，对当时社会的价值观念体系提出了质疑、挑战和颠覆。

张松如说："'天下皆知美之为美'，则非恒美；'天下皆知善之为善'，则非恒善。非恒美，'斯恶已'；非恒善，'斯不善已'。问题首先出在这两个'知'字上。其次又出在这'美'与'善'两个名上。"由于知，世界才可道可名；世界的可道可名，便非常道常名，从此脱离了无名的世界而进入有名的世界。无名时期，本无一切名，故无所谓美与善，亦无所谓丑与恶。迨人类生，制度起，"始制有名"，则社会现象、价值观念皆处于对待之中。"美""善"之名，都是人为的，人间世的一切观念价值都是人为设定的，甚至其间充满了专断、私意和偏见。"天下皆知"，就是社会灌输的结果，统治者把社会价值观念强行塞入人们的头脑，"为之而莫之应，则攘臂而扔之"（第三十八章），使社会之中人人皆知教规律令、人人皆遵行无违。老子认为这是"有为之事""有言之教"。"有为之事""有言之教"就是要明辨美丑、强分善恶、论比高下、定评先后。按照老子的看法，既然"有为""有言"，就必然产生与其"所为""所言"相对的力量，就会陷入对立之中。出路何在？老子认为，要超越对待关系，就必须效法独立不改的"道"，自然而无为。能法道而行的统治者，老子把他叫作"圣人"。圣人是道的效法者和体现者，他治理国家"处无为之事，行不言之教"，按照无为的原则去办事，实行不言的教化。福永光司说："老子的无为，乃是不恣意行事，不孜孜营私，以舍弃一己的一切心思计虑，一依天地自然的理法而行的意思。……在这个世界，无任何作为性的意志，亦无任何价值意识，一切皆是自尔如是，自然而然，绝无任何造作。"道超越万物而自存，不与万物相对待，任万物自长自成；圣人法道，自然无为，无私心而以百姓心为心，任百姓自为自化，"辅万物之自然而不敢为"（第六十四章）。兴起万物而不造作事端，生养万物而不据为己有，作育万物而不自恃己能，功业成就而不自居其功。这样的统治者即是圣人，而超越了与百姓的对待关系，君民各安其所，各得自然。圣人不存私意，不居其功，既不是有意的作为，也没有任何功利的目的，也正因此他的功绩才永不泯灭。

老子发现了概念的相对关系，指出社会价值观念是相对存在的，并以此对当时社会价值观念体系的神圣性提出挑战。这是值得肯定的。但老子认为，这种彼此对待的价值观念是本来没有的，也是不该产生的，这都是社会人为所造成的，是统治者强力灌输的结果。张松如说："老子不只教人看重相对的比较的关系，而且教人更看重超脱相对关系的绝对的统一的关系。绝对的关系必须摆脱名。老子虽然非常重视矛盾的对立和转化，但是他不曾引出积极的结论来，不曾由此而认为应该依照客观规律揭露矛盾、解决矛盾，以促进自然的改造与社会的发展，而是幻想着有所谓'圣人'者，也就是'有道的人'，做事要顺其自然，不强作妄为；行教要潜移默化，不发号施令。要他们做个'道'的体现者。"老子认为，统治者只要效法自然的大道，实行无为之治，就能超越这种对待关系，而成为有道的圣人。这是带有空想成分的。万事万物，无一不处于相对的关系之中，离开了相对的比较的关系，事物无由观察，无由说明，无由产生。事物总是一分为二，二又共处于一中，矛盾着的两个方面互相依存又互相转化。事物的对立关系，是不依人的主观愿望就能消除的。社会的价值观念确实具有相对性，但真理总是具体的，没有绝对的真理。社会价值判断的真理性，要靠社会实践来检验，要看它是否代表了大多数人民的意愿。老子看出了社会价值观念背后的统治阶级意志，看出了统治者个人的私意专断，并试图限制和引导统治阶级的私人意志转向"功成而弗居"，这是具有极深的洞察力和极大的理论气魄的。陈鼓应说："在一个社会中生活，老子要人发挥创造的动力，而不可伸展占有的冲动。""生而不有，为而不恃，功成而弗居"，说的正是这个意思。"生""为""功成"，正是要人去工作，去创造，去贡献自己的力量，去成就大众的事业。"不有""不恃""弗居"，即是要消解一己的占有冲动。人类社会争端的根源，就在于人人扩张一己的占有欲，因而老子极力阐扬"功成而弗居"的精神。

老子所讲的"处无为之事，行不言之教"的"圣人"，体现了自然无为的精神。这是道家的圣人与儒家的圣人的一个基本区别。儒家的圣人是道德的典范，他们注重道德对人的规范、约束和教化作用，而道家的圣人则是因任自然的典范，自然就是最高的价值，因任自然就是最高的道德。道家的圣人仿效天地运行的自然规律，鄙弃一切束缚和影响人的身心自由的名教规范，以"无为"的态度和原则来处理世事，实行"不言"的教化，让人们按照自己的自然本性去生活，从不横加干涉。

把老子"无为""不言"的思想运用到现代管理学上，类似于"沉静型领导"的概念。沉静型领导，是一种新型的领导方式，它与传统的英雄式领导相区别。过去人们认为，英雄式的领导者处理事情轰轰烈烈，经常会做出惊人的行为和伟大的壮举，令下属敬佩不已，他们是"领袖""救世主"。然而，真正做出杰出贡献、真正为社会发展起持久作用的是那些沉静型的领导。沉静型的领导，往往做着脚踏实地的工作而不为人注意，往往会通过细节的把握、细致的工作来扭转事情的成败，往往是"俯首甘为孺子牛"的杰出代表。沉静型的领导，其管理效能就如同滴水穿石的"水"一样，看似柔弱，其实威力无穷。沉静型的领导在面对问题时，敢于面对挑战，富有承担责任的勇气；沉静型的领导在制定决策时，深思熟虑，细心观察，不武断；沉静型的领导在实际工作中，审时度势，循序渐进，富有灵活性和柔韧性。沉静型的领导运用无声无息的领导方式，推动并改变着世界。

第三章

【原文】

不尚贤①，使民不争②；不贵③难得之货④，使民不为盗；不见⑤可欲⑥，使民心不乱。是以圣人之治，虚其心⑦，实其腹⑧，弱其志⑨，强其骨⑩，常使民无知无欲⑪，使夫智者不敢为也⑫。为无为⑬，则无不治。

【注释】

① 尚贤：标榜贤才。河上公注："'贤'，谓世俗之贤，去质尚文也。'不尚'者，不贵之以禄，不贵之以官。"释德清说："尚贤，好名也。名，争之端也。"

② 不争：指不争功名。

③ 贵：贵重，珍贵。

④ 难得之货：难以得到的财物，如珠玉宝器等华贵之物。

⑤ 见：显现，显耀。

⑥ 可欲：多欲的意思。

⑦ 虚其心：简化民众的心思。

⑧ 实其腹：填饱民众的肚子。

⑨ 弱其志：削弱民众的意志。

⑩ 强其骨：强健民众的筋骨。

⑪ 无知无欲：没有伪诈的心智，没有争盗的欲念。王弼注："守其真也。"即是说，保持心灵的纯真素朴。

⑫ 使夫智者不敢为也：使那些自作聪明的人不敢妄为。帛书本作："使夫知不敢、弗为而已。""敢"：勇敢，逞强。"为"：施为，妄为。意为：使民众知道不逞强、不妄为罢了。帛书本文义较顺。

⑬ 为无为：以无为的态度去作为，指依照无为的原则处理政事。

【品鉴】

本章的主题是讲"圣人之治"。

老子在本章中提出了一系列达成"圣人之治"的治国之策——"不尚贤""不贵难得之货""不见可欲"。在老子看来，"贤"只是标志着某人具有特殊的天赋才能而已，就像某人脸上长着天生的美人痣一样的自然无奇，所以不必崇尚他、标榜他。如果社会有意地标榜贤能，那么不具备这种天赋才能的人就会力争去表现本来没有的才能，为争贤名而变得不自然；如果社会有意标榜贤能，那么本具备这种天赋才能的人也会因自己偶赋的才能而自矜自傲，为保贤名也变得不自然。"尚贤"，使贤者和不贤者皆失其自然。"不尚贤"，就会消除人们的争名之心，各自按照自然的本性而生活。有才能，发挥才能而已，不必以有贤名而自累；无才能，安于己有，无须以争贤名而自伤。同样的道理：难得之货，只是物以稀为贵罢了，不必宝贵它、珍贵它。如果社会有意地宝贵难得之货，那么就会引起人们的逐利之心。不贵难得之货，把美玉看得跟木石无别，不分贵贱，人们就会不起盗心。人生活于世，总要吃饭穿衣，总是要有些欲望的。老子劝诫人们要"寡欲"，不要"可欲""见欲"。人心总被贪欲牵着，在老子看来，这样的人心是乱的。老子认为，功名足以引起人们的争夺，财货足以引起人们的贪欲。对功名利禄的追逐，会引发民众伪诈巧辩的心智活动，而这是导致社会混乱和冲突的主要原因。社会不倡名、不放利，民众就不会争夺盗乱，社会将得到全面的治理。

上面的治国之策，是老子针对当时社会混乱、国家衰败的现象而提出的"良方"。在老子看来，社会动荡混乱的原因，不在社会物质条件之中，而在人们的主观心智之中。实行"不尚贤""不贵难得之货""不见可欲"的治策，目的就是减损人们的私意私欲。"虚其心"即是净化人们的心灵，消除智巧诈伪之心；"弱其志"是指抑制贪欲的扩张，减损人们奔竞于名利场中的心志。通过改变为政方略，去除民众的巧智伪诈，使之回复到纯朴的本性。抑制统治者的"有为"，使人民归于"无知无欲"。需要指出的是，老子所讲的使民"无知"，并不是实行愚民政策，而是消除人们的巧智伪诈之心。老子所讲的使民"无欲"，也不是禁欲主义，而是要人们消除贪婪和嗜欲。老子认为，体现"道"的"圣人"，要治理百姓，就应当不尊崇贤才异能，使人民不争功名；不贵重珍品奇货，使人民不做盗贼；不让人们贪图纵欲，使人们不致眼花心乱。只要让人民填饱肚皮，强健筋骨，生活安足就行了，不必有什么意志、智巧，"常使民无知无欲"。人民安于富足的生活，没有什么巧智伪诈，就不会逞强、妄为。这样，"为无为，则无不治。"

老子所说的"无为"，并非不为，而是不妄为，不强求，要顺其自然，不扰自然。换句话说，就是"为无为"，以无为为之，按照无为的态度和原则去作为。老子认为，"天之道"本来就是顺应万物自生自长，不干涉、不强制的，"天道"本来是"无为"的。所以"人道"也应该是"无为"的，这样才顺乎自然、合乎人情。所谓政教、礼乐、财赋、兵刑等措施，都是"多事"，都是"有为"，都是大可不必的。"我无为而民自化，我好静而民自正，我无事而民自富，我无欲而民自朴"（第五十七章），只要统治者"无为"，不生事、不扰民，民众自然地会走向富裕、安足、纯朴、清静的生活。老子"无为"的思想，有其进步的一面。老子为保护民生起见，而斥责统治者的过分干预行为，认为民众有自我生长、自我富足的自然本性，使百姓能过上安适自足的生活。但他把最终的解决方案寄托在统治者的身上，希望通过统治者的修道进德而成为"圣人"，实行无为之治。张松如说："在人类社会中，特别是在阶级社会中，要想以'为无为'的态度逃避到'无为'的、亦即'无矛盾'的境界中去，只不过是幻想，是自我欺骗而已。"倘若我们把"无为"的思想从传统制度框架中解放出来，运用到现在的社会生活实践中，就会焕发出无穷的力量。老子"无为"的思想，提示我们在工作中不强作、不妄为，要按规律办事；要求领导者要顺应民意，实事求是，才能实现卓越的领导和管理，才能真正达到"无不为"的效果。

第四章

【原文】

　　道冲①而用之或不盈②。渊③兮，似万物之宗④。挫其锐，解其纷，和其光，同其尘⑤。湛⑥兮，似或存⑦。吾不知谁之子，象⑧帝之先⑨。

【注释】

　　① 冲：虚。古字为"盅"，《说文》："盅，器虚也。""盅"训"虚"，与"盈"相对。

　　② 或不盈：常有而不满，这里指道的作用不会穷尽。"或"，通"有"；"盈"，满，《说文》："盈，满器也。"

　　③ 渊：渊深。

　　④ 万物之宗：万物的宗主。宗，祖也，主也，归也。

　　⑤ 挫其锐，解其纷，和其光，同其尘：这四句疑是五十六章错简重出，因上句"渊兮，似万物之宗"与下句"湛兮，似或存"正相对文。这四句注释，见第五十六章。

　　⑥ 湛：深，这里形容"道"的幽隐无形。吴澄说："湛，澄寂之意。"奚侗说："道不可见，故云'湛'。《说文》：'湛，没也。'"

⑦ 似或存：似乎或是存在的。存：在，有。
⑧ 象：似乎。李约注："象，似也"。
⑨ 帝之先：上帝的先祖。先，先祖。高亨说："象帝之先，犹言似上帝之祖也。古者祖先亦单称曰先。"

【品鉴】

这一章是对"道"的写状。

"道冲而用之或不盈"，是说"道"的体用。"道"空虚无形，可是它的作用却没法限量，而是无穷无尽、永不枯竭的。卢育三说："道好像无边无际、虚而无形的大容器。在老子看来，凡是有形有象的东西，如盆盆罐罐，坑洼湖泊，都是有限的，总是可以装满的，只有无边无际的虚无怎样也装不满。这就是说，在无中潜存着有，可以容纳无限的有。这似乎是用形象的语言描摹无限。"把"道"说成"无形的大器"，只是一种形象化的比喻而已。实际上，"道"是不属于形器世界的，它没有确切的形体，也无法用感官来感知它。道是形而上的本体，体虚而用有。陈鼓应说："道体是虚状的。这虚体并不是一无所有的，它却含藏着无尽的创造因子，因而它的作用是不会穷竭的。"万物都是从这虚无的道而产生的。道作为世界的本原，生生不息，化生出天地万物。

"渊兮，似万物之宗。湛兮，似或存。吾不知谁之子，象帝之先"，是说道对万物的先在性，它是万物的老祖宗。"道，那样的渊深啊，好像是万物的宗主"，意谓道作用于一切事物，是为一切事物存在和发展所需要依赖的力量。"道，那样的幽隐啊，似亡而又实存"，是说道实在是高深莫测、远大难知，但隐隐约约、影影绰绰，总是实际存在的。"道之为物，惟恍惟惚。惚兮恍兮，其中有象；恍兮惚兮，其中有物。窈兮冥兮，其中有精；其精甚真，其中有信"（第二十一章）。"道"这个形而上的真实的存在体,是"似或存"的,就是说它是以不同于具体的存在物的方式而存在的。"道"的存在,与任何具体事物的存在都有着本质的不同,这个本质的不同就在于"道"的形而上之特性。"我不知道产生它的是谁,但它似乎是上帝的先祖。"道是超形象、超感觉的形而上的存在,它不是谁的儿子,而是生万物者。人们都以为上帝是万物的创造者,而道似乎还是上帝的先祖。"道"是从哪里来的呢?"吾不知谁之子",老子没有正面地回答,只是说它是上帝的先祖。可见,上帝也是由"道"产生出来的,而"道"却不是由上帝产生出来的。道不但比具体的万物更根本,而且比人们认为创造万物的上帝更先在。

老子的"道",具有无神论的意义。陈鼓应说:"老子击破了神造之说。"在老子所处的时代,人们的思想长期笼罩在宗教神学的迷雾之下,上帝与鬼神的观念仍很浓厚。老子的"道"的无神论意义,表现为对主宰一切的人格上帝的否定。上帝是人格化的神,它君临一切,宰制一切,先于一切,是最高权威。而老子却否定了这个权威,把"道"置于上帝之先,说"道"是上帝的先祖。老子虽然没有直接地否认上帝的存在,虽然用的是疑似的口气,可见当时宗教神学的势力还相当强大,但不管怎样,他毕竟是把"道"放到了上帝之先的位置。任继愈说:"对'上帝',不论《诗经》《左传》《国语》,都没有敢否认它的存在,也没有人敢于贬低它的至高无上的地位,只是说几句抱怨的话,埋怨上帝不长眼睛,赏罚不公平而已。既然恨天、骂天,可是遇到有委屈还要向天倾诉衷肠,这算什么无神论、'神灭论'呢?"任继愈指出这是"还没有从理论上、从哲学世界观的高度给宗教、上帝、鬼神以根本性的打击,最多不过是一种存疑主义"。因此他说:"老子哲学,其光辉、前无古人的地方恰恰在这里,他说天地不过是天空和大地;他说道是万物的祖宗,上帝也不例外。"这样,老子就通过论证世界的本原、探讨宇宙的起源和发展问题的方式，否定了上帝作为造物主的资格，否定了上帝的权威。老子的"道"具有突出的无神论的意义，它用哲学取代了神学，标志着古代人文意识的觉醒。

道体是虚空的，然而它的作用却是无穷无尽的。这个体虚而用有的"道"给领导者的启示，就是要开阔心胸，虚怀若谷，同时要脚踏实地，做实工作。领导者要使用"虚实相济"的管理原则，来指导自己的工作。具体来讲，领导者在领导和管理的过程中，要做到"务实"与"务虚"相结合，眼界要宽，工作要实。在肯定实际绩效的同时，也要考虑到"虚"的重要价值。"务实"，就是要把具体的工作落到实处。"务虚"，就是要明确方向，确立原则，制定路线，创造理论，通过科学的抽象分析揭示出事物的普遍本质和一般规律，并上升到思维中的具体，形成系统性的科学理论和方针、政策，以满足指导实践的需要。实事求是，不仅不排除"务虚"，而且"求是"也是一种"务虚"的工作，离开"务虚"去讲实事求是，就成了就事论事的"事务主义"。"务虚"是在对事物发展规律与走势进行高屋建瓴的宏观把握基础上的科学决策，而"务实"就是把决策变成现实的过程。没有必要的"务虚"，就没有决策的科学性。科学的"务虚"有助于认清形势，把握趋势，少走弯路，提高效率。所以，领导者在工作的时候，要使用"虚实相济"的管理原则，做到"务实"与"务虚"的统一。

第五章

【原文】

天地不仁①，以万物为刍狗②；圣人不仁③，以百姓为刍狗。天地之间，其犹橐籥④乎？虚而不屈⑤，动而愈出。多言数穷⑥，不如守中⑦。

【注释】

① 不仁：无所偏爱。王弼注："天地任自然，无为无造，万物自相治理，故不仁也。仁者，必造立施化，有恩有为。"

② 刍狗：用草扎成的狗，在祭祀时使用。吴澄说："刍狗，缚草为狗之形，祷雨所用也。既祷则弃之，无复有顾惜之意。天地无心于万物，而任其自生自成；圣人无心于爱民，而任其自作自息，故以刍狗为喻。"

③ 圣人不仁：圣人无所偏爱。即意指圣人取法天地，纯任自然。河上公注："圣人爱养万民，不以仁恩，法天地任自然。"

④ 橐籥（tuó yuè）：古代冶炼时用以鼓风吹火的装置，犹今之风箱。吴澄说："冶铸所用，嘘风炽火之器也。为函以周罩于外者，'橐'也；为辖以鼓扇于内者，'籥'也"。

⑤ 不屈：不竭。严复说："'屈'音掘，竭也。'虚而不屈'，虚而不可竭也。"

⑥ 多言数穷：陈鼓应译为："政令烦苛，加速败亡。'言'，意指声教法令。'数'，通'速'。"帛书本作"多闻数穷"，《文子·道原》也引作"多闻"。"多闻数穷"，向外多求闻见反而更加困穷。高亨训"数"为"屡"，与"多"互文见义，多数的意思，引申为"更加"。帛书本文义较顺。

⑦ 不如守中：不若持守内心的虚静。"中"，《说文》："中，内也。"《淮南子·原道训》："以中制外。"高诱注："中，心也。"中，即内心。"守中"，意指持守内心的虚静。

【品鉴】

本章重点是从自然的天道观来论说圣人的无为之道。所用的思维方法，是由"天道"以证"人道"，由"自然"推论"社会"。

"天地不仁，以万物为刍狗"，是说天地只是自然的客观存在，它并不具有像人类一样的思想、意志、情感，无所谓爱憎，更不是主宰。春秋之前，人们普遍接受这样的一种观念，即"天"是有意志、有人格的最高的神灵，世间的一切都是天所生，都被天主宰，天的意志和命令表现为"天命"，国家、社会和个人无不受"天命"的支配。在《尚书》《诗经》等古代典籍中，我们可以看到许多对天和天命的神学化的描述。到了春秋时代，天命观开始受到越来越多的怀疑，天的至高无上的地位开始动摇，这样的状况在《左传》《国语》等典籍中多有反映。但此时的人们尚无力否定人格之天的存在，还提不出某种足够成熟的思想观念来与天命观念相对抗。老子的思想就是在这样一种文化条件下提出来的。胡适说："老子的'天地不仁'说，似乎含有天地不与人同性的意思。老子这一个观念，打破了古代天人同类的谬说，立下后来自然哲学的基础。"

老子"道"论的一个突出贡献，是将"天"还原为自然之天。老子否定了任何超自然的神秘力量，否定了人格化的主宰之"天"的存在。"天地不仁"，只是说天地无所谓仁还是不仁，它没有情感、意志，只是一个自然的"非情的存在"。严遵《老子指归》曰："天高而清明，地厚而顺宁。阴阳交通，和气流行，泊然无为，万物自生焉。天地非倾心移意，劳精神，务有事，凄凄恻恻，流爱加利，布恩施厚，成遂万物而有以为也。"天地生万物，非是"有以为"，而是任万物自生。"不仁"，只是无所亲爱而已。吴澄说："仁，谓有心于爱之也。天地无心于爱物，而任其自生自成。""以万物为刍狗"者，只是一种形象说法，关键是在理解"刍狗"的喻义。《庄子·天运》篇："夫刍狗之未陈也，盛以箧衍，巾以文绣，尸祝齐戒以将之。及其已陈也，行者践其首脊，苏者取而爨之而已。"这是说，祭祀时人们给刍狗披上华丽的绣巾，庄重地供养它，并不是爱它；祭祀毕，任人践踏它，弃之不顾，也不是恨它。人们对它无所谓仁不仁，爱不爱。天地对万物，就如同人们对刍狗一样。范应元说："夫春夏生长亦如刍狗之未陈，秋冬凋落亦如刍狗之已陈，皆时也，岂春夏爱之而秋冬不爱哉！""皆时也"，就是说自然的运作就是如此，并非人为有意。

《列子·说符》篇记载着一个故事，很能说明"天地不仁"的道理。"齐田氏祖于庭，食客千人。中坐有献鱼雁者，田氏视之，乃叹曰：'天之于民厚矣！殖五谷，生鱼鸟以为之用。'众客和之如响。鲍氏之子年十二，预于次，进曰：'不如君言。天地万物与我并生，类也。类无贵贱，徒以小大智力而相制，迭相食；非相为而生之。人取可食者而食之，岂天本为人生之？且蚊蚋噆肤，虎狼食肉，非天本为蚊蚋生人、虎狼生肉者哉？'"依鲍氏之子的看法，天地人物，皆是自然而生、自然而治、自然相制相食。天对于万物无厚薄、无贵贱，天地的所为是自然无为，并不存私意于其间，有目的、有意识地特意照顾或厌弃谁。天"殖五谷""生鱼鸟"并非是眷爱人；同样的，天生蚊蚋、虎狼亦非是嫌恶人。如果说，天生五谷、鱼鸟是眷顾人，那为什么天还生蚊蚋、虎狼以扰害人呢？可见，天对于人是无所谓爱与恶、无所谓仁与不仁的。这真可以看作是"天地不仁"的一个例说呀！

万物在天地间仅是依循自然的法则运行着，并不像有神论者所想象的，以为天地自然法则对某物有所爱顾，或对某物有所嫌弃，其实这只是人类感情的投射而已。仁爱不是天地的性质，天地生万物并非出于爱物。说天地运作生生不息，有利于万物，只是人的感觉而已。苏辙说："天地无私，而听万物之自然。故万物自生自死，死非吾虐之，生非吾仁之也。"童年期的人类就像儿童一样，常常以自己的影像去认识自然，去附会自然。原始人的思维是万物有灵，总以为日月星辰、山河大地都有一个主宰者驾临于其上，并且把周围的一切自然现象都看成有生命有意识的东西。陈鼓应说："人类常以一己的愿望投射出去，给自然予以人格化，因而以为自然界对人类有一种特别的关心、特别的爱意。老子却反对这种拟人论的说法。他认为天地间的一切事物都依照自然的规律，即'道'，而运行发展着，其间并没有人类所具有的好恶情感或目的性的意图存在着。"天地生万物，是一个自然而然的过程，并没有任何预设的目的，这种观点的提出是对当时流行的神学目的论的否定。按照宗教神学的传统观念，天是最高的主宰，一切自然现象的发生都体现了天的意志，而天的所有活动又都是为了人，万物都是天有目的地为人而生的，宇宙间发生的一切都是天事先安排好了的。老子第一次把宇宙间的一切都看成一个自然而然的过程，用自然论取代了目的论。在他的学说中，天不再是万物的决定者，不再是人类的主宰者，不再具有神秘的属性和意义，天的意志和目的被否定了，成了普通的自然之物。这种自然论对后世哲学思想的发展产生了重大而积极的影响。

"圣人不仁，以百姓为刍狗"。天地任万物自生自成，圣人也应效法天地，任百姓自作自息。"天地不仁""圣人不仁"，不是说天地不爱物，圣人不爱人，如果这样理解，就没有把握住老子思想的灵魂。卢育三说："不爱是相对爱而言，爱是相对于不爱而言，老子则超出对待。"超出对待，就是说无所谓爱与不爱。天地、圣人没有情感，无为而任自然。林希逸说："刍狗之为物，祭则用之，已祭则弃之。喻其不着意而相忘尔。而说者以为视民如草芥，则误矣。"钱锺书说："刍狗万物，乃天地无心而不相关，非天地忍心而不悯惜。"在老子看来，"失道而后仁"（第三十八章），"仁"尚且低于"道"，更何况"不仁"？本章的"不仁"，是"自然"之义，是肯定面的，而非否定面的，并非是特意地反对儒家的仁义思想。顺其自然，看似不仁，实则大仁。《庄子·齐物论》："大仁不仁。"成玄英疏："亭毒群品，泛爱无心，譬彼青春，非为仁也。"天地任万物自生自成，圣人任百姓自作自息，视同刍狗。陈鼓应说："在这里老子击破了主宰之说，更重要的，他强调了天地间万物自然生长的状况，并以这种状况来说明理想的统治者应效法自然的规律，也是任凭百姓自我发展。这种自由论，企求消解外在的强制性与干预性，而使人的个别性、特殊性以及差异性获得充分的发展。"这正是"为无为，则无不治"这一旨象的形象表达，显示出老子的一种非拟人化、反目的论的天道观与顺任自由的政治理想。

第六章

【原文】

谷神不死①,是谓玄牝②。玄牝之门,是谓天地根③。绵绵若存④,用之不勤⑤。

【注释】

① 谷神不死:"谷",山谷,取其虚无深藏之义;"谷神",这里指道体。此句意为:虚无的道体,其作用永不停歇。

② 玄牝:玄牝,微妙的母性,指化生万物的神妙莫测的母体,喻道。牝(pìn),原义是雌性的生殖器。

③ 天地根:天地的本根。根,本根。

④ 绵绵若存:绵绵不绝,常存而不见。苏辙说:"绵绵,微而不绝;若存,存而不可见也。"

⑤ 不勤:不穷竭。勤,尽。

【品鉴】

本章中老子描述了化生天地万物的道。

在第四章,老子把"道"比作是一个无形的大容器,装得无穷无尽的东西，但总是装不满它。在第五章，他又把"道"在天地之间的运作比喻成一个大风箱，愈是推拉它，就愈是多排风。在本章，老子又把"道"形象地说成是"谷神""玄牝"。"容器""风箱""山谷""牝门"，它们有一个共同的特征，就是中间空虚而作用无穷。容器的中间是空虚的，可盛物；风箱的内部是空虚的，可生风；山谷的中间是虚空的，可汇聚溪流；牝门的内部是虚空的，可生殖万物。老子反复用比，就是形象地说明"道"的体和用。

道之体是"虚"的。就本章来说，老子把"道"说成是"谷神"。蒋锡昌说："《老子》言'谷'者，多矣。如第十五章'旷兮其若谷'，第二十八章'为天下谷'，第三十二章'譬道之在天下，犹川谷之于江海'；第三十九章'谷得一以盈'，第四十一章'上德若谷'。谊皆取其空虚深藏，而未有为他训者。"严复注："以其虚，故曰谷。"这里的"谷"，是形象地说明道体是"虚"的。道体虽然是空虚的，但其妙用无穷，所以称之为"谷神"。这里的"神"并不是什么神秘的神灵，而是指"道"的作用是无穷无尽的。严复说："以其因应无穷，故称神。"把"道"说成"谷神"，是就道的体用统一而言的。"不死"，是说道的永恒性。严复说："以其不屈愈出，故曰不死。"道的"不死"，一方面是说道之体常存，另一方面是说道之用常在。道之体用永恒，所以它是不死的。

老子又把不死的"谷神"，看作是"玄牝"。"牝"，即雌性生殖器，这里指生万物者。蒋锡昌说："玄者，幽远深妙之意。牝，母也，为生物之本。玄牝者，即微妙之生长，以谷神生之而不见其所以生也。""玄牝"是象征着幽远深妙的、看不见的生产天地万物的生殖器官，老子以之喻"道"。"道"生养孕育万物，"玄牝之门，是谓天地根"，道是天地万物的本根。"根"，即是"本"，即是"母"，即是"牝"。"根""牝"皆指道言。"牝"，其体同样是空虚的，但其生殖作用却是神妙的。与"谷"不同的是，山谷汇聚溪流，是说明万物皆归于道；"玄牝"，万物的生殖器，是说明万物皆生于道。从道之自身的存在性状来说，把它比作不死的"谷神"更形象；从道生养万物的关系来看，把它看成生殖万物的"玄牝"更合适。苏辙说："谓之'谷神'，言其德也。谓之'玄牝'，言其功也。"但"谷神""玄牝"都是指道而言的，都说明了道的体和用。

"绵绵若存，用之不勤"，这还是在说"道"的体和用。第四章"道冲而用之或不盈"，道体空虚而盛物无限；第五章"天地之间，其犹橐籥乎？虚而不屈，动而愈出"。天地之间是一个虚空，道在其中运作如同大风箱，这个"虚"中含有无尽的创造的因子。所以说："动而愈出"——天地运行，万物便生生不息了。这个"虚"的运动，就成为产生万有的源泉动力。本章说道的"绵绵若存，用之不勤"，同样是说明"道"体虚而不可见，但其作用无穷。王弼注："万物以之生，故绵绵若存也。无物不成，用而不劳，故曰用而不勤也。""若存"，是说道体是不可见的，它不像具体事物那样有形有象，实际地占据一定的时空而存在着。"若存"，是不让人们用具形之物的方式去理解"道"，但"道"的存在又是无可置疑的，因为它无时无处不在运化，它的作用遍及万物，但我们却看不见它。道的存在，是微而不绝、存而不见的。它是形而上的存在，不同于形而下的存在。这个形而上的存在是一切形而下的存在之所以产生、存在和生成的最终根源和终极根据。道是万物的始原，也是万物的本根。所以，道之用就是万物的生育长成，万物生生不息就是道的"用之不勤"。可见，老子的"道"，体虚而用有。"虚"，在老子的思想中不是一个消极的概念，而是一个积极的概念。"虚"，意味着"道"的无限创造性和永恒存在性，似乎还有一种不占有、无私意的奉献精神。道之体用，是不可分离的。正因为道之体是空虚的，道之用才得以常在；正因为道之用是不竭的，道之体才得常存。体是用之体，用是体之用。在老子"道"的体用问题上，我们也可以说它是"体用一源"。

古人也有把此章要旨解作胎息养生之术的。《御览·方术部》引《修养杂诀》说："《老子》云：'玄牝之门，是谓天地根。绵绵若存，用之不勤。'言口鼻也。天地之门，以吐纳阴阳生死之气。每至旦，面向午，展两手于膝上，徐徐按捺百节，口吐浊气，鼻引清气，所以吐故纳新。是蹙气良久，徐徐吐之，仍以左右手上下前后拓。取气之时，意想太平元气，下入毛际，流入五脏，四肢皆受其润，如山纳云，如地受泽，面色光涣，耳目聪明，饮食有味，气力倍加，诸疾去矣。"这是以气功方术解释《老子》，未必符合《老子》原意。但老子注重养生，确是事实。注重养生之道是老子开创的道家学派的一个重要传统。《庄子·刻意》篇："吹呴呼吸，吐故纳新，熊经鸟申，为寿而已矣。此道术之士，养形之人，彭祖寿考者之所好也。"近人蒋锡昌推演此章说："'谷神不死，是谓玄牝'，言有道之人，善引腹中元气，便能长生康健，此可谓之微妙之生长也。'绵绵若存'，言导引时气缓缓出入，若存若亡也。"如果把老子所作的比喻、象征，都当作实体，都予以坐实，就难免有附会之嫌。把大道看作"卫生之经"，对于老子思想本身来说只是"小技"而已，尽管"养生术"亦是道的大用之一方。把老子思想拘于养生者，是降大道为方术，诚如庄子所言，是"道术之士""养形之人"，而非"为道之士""养神之人"也。

另外我们从本章也可以看出，老子的思想是受到远古女性崇拜观念的影响的。从"谷""牝""门""根"这几个词汇，可以清楚地看到这一影响。"谷"即山谷，特别是指有水的溪谷，帛书《老子》"谷神"作"浴神"，正表明"谷神"是指溪谷之神。然而这只是"谷神"的表层含义。在中国古代，溪谷常用来指代和象征女性或女性的生殖器官。《淮南子·坠形训》曰："邱陵为牡，谿谷为牝。"民俗学的研究表明，以山谷、洞穴、洼地等作为女性的生殖器官的象征加以崇拜的风俗和信仰，在我国许多少数民族地区都是普遍存在的。"玄牝"指代女性生殖器，比起"谷神"来就更为直截了当。郭沫若说："玄牝是象征着幽远深妙的、看不见的生产天地万物的生殖器官。"徐梵澄更指出："'玄牝'象征'阴'，推至远古，则生殖崇拜也。""天地根"之"根"，在这里也含有生殖崇拜的意味。在中国文化中，"根"亦指"根器"，男有"男根"，女亦有"女根"。《老子想尔注》："阴孔为门，死生之官也。最要，故名根。"便是把"玄牝之门"与"天地根"联系起来考虑的。老子这里所谓"根"，显然是指"女根"，它是天地万物所由之出的总根源。老子的思想，虽然与远古的生殖崇拜观念之间有密切的联系，但是不能把老子思想等同于生殖崇拜观念。老子思想中确实饱含着生命意识、生存观念，但老子不是从神学、生物学的角度来看待人的生殖繁衍的，他是从宇宙视野的角度来看待人的生存，从哲学的高度来看待人的生命的。因此，这些具有生殖意味的"谷""牝""根"，也仅是象征而已，象征着勃勃的生机和永恒的生命。我们切不可把"喻体"当成"本体"。老子是伟大的哲学家，他是哲学地思考问题的，生命的起源和根据问题也不例外。本章中"谷"的神妙功能、"牝"的玄远特征、"根"的本原意味，都使得古老的生殖崇拜获得了"哲学"的洗礼和新生。

第七章

【原文】

天长地久。天地所以能长且久者，以其不自生①，故能长生②。是以圣人后其身而身先③，外其身而身存④。非以其无私⑤邪？故能成其私⑥。

【注释】

① 不自生：不自求生。成玄英疏："不自营己之生也。"释德清说："不自私其生。"

② 长生：指生命的长久。

③ 后其身而身先：把自己放在后面，反而能赢得民众的拥戴。释德清说："不私其身以先人，故人乐推而不厌。"

④ 外其身而身存：把自身置于计虑之外，反而能保全生命。"身存"，指生命得以保全。

⑤ 无私：不自私，不营私己身，指"后其身""外其身"。

⑥ 成其私：成就他自身，指"身先""身存"。"成其私"之私，不同于"无私"之私。后者指自私，是老子要去除的；前者指自身，是老子要成就的。老子认为，去除自私，才能成就自身。

【品鉴】

本章也是由天道推论人道，从"天地"的无私无为来论说"圣人"的立身处世之道。

在这里，老子是以"天地"一词来说明天道的。天地是指客观存在的大自然，是"道"所产生并依"道"的规律运行而生存，从而真正地体现"道"。可以说，天地即代表着"道"。"天长地久"，在人们看来，天地是长久的，它不同于世间的万事万物。天地之间的万事万物都有生灭变化，唯独天地亘古长存。人生在天地之间，每天面对这生生死死的事物和亘古长存的天地，自然地会发出疑问：为什么天地能长久，而人却不能像天地那样长久呢？老子对这个问题的回答是："天地所以能长且久者，以其不自生，故能长生。"因为天地"不自生"，所以它能够"长生"。什么叫"不自生"呢？"不自生"的"自生"，不是指"自然地生存"，而是指"自私地求生"。老子是主张万物自然地生存，使万物自生自长自化自成的，他反对的是"自私"。所以，这里的"自"，不是指的"自然"，而是"自私"的意思。自生，自私地求生，就是它的一切作为都只是为其一己的私生私利。天地是无私的，天无私覆，地无私载。天地按照自身的规律自然地运行，对万物没有好恶的情感，这就是第五章所说的"天地不仁，以万物为刍狗"。天地无私，所以天地也就无为。天地的"不自生"，同样说的是天地的无私无为。天地无私地生养万物，而不是自求其生；万物的生生不息，也就是天地的"长生"了。天地的"不自生"，也就是不与万物争；不与万物争，也就不会为万物夺。这正如王夫之《老子衍》所说的："天地不得不食万物矣，而未尝为之食。"正由于天地育养万物的"不自生"，所以它才能"长生"。天地不与万物争，所以天地在本质上就不同于万物，而超越之，包容之；天地如与万物争，则天地仍为万物中之一物也。无私、不争之德，使天地化生万物，超出万物。以上是讲天道。

老子讲天道，是以天道推及人道，是从宇宙观上给人道以思想的依据。老子是以"圣人"一词来指明人道的，"圣人"要效法天道而立身处世。在老子的观念中，所谓人道者，以天道为依归，也是天道在社会人世问题上的具体运用。这是《老子》书中时时处处都在说明的一个道理，也是本章所要表达的意旨。推天道以明人事，就是从自然现象中确定社会人生的法则。在《老子》中，这种思维方式贯穿全书。"天道推衍人事"实际上就是把天、地、人视为一个整体，认为它们遵循着一个共同的法则。人道应效法天道，与宇宙大道合一。老子的"圣人"，是指处于最高地位的理想的执政者，也应是"道"的体现者和践行者。因此，无论把人道用于为政，或者把人道用于修身，都要效法天道的无私无为。本章主要是就圣人的修身立身来说的。

在老子看来，天地就是人的榜样、范式和标准。天地由于"无私无为"而得以长存，因此圣人也应效法天地，以这样的"无私无为"而立身处世，生命才能得以久长。天地是"无私无为"的，是"不自生"的，但世人却总是想着"自生"。释德清说："世人各图一己之私，以为长久计。"尤其是身在其位的执政者，谋私的机会来得更为方便，往往情不自禁地伸展一己的占有欲。老子理想的统治者却能"后其身""外其身"，不把自己的意欲摆在众人的前头，不以自己的利害作为优先的考虑。这是一种了不起的谦退精神。老子认为，天地由于"无私"而长存永在，人间"圣人"由于退身忘私而成就其理想。"非以其无私邪？故能成其私。""无私"，指的是"后其身""外其身"；"成其私"指的是"身先""身存"。卢育三说："后其身，外其身，都是无为于身的意思。后其身，即不争先；外其身，即不有其身。不争先则身先，不有其身则身存。"不把自己的意欲摆在众人前头的人，自然能赢得大家的拥戴；不把自己的利害作优先考虑的人，自然能成就他的生命。陈鼓应说："正是由于他处处为别人着想，反而能够成就他的理想生活。"这里需要指明的是，"无私"的"私"，是指的一己的私欲；"成其私"的"私"，是指的真正的生命。或者说，一己私欲的"我"，是"己我"；而真正生命的"我"，是"自我"。我们可以说，"己我"是老子要克服去除的，"自我"，是老子要实现成就的；只有克服、去除了"己我"，才能实现、成就"自我"。《庄子·逍遥游》中说"至人无己"，庄子所谓无己的"至人"，或许即是老子所说的去除了"己我"而成就了"自我"的"圣人"吧。有人指责老子学说中多讲诈术，尤其是"非以其无私邪？故能成其私"一句，常被人们引用为论据，认为圣人想保住自己的权位，却用了狡诈的方式，耍了一种滑头主义的手腕，等等。据以上的解释可知，此观点是对老子的一种误解。

对"天地"来说，"以其不自生也，故能长生"。对"圣人"来说，"非以其无私邪，故能成其私"。在这中间，包含着朴素的辩证法的观点。老子用朴素的辩证法观点，说明了"利他"（"后其身""外其身"）与利己（"身先""身存"）是统一的，"利他"往往能转化为"利己"。但这时所利的"己"，就不再是"己我"，而是"自我"。"利我"，就是实现自我的生命。"去私""利他"精神是执政者应该具备的。这对现在的领导者来说，也有极大的劝诫和警示意义。领导者决不能为了自己的私利，而侵害人民的利益。领导者在执政的过程中，要做到执政为民，而不能损公肥私。这里的"公"，指的是最广大人民群众的根本利益；这里的"私"，指的是领导者个人的私利。领导者一旦利用手中的职权谋取私利，满足自己的私欲，就会使人民群众的利益受到侵害，就会使自己陷入身败名裂的结局。所以，领导者只有为了国家、为了人民而执政，才能得到人民的支持。执政为公，就是领导者要以人民利益为先，把人民的利益、国家的利益置于个人的利益之上。这样的领导者，人民群众才能信任他、支持他，这样才能为自己的领导和管理赢得更坚实的群众基础。保持长存之道的领导者，是不把自己的利益摆在前头的人，是为人民利益着想的人，是大公无私的人。

第八章

【原文】

上善若水①。水善利万物而不争。处众人之所恶②,故幾于道③。居善地,心善渊④,与善仁⑤,言善信⑥,正⑦善治,事善能,动善时。夫唯不争,故无尤⑧。

【注释】

① 上善若水:上善的人好像水一样。河上公注:"上善之人,如水之性。"

② 处众人之所恶:停留在众人都不愿意停留的地方,指低洼处。

③ 幾于道:最接近于道。幾,《尔雅·释诂》:"幾,近也。"

④ 渊:深沉静默。

⑤ 仁:真诚地友爱别人。

⑥ 信:实诚。

⑦ 正:通"政"。古书"政""正"多通用,《老子》书中"政""正"亦通。如五十八章"其政闷闷,其民淳淳;其政察察,其民缺缺",帛书本"政"均作"正"。

⑧ 尤:过失,怨咎。

【品鉴】

张松如说本章是"一道《水之歌》,歌颂的则是理想中的圣人"。老子说:"上善若水。"蒋锡昌注:"上善,谓上善之人,即圣人也。"上善,指的是具有最高的善德善行的人,也就是得道的圣人。以"水"的形象来描述"圣人"的言行,也即是用"水"来喻"道"。因为"圣人"是"道"的体现者,"圣人"的言行有类乎水,而"水"之德是最近于道的。"水"是老子用以象征"道"的最形象者。

"水善利万物而不争,处众人之所恶,故几于道"。老子之所以用"水"来喻"道",最主要的是因为"水"和"道"一样具有"利而不争""处卑谦下"的善德。道生养万物而不与万物争,"生之畜之,生而不有,为而不恃,长而不宰"(第十章),"天之道,利而不害"(第八十一章)。同样的,水善于滋润万物,使万物生长,却从不与万物争高下、竞短长;水善于谦下处卑,甘愿停留在低洼卑下的地方。水是最接近于"道"的精神的。李贽说:"水之善固利万物而不争者也,何以见其不争也?众人处上,彼独取下;众人处高,彼独处卑;众人处易,彼独处险;众人处顺,彼独处逆;众人处洁,彼独处秽。所处尽众人之所恶,夫谁与之争乎?不争故无尤,此所以为上善也。"在老子那里,利物、不争、处下、谦卑等,皆是道的表现,也正是水的性征。所以老子说,水"几于道",水虽不是道,但最近于道。"水"毕竟是具象的,而"道"是形而上的,王弼注:"道无水有",所以"水"终究不是"道"。但人们可以从水之性征来体味"道",把"水"当作具象的"道"来观来感,来体悟人生的大道。

下面的"居善地"共七句,都是水之德的写状,又是喻指上善之人,意即通过水的形象来表现圣人之德。这七句也是"不争之德"的表现。张松如说:"'居善地',在位,好趋下让人;'心善渊',存心,好虚静深沉;'与善仁',待人,好仁爱慈亲;'言善信',说话,好真实诚信;'政善治',为政,好精简清静;'事善能',遇事,好适应圆通;'动善时',行动、好顺时任运。"万物都争高地,水却喜欢流往卑下之地;"天之道,损有余而补不足"(第七十七章),也是贵弱的。水,渊深静默;道,"渊兮,似万物之宗"(第四章)。水润泽万物,道生养万物。水,鉴可照人,一如其形;道,有常,"其中有信"(第二十一章)。水至公至平,道无私无为。水,"攻坚强者莫之能胜"(第七十八章);道,"善始且善成"(帛书本第四十一章)。水,顺应时序,冬凝夏化,春雨秋露,从不违时;道,四时运行,自然有序。司马谈论道家:"与时迁徙,应物变化。"以上七点,都是以水为比,表述"圣人"的不争之德。可见,老子通过"水"所描述的"圣人",并不是无所事事、不会做事的人,而是最善于做事、最善于成事的人。一个诚实、谦和、沉静,又能为政、成事、顺时的人,难道不是一个人性完善的人吗?"圣人"就是老子心中最完美的上善之人。老子的"不争",不是主张放弃"为",反而是最善于"为"。善于"为"的人是顺其自然的人,是"为而不争"的人。"不争"即不与人争,不争先。我们不应仅把"不争"看作老子的策略,还应看到其中的价值观意义,以价值观视之,它乃是老子崇尚的一种与世无争的生活态度。所以,老子在本章最后结语说:"夫唯不争,故无尤"。"不争"实是老子全生保身、化解社会纷争的重要方法和立身处世的人生态度。

古今多少哲人临水而歌,观水而思,望水兴叹,借水言志。《荀子·宥坐》也记载了孔子答弟子子贡问水的一段对话:"孔子观于东流之水。子贡问于孔子曰:'君子之所以见大水必观焉者,是何?'孔子曰:'夫水,遍与诸生而无为也,似德。其流也埤下,裾拘必循其理,似义。其洸洸乎不淈尽,似道。若有决行之,其应佚若声响,其赴百仞之谷不惧,似勇。主量必平,似法。盈不求概,似正。淖约微达,似察。以出以入，以就鲜洁，似善化。其万折也必东，似志。是故君子见大水必观焉。'"在此处，孔子同样以水为比，描述了他理想中的具备德、义、道、勇、法、正、察、志及其善化等道德的崇高人格的"君子"形象。同是观"水"，老子见"圣人"，孔子见"君子"，这是所志之道的不同的缘故。

陈鼓应说："本章用水性来比喻上德者的人格。老子认为最完善的人格应具备这种心态与行为：'处众人之所恶。'别人不愿去的地方，他愿意去；别人不愿意做的事，他愿意做。他具有骆驼般的精神，坚忍负重，屈卑忍辱。他能尽其所能地贡献自己的力量去帮助别人，但不和别人争功争名争利，这就是老子的'善利万物而不争'的思想。"老子以"水"喻"道"，教导世人应该向水学习，学习水的善德，尽己所能，无私奉献，乐于助人，不求索取。联系到现代领导学，可以使我们更清楚地理解"领导"的意涵。"领导"，不仅代表着一种"权力"，代表着一种"责任"，更代表着一种"服务"。老子所描述的"圣人"给现代领导者的启示就是，最优秀的领导者应该具备"善利万物而不争""处众人之所恶"的所谓"水之德"，也就是要有服务和奉献的精神。领导者要牢记为人民服务的宗旨，"先天下之忧而忧，后天下之乐而乐"，吃苦在前，享受在后，要努力为群众谋最大利益，优先考虑人民的利益，不争功、不贪利。领导者要有水一样的慈爱精神，润泽万民，帮贫济困，把百姓的冷暖常记心头；要有骆驼般的精神和大海般的度量，能够做到忍辱负重、宽宏大量。这样的领导者，才是一名优秀的领导者。

第九章

【原文】

持而盈之①,不如其已②。揣而梲之③,不可长保。金玉满堂,莫之能守;富贵而骄,自遗其咎④。功遂⑤身退⑥,天之道⑦也。

【注释】

① 持而盈之:持执盈满,这里是自满自骄的意思。

② 已:罢手,停止。

③ 揣而梲之:捶磨使它尖锐。揣,同"捶",捶击打磨的意思。"梲",借为"锐",锐利、尖锐。

④ 自遗其咎:自己留下祸殃。遗,遗留;咎,灾殃、祸患。

⑤ 功遂:功业成就。遂,成。

⑥ 身退:指敛藏锋芒,不自居其功。

⑦ 天之道:指自然的大道。成玄英疏:"天者,自然之谓也。"

【品鉴】

本章以"功遂身退"的天之道来劝诫世人不要贪有自满,意在讲述"不盈"的道理,告诉人们应如何对待名利和成功。

老子说:"持而盈之,不如其已。"手里端得满满的,不如放下;持得越久,端得越满,越是劳累,不如放下来轻松些。"揣而梲之,不可长保"。王弼注:"既揣末令尖,又锐之令利,势必摧衄,故不可长保也。"意思是说,为人尖利刻薄,锋芒毕露,凌迫而不谦让,这样的人很快就会受到挫折。"金玉满堂,莫之能守",金银珠宝堆满屋子,谁也不能把它守藏。"富贵而骄,自遗其咎",富贵即使不骄纵都不能长保,更何况是因富贵而骄纵的人呢?那简直就是自取其祸。不但保不住,还会因富贵而招致祸害。

老子在这里说出了知进而不知退、贪有而不自谦的祸害,叫人要适可而止。适可而止,就是要"知足""知止",懂得"不盈"的道理。"盈"即是满溢、过度的意思,上面的"锐""满""骄"都是"盈"的表现。一般人在遇到名利当头的时候,鲜有不醉心、不趋之若鹜的。贪图禄位的人,往往得寸而进尺;恃才傲物的人,总是耀人眼目;富贵而骄纵的人,常常自取祸患。就像李斯,当他做秦朝宰相的时候,真是集富贵功名于一身,显赫不可一世,然而终不免做阶下囚。当他临刑时,对他的儿子说:"吾欲与若复牵黄犬,俱出上蔡东门逐狡兔,岂可得乎?"(《史记·李斯列传》)庄子最能道出贪慕功名富贵的后果。当楚国的国王要聘请他去做宰相的时候,他笑着回答说:"千金,重利也;卿相,尊位也。子独不见郊祭之牺牛乎?养食之数岁,衣以文绣,以入大庙。当是之时,虽欲为孤豚,岂可得乎?"(《史记·老庄申韩列传》)从《史记》记载的这两个事例,一反一正,我们可以理解老子的警世之意是多么的深远。

持"盈"的结果,将不免于倾覆之患。所以老子谆谆告诫人们不可"盈",一个人在功成名就之后,如能身退"不盈",才是长保之道。然而,"身退"并不是引身而去,更不是隐形匿迹。遁隐逃逸、偃仰山林者，或许心向老子；但老子教人，却丝毫没有遁世的思想。他仅仅是告诫世人，在事情做好之后，不要贪慕成果，不要尸位其间，而要收敛意欲，含藏功力。陈鼓应说："老子要人在完成功业之后，不把持，不据有，不露锋芒，不咄咄逼人。可见老子所说的'身退'，并不是要人做隐士，只是要人不膨胀自我。""膨胀自我"，是指膨胀一己的私欲，即是"盈"。"身退"即是敛藏、不显耀、不表露，即是"不盈"。唐代王真说："身退者，非谓必使其避位而去也，但欲其功成而不有之耳。"此说深得老子之意。"避位"，虽然是"身退"的一种手段、方法，却不是老子真正想要表达的思想。"身退"只是一种行为的形式，它背后表达的思想意涵是"为而不有"的精神。老子是要人"为"的，而且要"功成""功遂"；更重要的，是在"功成""功遂"之后更要保持一种"不盈"的心态。"归隐山林"也好，"急流勇退"也好，都只是一种形式而已，关键是这种行为方式的背后是不是有"功成而不有"的精神。以归隐而沽名者，多矣！若果真"不盈"，何必尽学范蠡、张良？可见，本章的"功遂身退"，与第二章的"功成而不居"、第三十四章的"功成而不有"，其基本的意涵是相同的。

张松如根据老子"柔弱胜刚强"的原则，用"生之徒""死之徒"来说解本章。他说："持盈、揣锐、金玉、富贵，都是属于'死之徒'，是靠不住的，是会招灾惹祸的，因而亟须趁早罢手，才能转危为安。要想返本复初，列身于'生之徒'，那自然就只有'功成身退'，这才是'天之道也'。这也便是'功成而弗居'，而且'夫唯弗居，是以不去'"。"死之徒"，也就是持"盈"的人；"生之徒"，即是"不盈"的人。持守柔弱，表现在人的行为和心态即是"不盈"。其中道理是相通的，可备一说。

老子"功遂身退，天之道也"的思想，是有其渊源的。《史记·范雎蔡泽列传》记载，蔡泽曾引《书》曰："成功之下，不可久处。"可见，老子是把前人的为政经验提高到哲学的高度，上升为"天之道"，从天道观的理论根据来说明"不盈"的道理。老子认为，"不盈"符合大道的本性。"道冲而用之或不盈"（第四章）；"保此道者，不欲盈。夫唯不盈，故能蔽而新成"（第十五章）；"大盈若冲，其用不穷"（第四十五章）。冲虚不盈是大道的特性，唯有保持冲虚不盈，方能去故更新，永葆旺盛的生命力，发挥永不穷尽的创造作用。可见，"功遂身退"之"退"的结果，实质上乃是一种"进"，是摆脱已有之成功的拘束，走向更远大的前程，再建新的功业。"功遂身退，天之道也"，"天之道"即是自然之道。因此，"功遂身退"乃是大道的自然的表现。"功遂身退"的思想，体现了老子的自然主义的基本精神。

第十章

【原文】

　　载①营魄②抱一③，能无离乎？专气致柔④，能婴儿乎⑤？涤除玄览⑥，能无疵⑦乎？爱民治国，能无知⑧乎？天门开阖⑨，能无雌⑩乎？明白四达⑪，能无为乎⑫？生之畜之⑬，生而不有，为而不恃，长而不宰⑭，是谓玄德⑮。

【注释】

　　① 载：发语词，无义。陆希声说："载，犹夫也。发语之端也。"

　　② 营魄：魂魄。《内观经》曰："动以营身之谓魂，静以镇形之谓魄。"

　　③ 抱一：合道，这里指魂魄合于道。一，指道。第三十九章："天得一以清，地得一以宁……万物得一以生。"第二十二章："圣人抱一，为天下式。""一"皆指道言。

　　④ 专气致柔：凝聚精气以致和柔。"专气"，即"抟气"，凝聚精气。"致柔"，保持柔和的状态。

　　⑤ 能婴儿乎：能像婴儿那样吗？这里指婴儿精气和柔的状态。

　　⑥ 涤除玄览：洗垢去尘，使心灵不受污染。洗垢谓之涤，去尘谓之除。"览"，高亨说："帛书甲本作'蓝'，乙本作'监'。'览''蓝'

均当读为'监'。'监'是古'鉴'字，镜也。"这里是以镜喻心。《庄子·天道》篇："圣人之心静乎！天地之鉴也，万物之镜也。"《淮南子·修务训》："执玄鉴之心，照物明白。"玄览，即玄鉴，玄妙的镜子，指修道者的心灵。

⑦ 疵：瑕疵，毛病。这里指镜子上的尘垢，比喻人心所受到的污染。

⑧ 无知：王弼本作"无知"，傅奕本、范应元本作"无以知"，帛书本作"毋以知"。检王弼注："治国无以智，犹弃智也。能无以智乎？则民不辟而国治之也。"是王弼本原作"无以知"。知，读为"智"，二字古通用，这里指智巧。"无知"，当为"无以智"，意谓：不要用智术来治国理民。

⑨ 天门开阖："天门"，高亨说："天门，盖谓耳目口鼻也。……盖耳为声之门，目为色之门，口为饮食言语之门，鼻为臭之门，而皆天所赋予，故谓之天门也。《庄子·天运》篇：'其心以为不然者，天门弗开矣。'天门亦同此义，言心以为不然，则耳目口鼻不用。……耳目口鼻之开阖，常人竞于聪明敏达，道家所忌，故欲为雌，不欲为雄也。""开阖"，即开合，"阖"通"合"。"天门开阖"，指人的感官的开启或关闭。

⑩ 无雌：王弼本作"无雌"，傅奕本、帛书本皆作"为雌"。"无雌"是误写，义不可通。当改为"为雌"。"为雌"，即持守柔弱的意思。

⑪ 明白四达：澄明通达。范应元说："明白，虚也；四达，通也。"卢育三说："这里不是指耳目之明白四达，而是指心如明镜的一种大智。"

⑫ 能无为乎：王弼本作"能无为乎"，河上公本、御注本作"能无知乎"，帛书本作"能毋以知乎"。上句"明白四达"，是指知"道"之后的澄明通达；所以下句应与"知"相关，当作"无以知乎"。"无以知"之"知"，是指人通过感观形名而获得识知的一种知解活动。

因为道不可以形名知解，所以"明白四达，无以知乎"，晓明通达而能不运用知解吗？帛书本文义较顺。

⑬ 生之畜之：指道生长万物、养育万物。生，生长；畜，养育。

⑭ 生而不有，为而不恃，长而不宰：生长万物而不占有，兴作万物而不恃能，长成万物而不主宰。有，据为己有；恃，自恃己能；宰，主宰、宰制。

⑮ 玄德：最深远的德。"玄德"句，重见于五十一章，疑为第五十一章错简重出。马叙伦、奚侗、陈柱、陈鼓应均持此说，认为此句与上文不相应，当为错简重出。今从。

【品鉴】

本章主题是警示统治者要以"道"自处，修道、体道、行道，世人亦可从中体悟得道之方。

首十二句，提出了六条设问，也就是以"道"为标准，对统治者提出了六条警示。卢育三说："'载营魄抱一，能无离乎？'以下六句，都是用疑问口气作肯定的示意，都是讲主体的人与道的关系，最后都落脚到道上。""主体的人"，指的是统治者；这六句，主要是向"君主""侯王""王公"等统治者发问的。这从"爱民治国，能无以智乎？"可以看得出来，"爱民治国"者，当然指的就是统治者了。对统治者发问，即是对统治者予以警醒，设问的形式起着警示的作用。老子的这六句话，是对统治者提出的六条警诫或六项标准，提醒统治者省察自己的"身""行"是否合"道"。

老子说："载营魄抱一，能无离乎？"魂魄抱守着"道"，能永远使之不离开"道"吗？学者对这里的"一"有不同的理解。一种意见，是把"一"解释为"身"，意为形神不离，合为一身。高亨说："一谓身也。"另一种意见是,"一"是指"道",意为魂魄抱道而不可离道。哪种意见更符合老子本义,值得研究。"营魄",即"魂魄",这没有争议。河上公注:"营魄,魂魄也。"《楚辞·远游》亦有"载营魄而登霞兮"的诗句。大约与老子同时代的子产说:"人生始化曰魄,既生魄,阳曰魂。"杜预注:"魄,形也;阳,神也。"由此,我们可以知道,"魂""魄"大致相当于"神"与"形"。"载营魄抱一",即"魂魄抱一",或说"形神抱一"。但"形神抱一",是形与神这两者抱为一体呢?还是"形""神"另有别抱,这二者与他者合而不离呢?这还得再考虑。因为老子讲到"营魄"或"魂魄"的地方,仅此一例。第四十二章有"万物负阴而抱阳,冲气以为和"三句,如果用阴阳二气来解释此处的"营魄",再与子产的话相联系,似乎可以解释得通,但仍似有隔感。况"阴阳"一句在第四十二章也来得突兀,疑是释文误入经文,应是后代学者以"阴阳冲气"来解释"三生万物"。但就目前见世的文本来说,尚不能断定该句即是释文。不过,值得怀疑的是,用阴阳观念解释万物的文字,也仅见于第四十二章的这一句。如果老子果真是用阴阳观念解释万物的话,理应还有持相同观点的文字见于他章。但今存不见,这就不能不让人怀疑这是后代阴阳学家的释文。《老子》文本中"形"字两见:第四十一章"大象无形"和第五十一章"物形之",皆指"形状",与人的身体无涉;"神"字八见:第六章"谷神不死",第二十九章"天下神器";第三十九章"神得一以灵""神无以灵将恐歇",第六十章"其鬼不神""非其鬼不神,其神不伤人;非其神不伤人,圣人亦不伤人",是"神灵""神妙"之意,亦与人的身体无直接关联。这说明在《老子》中,形神关系还不是老子所关注的问题,或者说,形、神关系在老子那里还不成问题,身体还不曾被明确地划分为"形"与"神",形、神的观念还未进入老子思想的视野。因此,也就谈不到"形""神"是合还是离的问题,因为在老子的头脑中"形""神"还未分开。明确地把人的身体划分为"形""神"，形神关系开始成为问题，该是在老子以后的事情。因此，老子这里的"载营魄抱一"，恐怕不是在强调形神不离的问题。"营魄"，就是指身体的"魂魄"。在老子的观念中，"魂魄"本来就是一体的，属于身体的一部分，还未明确地分离为"形"与"神"。"形""神"未离，就不是强调"形"与"神"抱为一体，而是指"魂魄"要抱持着"道"，不能与"道"分离。《老子》中"一"字多见，第三十九章"天得一以清，地得一以宁……万物得一以生"，第二十二章"圣人抱一，为天下式"，皆指"道"言。而以"一"训"身"者，怕仅有这存疑的一处吧。此处的"一"，如指"道"言，则文从义顺。"营魄"指身言，"一"指道言，"载营魄抱一，能无离乎？"即是以身合道。那老子为什么不说"载身抱一，能无离乎"呢？老子的"身"，一般是指整个的身体而言，这里说的"营魄"仅是身体的形神部分，还不足以代表整个的身体。另本章下文的几个设问，还会涉及身体的其他部分，如"气""心""知"等等。据此可知，这句话是老子要求统治者的"魂魄"要合于道、不离道。

"专气致柔，能婴儿乎？"这是针对身体的"气"来说，要求统治者要凝聚身体的精气，使之柔和得如同婴儿一般。卢育三说："在老庄那里，婴儿有三个特点：一为柔弱，一为无知无欲，一为天真纯朴。老庄往往用婴儿喻得道者的神态。"这是从"气"的角度来描述得道者的状态。"含德之厚，比于赤子"（第五十五章）；"常德不离，复归于婴儿"（第二十八章）。老子用新生的婴儿来喻指含德深厚的有道之人。

"涤除玄鉴，能无疵乎？""玄鉴"指得道者的心灵。从这句话可以看出，老子并不认为一朝得道就能永远保持，假如不时常地洗垢除尘，人心就会因蒙尘染垢而离道。何谓心灵的"尘垢"呢？老子要人"少私寡欲""弃智""绝巧"。在老子看来，私欲、智巧是为道者应该去除的尘垢。

"玄鉴"无疵，即是心灵修养到了最高的境地，"致虚极，守静笃"（第十六章）。保持虚静的心灵，即是"涤除玄鉴"，使之"无疵"。

"爱民治国，能无以知乎？"陈鼓应说："本章的排序或有错乱。按照老子的'修之于身'、'修之于天下'的文例推测，应将文序予以调整。"甚是。前文说"魂魄"说"精气"说"心灵"，都是讲的"修身"。后面应接"天门开阖，能为雌乎？明白四达，能无知乎"，而后再说"爱民治国"句才是。"天门开阖，能为雌乎？"是就人的官感说的。"天门"，耳目口鼻是也。"为雌"，即是守弱，第五十二章"塞其兑，闭其门"是也。"为雌"的反面即是"为雄""争强"，目好"五色"、耳逞"五音"、口嗜"五味"、心驰"发狂"者是也。老子这里是在警示统治者，不可放纵感官享乐。

"明白四达，能无知乎"，澄明通达而能不运用知解吗？这里是指对于"道"的体认不能依靠"知"。"明白四达"，是指知"道"的澄明，而这种澄明却不能凭借知解的方式获得。第一章"道可道，非常道；名可名，非常名"，"道"不在名言之内，所以无法以"知"知之，因为"知"得靠名言才可获得识知。第四十七章"不出户，知天下；不窥牖，见天道"，正是说明"知天下""见天道"的"明白四达"，不由感官知解而来。

"爱民治国，能无以知乎？""知"，同"智"，指智巧之术。老子反对用智术治国，第六十五章"以智治国，国之贼；不以智治国，国之福"。这是从统治者的"修身"说到了"治国"，从"修道""体道"说到了"行道"，从"魂魄""精气""心灵""感官""知解"说到了"践行"。这是老子从治国的角度，警示统治者不可以"智"裂"道"，要循道而行，无为而治。

卢育三说："以上六句是从不同的方面要求人们'从事于道'。教人得道，'抱一'不离。"此言深得老子之意。本章所问是指向统治者的，虽然有其确切的言说对象，但普通世人亦可从中悟道矣。得道成圣者，其魂魄专一，其精气致柔，其心灵虚静，其感观内视，其明觉通达，其行止朴质。能如此者，可谓得道成圣矣。本章可看作老子以提问的方式所示的为道"六条目"，我们可与《大学》中的"三纲八目"对参，可见道、儒之异同矣。

第十一章

【原文】

三十辐①共一毂②，当其无，有车之用③。埏埴④以为器，当其无，有器之用。凿户牖⑤以为室，当其无，有室之用。故有之以为利，无之以为用⑥。

【注释】

① 辐（fú）：车的辐条。

② 毂（gǔ）：车轮中心的圆孔，即插轴的地方。

③ 当其无，有车之用：有了车毂中空的地方，才有车的作用。"无"，指毂的中空之处。

④ 埏埴（shān zhí）："埏"，用水和土；"埴"，黏土。"埏埴"，即和土制作陶器的意思。

⑤ 牖（yǒu）：窗。户牖，门窗。

⑥ 有之以为利，无之以为用："有"之所以能给人以便利，是因为"无"发挥了作用。王弼注："木、埴、壁所以成三者，而皆以无为用也。言无者，有之所以为利，皆赖无以为用也。"

【品鉴】

在本章，老子意在说明"无"的作用。

老子是用实际生活中的器物来作说明的，所以这一章的"无"和"有"不同于第一章的"无"和"有"。第一章的"无""有"是指称道体的形而上的概念，而本章的"无""有"是属于形器世界的。陈鼓应说："本章所说的'有'、'无'是就现象界而言的，第一章所说的'有'、'无'是就超现象界、本体界而言的，这是两个不同的层次。"在经验的现象界中，"无"和"有"本是相互依存、相互为用的。但一般人只注意了"有"，而忽略了"无"；只注重实有的作用，而忽视了空虚的作用。无形的东西能产生很大的作用，只是不容易被一般人所觉察。所以，老子在本章特意指明"无"的重要作用，把"无"的作用向人们展示出来，启示人们"虚用"的道理。

老子举了三个例子：车子的作用在于运货载人，器皿的作用在于盛装物品，房屋的作用在于供人居住。这是车、器、室给人的便利。所以说："有之以为利。"然而，如果车子没有轮毂中空的地方可以使车轴转动，就无法行驶；如果器皿没有中空的地方可以发挥容纳的作用，就无法装盛东西；房屋如果没有四壁门窗中空的地方可以出入通明，就无法居住。可见，器物中空的地方发挥了多么大的作用，所以说"无之以为用"。"有"之所以能便利于人，是因为"无"发挥了作用。

这里"有""无"的作用，可以借用"质料""形式"的概念来加深理解。"有"，相当于质料；"无"，相当于形式。可见的形质材料，是"有"，如车辐、黏土、墙壁等；而由形质材料所组成的结构形式，是不易被察觉的虚空，如车毂、器容、室内等，是"无"。有形的质料构成一定的结构形式，于是产生了器物的功能。器物之所以发挥功能，既有质料的作用（我们使用器物，伸手触及的物品都是材料，材料使我们便利），更要注意到形式的作用（若材料不构成一个具有中空部分的结构形式，器物对于我们而言就没有发挥实际作用。如：我想用碗舀水喝，端起一看，却是一个实心碗。实心碗，没有中空部分，当然是盛不了水的。我也只能继续口渴着，直至找到一个有中空部分的碗，才能解决用碗喝水的问题）。老子就是要我们注意到，质料所构成的中空部分即是质料的形式的作用。现实世界中，没有无形式的质料，也没有无质料的形式。但只要我们使用器物，发挥器物的实际功能，就需要用质料创造一个适用的形式，就需要组织结构中空的部分，这就离不开"无"的作用。所以老子指出，"有"给人便利，是"无"发挥了作用。如果没有这些中空的"无"，那么"有"就不可能发挥作用。

但我们也不能因为形式的重要，就只记着"无"，而忽视了质料的作用，忘记了"有"。张松如说："在这里，老子借器物的'有'和'无'来说明其'利'和'用'。有与无相互发生、利和用相互显著。老子是以'利'说'有'，以'用'说'无'，或者说是以有见利，以无见用。有与无、利与用，不可拆开。"冯友兰说："《老子》所说的'道'，是'有'与'无'的统一。因此它虽然是以'无'为主，但是也不轻视'有'。它实在也很重视'有'，不过不把它放在第一位就是了。"但老子毕竟是以"无"为主，不把"有"放在第一位的，此章也意在彰显"无"的作用。所以王弼注《老子》以无为贵、以无为本，并非是无由妄语、空穴来风也。王安石曾在其《老子》一文中说："故无之所以为车用者，以有毂辐也；无之所以为天下用者，以有礼、乐、刑、政也。如其废毂辐于车，废礼、乐、刑、政于天下，而坐求其无之为用也，则亦近于愚矣。"这是王安石对只注意"无之为用"而忽略"有之为利"的情况的批判。

《淮南子·说山训》:"鼻之所以息,耳之所以听,终以其无用者为用矣。物莫不因其所有,用其所无。以为不信,视籁与竽。"我们就以这段话为本章作结吧。

第十二章

【原文】

　　五色①令人目盲②，五音③令人耳聋④，五味⑤令人口爽⑥，驰骋⑦畋猎⑧令人心发狂⑨，难得之货令人行妨⑩。是以圣人为腹不为目⑪，故去彼取此⑫。

【注释】

　　① 五色：青黄赤白黑。

　　② 目盲：眼花缭乱。

　　③ 五音：宫商角徵羽。

　　④ 耳聋：听觉不灵。

　　⑤ 五味：酸甘苦辛咸。

　　⑥ 口爽：味觉受伤。《广雅·释诂三上》："爽，败也。"口爽，败口。

　　⑦ 驰骋：纵马疾驰。

　　⑧ 畋猎：猎取禽兽。

　　⑨ 狂：狂荡。

　　⑩ 行妨：伤害操行。妨：伤，害。

　　⑪ 为腹不为目：只求安饱，不逐声色。蒋锡昌说："老子以'腹'代

表一种简单清静之生活；以'目'代表一种巧伪多欲之生活。"

⑫ 去彼取此：摒弃物欲的逐求，而持守安足的生活。"彼"，指"为目"的生活；"此"，指"为腹"的生活。

【品鉴】

老子在本章指出了追求物欲生活的弊害，要人们持守自然安足的生活。

老子生活的时代，正处于新旧制度相交替、社会动荡不安之际。社会的动荡和变化刺激了统治者的贪欲，奴隶主贵族生活日趋腐朽糜烂。以齐景公为例，《左传》记载他"征敛无度；宫室日更，淫乐不违。内宠之妾，肆夺于市；外宠之臣，僭令于鄙。私欲养求，不给则应。民人苦病，夫妇皆诅"。齐景公在春秋时期还算是个明君，他尚且如此，其他君主的生活状态便也可想而知了。如《国语》记载楚灵王"为章华之台，国民罢焉，财用尽焉，年谷败焉，百官烦焉，举国留之，数年乃成"。吴王夫差"好罢民力以成私好，一夕之宿，台榭陂城必成，六畜玩好必从"。统治阶级穷奢极欲、纵情声色，劳动人民却生不如死、苦不堪言。老子针对奴隶主贵族阶级这种贪欲奢侈的生活状态，予以揭露、批判并提出了严正警告。

"五色令人目盲，五音令人耳聋，五味令人口爽，驰骋畋猎令人心发狂，难得之货令人行妨。"老子在这里力陈追逐物欲的弊害：缤纷的色彩使人眼花缭乱，纷杂的音调使人听觉不灵，饮食餍饫使人味觉受伤，纵情狩猎使人心荡神狂，稀有物品使人行为不轨。这种种贪欲造成的结果，就是对人心的自然状态的破坏。老子认为，人心的自然状态应当是虚静的、素朴的，而不应当是躁动的、纵欲的。贪欲放纵的生活方式，给人的身心带来的是伤害。陈鼓应说："老子目击了上层阶级的生活形态：寻求官能的刺激，流逸奔竞，淫佚放荡，使心灵扰扰不安。因而他认为正常的生活是为'腹'不为'目'，务内而不逐外。但求安饱，不求纵情声色之娱。"

老子在这里提出的"为腹不为目"的生活方式，同第三章所说的"虚其心，实其腹，弱其志，强其骨"的含义相近。蒋锡昌说："'腹'者，无知无欲，虽外有可欲之境而亦不能见。'目'者，可见外物，易受外境之诱惑而伤自然。故老子以'腹'代表一种简单清静，无知无欲之生活；以'目'代表一种巧伪多欲，其结果竟至'目盲'、'耳聋'、'口爽'、'发狂'、'行妨'之生活。明乎此，则'为腹'即为无欲之生活，'不为目'即不为多欲之生活。'去彼取此'，谓去'目'（多欲之生活）而取'腹'（无欲之生活）也。"这种解释是极精辟的。"为腹""为目"，各自代表一种生活方式和生活价值观念。"为目"，是指追逐物欲享乐的生活，认为人生的价值在于感官的快乐。"为腹"，是指安于素朴清静的生活，认为人生的价值是复归自然。林语堂说："'腹'指内在自我，'目'指外在自我。"外在的自我，逐于外，"为目"也；内在的自我，务于内，"为腹"也。逐于外者，心意外驰，多欲而不知返；务于内者，精神内敛，素朴而守自然。"为腹"，即要求建立内在的清静恬淡的生活方式；"为目"，即追逐外在的贪欲享乐的生活方式。老子认为，内在的清静恬淡的生活方式是自然的，是合乎人心的本然状态的；外在的贪欲享乐的生活方式是反自然的、不正常的，最终的结果是不仅不会使人真正地获得快乐和幸福，反而会给人的身心带来巨大的伤害。一个人越是投入外在化的漩涡里，则越会流连忘返，越会远离人心的自然，心灵越会日益空虚。所以，老子提醒人们要摒弃外界物欲的诱惑，而保持内心的安足清静，复归人的自然本性，过一种素朴的、清静的、安足的、自然的生活。

老子所提出的"为腹不为目",并不是一种禁欲主义,也不是一种愚民政策。"实其腹""强其骨",指的就是身体的康健和生活的安足。可见,"为腹"的生活方式不是禁欲,而是寡欲。老子说:"见素抱朴,少私寡欲"(第十九章)。寡欲的生活态度,才可自然安足;多欲的生活方式,只会伤身败德。禁欲的主张,是不会实现安适富足的生活的,也不是老子所提倡的。老子明明是把"甘其食,美其服,安其居、乐其俗"(第八十章)作为理想的生活状态的。老子希望人民能够丰衣足食,而且精神心灵是自然朴质的。"虚其心""弱其志",就是要抑制私欲的膨胀,减损人心的智巧诈伪,使人的精神世界回归素朴自然。张松如提醒我们说:"老子所说的'使民无知无欲',不过是对封建统治者所尊崇的'圣智'、'仁义'、'巧利'的绝弃,是对封建统治者所迷醉的'声色'、'财货'、'田猎'的厌恶罢了。凡此一切,是不能只从文字的表面意义来理解的。"

在评议本章时,有一种意见认为:"为腹"是指发展物质生活;"为目"是指发展精神生活,老子所谓"为腹不为目"的说法,是把物质生活和精神文明对立起来,这是他的愚民思想的一种表现,即只要给人们温饱的生活就可以了,而不要给人们精神的生活。我们说,本章中老子所反对的是奴隶主贵族腐朽的生活方式,而不是针对普通的劳动民众来说的。因为"五色""五味""五声"、打猎游戏、珍贵物品并不是一般劳动者可以拥有的,而是贵族生活的组成部分。老子所说的"五色""五声""五味"围猎之乐、难得之货等反映奴隶主贵族糜烂生活的行为方式,也不代表精神文明,所以也就不存在把物质生活与精神文明对立起来的问题。因此,我们认为老子的观点并不是要把精神文明与物质文明对立起来。相反,老子对物欲生活方式的批判,倒是提醒我们今天在发展物质文明的同时,要重视精神文明的发展,反对物欲横流导致的精神腐蚀。

人类社会的精神文明应与物质文明同步发展，但值得注意的是，物质文明水平提高了，精神文明未必随之提高；人们物质生活的富裕充足，并不必然导致精神生活的丰富充实。当今，现代工业文明高度发达。物质技术文明的高度发展，一方面给人们带来了物质的福利享受，另一方面又给人类的精神生活带来了严重危机。许多人只求声色物欲的满足，价值观、道德观却严重扭曲，在许多场合都可以看到人心发狂的事例。老子所提倡的素朴自然的生活方式，对我们今天的现代生活来说，是富有启示和借鉴意义的。

第十三章

【原文】

　　宠辱若惊①，贵大患若身②。何谓宠辱若惊？宠为下③，得之若惊，失之若惊④，是谓宠辱若惊。何谓贵大患若身？吾所以有大患者，为⑤吾有身。及吾无身⑥，吾有何患？故贵以身⑦为⑧天下，若可寄⑨天下；爱以身为天下，若可托⑩天下。

【注释】

　　① 宠辱若惊：得宠和受辱都使人惊慌。河上公注："身宠亦惊，身辱亦惊。"

　　② 贵大患若身：即"贵大患若贵身"，看重外在的大患如同看重自己的身体一样，意谓太看重荣辱。贵：珍重、看重。身：身体。

　　③ 宠为下：得宠是卑下的。释德清说："世人皆以宠为荣，却不知宠乃是辱。"

　　④ 得之若惊，失之若惊：得宠恩荣，为之惊喜；失宠受辱，为之惊惧。这里的两个"惊"字，都有惊慌之义，一则以喜，一则以惧。

　　⑤ 为：因为，由于。

　　⑥ 无身：舍弃执着于荣辱的身体。此"身"，是指名利之身。

⑦ 贵以身：把身体看得贵重。此"身"，是指人的生命。

⑧ 为：于。贵以身为天下：把生命看得比天下还贵重。

⑨ 寄：寄托。

⑩ 托：托付。

【品鉴】

　　本章老子强调"贵身"思想。老子认为，一个理想的治者，首要在于"贵身""爱身"，不以荣辱为患。这样的人，才可以担负天下。

　　"宠辱若惊，贵大患若身"。无论得宠、还是受辱，人们都会感到惊慌，这是为什么呢？老子说，这是由于人们把外在的得失看得太重了，甚至把自己的身体就等同于外在的荣辱。在世俗的人看来，得到恩宠就是对自己身体的尊重，受到屈辱就是对自己身体的损贬，自己身体的价值是被外在的荣辱支配着的；受荣辱支配的身体又不免沦为权贵的工具，因为宠辱都源自威权，因而自己身体的价值也是被世俗的权势决定着的。"宠辱若惊"的人，其身体的价值就是或荣或辱，其身体的作用就是争宠避辱。这样的身体，是没有独立的内在价值的，是没有真正生命的，它仅是荣辱尊卑的显示器而已。被宠辱权势所左右的身体，可称之为"名利之身"。"名利之身"是没有独立人格的，因为它的价值是被名利所决定着的，它存在的意义就是去争尊荣、逐重利。争逐到了名利，他就认为自身的价值提高了；名利受到了损失，他就认为自身的价值降低了。"名利之身"总是惊慌的，因为它患得患失，陷于名利场而不能自拔。得到恩宠，总觉得这是一份殊荣，既经赐予，就战战兢兢地唯恐失去，于是会在权贵者面前诚惶诚恐，曲意逢迎，以保尊荣，更求富贵，因而自身的人格荡然无存。得到恩宠的时候，为之惊喜不安；失去恩宠的时候，更觉得惊慌恐惧。"名利之身"，总是心惊不安的。

在"名利之身"看来,"得宠""受辱"如同身体的"生""死"一样重大,受辱若死,得宠如生。而在老子看来,"得宠"和"受辱"其实并没有什么两样,"荣""辱"都是名利场上的货色,都是惊扰人心的利器。所以,老子说"宠为下",得宠也是卑下的,并不是真正的尊贵。王弼注:"宠必有辱,荣必有患,宠辱等,荣患同也。"受辱固然损伤了自尊,得宠何尝不是被剥夺了人格的独立完整性。世人所谓的"贵身",其实并不是贵"身",而是贵"大患",看重的是名利荣辱,而不是真正的生命。在他们看来,得到名利即是大喜,失去名利即是大忧,得之则惊喜,失之则惊忧,得亦惊,失亦惊,喜亦患,忧亦患。然则何时得安矣?何时无患矣?

老子认为,只有抛弃这"名利之身",才能找回生命的自然。找回生命,发现生命,珍贵生命,爱惜生命,这才是真正的"贵身"。这所贵的"身",是"生命之身",而不是"名利之身"。抛弃"名利之身",人的生命才能自然纯真,心平气和,无忧无患。"吾所以有大患者,为吾有身。及吾无身,吾有何患?"我之所以有大患,乃是因为我有这个陷于荣辱的"名利之身",如果抛弃这个"名利之身",我哪儿还会有什么大患呢?因为大患就源自对名利之身的把执,去名、弃利,自然就无有大患可言。一般世俗的人,对于身外的宠辱毁誉,莫不过分地重视,就像如临大患一样。甚至于许多人重视身外的宠辱毁誉远远超过了自己的生命。因此,老子唤醒人们,名利荣辱并不是真正的"身",反而是身之"大患";宠辱是大患,生命才是"身","贵身"是要珍视生命,而不是争名逐利,患得患失。

老子"贵身"的思想,又可见于第四十四章:"名与身孰亲?身与货孰多?得与亡孰病?"一般人是急于身外的名利,而不知爱惜自身的生命。在他们的眼中,名利就是人生的全部,"天下熙熙,皆为利来;天下攘攘，皆为利往。""贵身"的反面是"轻身"。重名利而轻身，在老子看来，这是人之大迷。因为他没有认清"生命"与"名利"两者孰亲、孰重、孰得、孰病。第二十六章老子责问"轻身"的君主："奈何以万乘之主，而以身轻天下？"老子认为，理想的治者首先应该是一个"重身"的人。因为只有"贵身""爱身"的人，才会看淡名利宠辱，才有可能无私而公正，才会"以百姓心为心"（第四十九章），才能实行"无为而治"，才能担负天下，治理天下。一个名利熏心的统治者，只会视天下为自己的莫大之产业，把天下作为满足自己私欲的资本。所以老子说："故贵以身为天下，若可寄天下；爱以身为天下，若可托天下"，只有把自己的生命看得比天下还贵重的人，才可以把天下寄托给他；只有珍爱自己的生命胜过爱恋天下的人，才可以把天下托付给他。天下，至尊也、大利也，而能不动其心者，焉能担不起天下邪？得宠受辱尚心惊肉跳者，得天下之大，焉能不丧心病狂乎？老子当然是"贵天下""爱天下"的，否则就不会大谈什么"圣人之治"了，但他不是把"天下"当作名利得失来看的。把得到天下看作名利全收的人，在老子看来，是不能取治天下的，"天下神器，不可为也。为者败之，执者失之"（第二十九章）。只有抛弃名利荣辱，无私无为，持守大道者，才能担负起天下，治理好天下。"知常容，容乃公，公乃全，全乃天，天乃道，道乃久"（第十六章）；"受国之垢，是谓社稷主；受国不祥，是为天下王"（第七十八章）；"执大象，天下往"（第三十五章）；"侯王得一以为天下正"（第三十九章），以上句子都是言明此意。

　　本章讲的是"无身"而"贵身"的道理。刘笑敢说："'无身'之'身'重在一己之利，是世俗利益之身，必然会引起利益纠葛，祸患缠身，因此与'大患'同等。'贵身'之'身'是生命之真，是脱离了世俗利益之纠缠的真身。一个贵身胜于贵天下的人，必定是没有权欲、没有野心、不懂贪婪之人。把天下交给这样的人，才可以放心无虞。"可见，"无身"即是抛弃"名利之身"，"贵身"即是珍视"生命之身"，老子主张抛却名利而珍视生命。"名利之身"源于私欲、私意，亦可称之为"私"之身；去私为公，抛弃名利顺守公道，一任"道"之赋我者，亦可称之为"道"之身。无身而贵身，亦是去私欲、任自然之意也。第七章："后其身而身先，外其身而身存。"第六十六章："欲先民，必以身后之。""后身""外身""身后之"，即是"无身"、去"名利之身"、去"私之身"之意；"身先""身存""先民"，即是贵身、重身、成身之意。"无身"而"贵身"，即是"以其无私而成其私""终不为大故能成其大"之意也。"知足不辱，知止不殆"（第四十四章），"复守其母，没身不殆"（第五十二章）即是说，抛却名利、持守大道，才能长保生命，才是真正的"贵身"。老子并不是要人弃身、忘身，而是要人去名、弃利；老子所要人去的"名"、弃的"利"，也指的是私欲私意下的"虚名""私利"而已。

本章颇遭曲解。前人有解释为"身"是一切烦恼大患的根源，所以要弃身。陈鼓应说："造成这种曲解多半是受了佛学的影响，他们用佛学的观点去附会老子。"老子从来没有轻身、弃身的思想，相反，他是要人贵身、爱身的。持此见解者，是不知老子所要无的"身"，是"名利之身""私之身"，或者说，他们没有认识到"无身"只是去除私欲的一种形象说法而已。张舜徽说："此言人君所以惟大祸患为忧者，由于自私其身，贪权位而恐失之耳。假若人君能不自私其身，复何祸患之足忧乎？""无身"只是"去私"之意。在老子看来，只有"去私"之人，才可治理天下；只有不以宠荣辱患而轻其身者，才可体现天道的"无为"。冯友兰说："以身为贵于天下，'轻物重生'之义也。……此杨朱绪余之论。"老子"贵身""重生"，此说不假；然老子亦不曾忘却天下，只爱己身而置民生于不顾，说其是"杨朱绪余之论"恐未当耳。蒋锡昌说："盖老子以为圣人所最重者为治身，治国则其余事也。然唯以治身为最要，清静寡欲，一切声色货利之事，皆无所动于中，然后可以受天下之重寄，而为万民所托命也。"老子"去名""弃利"，此言甚是；然老子亦不曾把"治国""治身"分为两橛，以"身"为重、为先，以"国"为余、为后也，老子此意只是说治国者务去"名利"，"贵身""爱身"，珍视生命者才可担当天下。福永光司说："本章谓真正能够珍重一己生命的人，才能珍重他人的生命，爱重别人的人生。并且，也只有这样的人，才可以放心地将天下的政治委任他。"还有一种比较趋时的解释，是把老子说成是一个无私无畏、献身于公共事业的人，说"我之所以有大患，是由于我有生命；如果我把生命置之度外，还有什么大患？"这种解释是把"无身"之"身"，看成了"生命"。老子何曾让人放弃生命、牺牲生命？他是主张爱惜生命、珍贵生命而成就自我的。说老子"无私""无身"，有"公天下之意"，尚可；而说其"弃身""忘身"，置生命于度外者，实非也。此章意旨，为政者当深思之、常鉴之。

第十四章

【原文】

视之不见名曰夷,听之不闻名曰希,搏之不得名曰微①。此三者不可至诘②,故混而为一③。一者,其上不皦,其下不昧④。绳绳⑤不可名⑥,复归于无物⑦。是谓无状之状⑧、无物之象⑨,是谓惚恍⑩。迎之不见其首,随之不见其后⑪。执古之道,以御⑫今之有⑬。能知古始⑭,是谓道纪⑮。

【注释】

① 夷、希、微:河上公注:"无色曰夷,无声曰希,无形曰微。"这三个名词,都是用来形容不可以感官经验的"道"。

② 不可至诘:不可思议的意思。诘(jié),追问;至诘,发问、思议。释德清说:"至诘,犹言思议。"

③ 混而为一:浑然一体,不可分别的意思。混、一,都有不可分的意思,都是对道的形容。

④ 其上不皦,其下不昧:两"其"字,指道。"皦"(jiǎo),明亮。"昧"(mèi),昏暗。此句意为:它的上面也不显得光亮,它的下面也不显得昏暗。李约注:"凡物皆上明下暗,道高而无上故不皦,卑而

无下故不昧。"

⑤ 绳绳：连绵不绝的样子。

⑥ 不可名：不可名状。因道无形，故不可名。

⑦ 复归于无物：返回到不具物象的状态。复归：返本、还原，即返回本原的状态。无物：不是指一无所有，而是指不具任何形象。这里的"物"，是指具体的物象；道不是具体的事物，所以说它是"无物"的，不具物象的。

⑧ 无状之状：没有形状的形状。

⑨ 无物之象：不见物体的物象。

⑩ 惚恍：若有若无的样子。这是对道之象状的概括："无状之状，无物之象"，似无而有，似有而无，难于分辨，因此说它"惚恍"。

⑪ 迎之不见其首，随之不见其后：意谓道是无始无终、无边无际的。严复说："见首见尾，必有穷之物，道与宇宙皆无穷者也，何由见之？"

⑫ 御：统御，驾驭。

⑬ 有：此处的"有"指有形的具体事物，不是老子的专有名词，与一章的"有"不同。

⑭ 古始：远古的开始，指万物的原始开端。

⑮ 道纪：道的纲纪。纪：纲纪，理则。

【品鉴】

本章是对"道"的写状。《老子》书中的"道"，不仅具有宇宙本原的意义，而且还是支配物质世界及人类社会的基本规律。在此章，老子既描述了形而上的实存之"道"，又说明了作为宇宙规律的"道"。

"视之不见名曰夷，听之不闻名曰希，搏之不得名曰微"，这三个"之"字都是代指"道"。"夷""希""微"，是形容"道"是超感觉、超经验的。对于"道",我们看它看不见,听它听不到,摸它摸不着,视觉、听觉、触觉都无从经验它。所以,"道"是不在感觉经验之内的。不在感觉经验之内的,是不是就是纯粹的虚无呢?换句话说,"道"是否不具物质性、只是纯粹观念性的东西呢?张松如说:"有的论者认为,'夷'呀'希'呀'微'呀,都是不可捉摸的;其实所谓不可捉摸,正以其可以捉摸;如果纯粹是虚无,便不存在可不可捉摸的问题了。所以决不能以其不可捉摸,便否定其物质性。""道"的不可捉摸,只是说它不是一个有具体形象的东西。"道"不属于可知可感的形器世界,但它确实是真实存在的东西。老子想描述的,正是"道"的这种形而上的特性。

"此三者不可至诘,故混而为一"。"三者",指"视""听""搏",感觉官能在"道"身上失去了效用,我们凭经验无从思议它、分别它,所以它是混沌一体的。韩非注:"道无双,故曰一。"庄子说:"道通为一。"在这里,"一"就是对"道"的绝好描述。道,即是"一",浑然未分,浑然一体。所以,老子也常以"一"指"道"。第三十九章"天得一以清,地得一以宁,神得一以灵,谷得一以盈",第二十二章"圣人抱一为天下式","一"皆指"道"。第二十五章"有物混成,先天地生",混成之物即是"道",所以"一"指的是天地未分的宇宙原初状态。下面紧接着的"其上不皦,其下不昧"一句,即是对这一未分的原初状态的具体描述:"它的上面也不显得光亮,它的下面也不显得昏暗。"由于尚处于混沌状态,所以就没有什么"皦"与"昧"的区分。"绳绳不可名,复归于无物",由于尚处于混沌,所以就绵绵而不可断绝,无形无名而不可识别,终又重返到那不具物形的状态中去了。"混而为一"的状态,即"复归于无物"的状态,也是"不可名"的状态。《管子·心术上》说"物固有形,形固有名","名"是随"形"而来的,既然"道"没有确定的形体,当然就"不可名"了。

"道"之不可名，乃是由于它的无形。那为什么老子说"道"是无形的呢？因为如果"道"是有形的，那它必定就是存在于特殊时空中的具体之物了，而存在于特殊时空中的具体之物是会生灭变化的。在老子看来，"道"是永恒存在的东西，所以他肯定"道"是无形的。那为什么老子又要反复声明"道"是不可名的呢？因为有了名，就有了规定性，就会被限定了，就成了具体的存在物，而"道"是无限性的，是没有任何规定性的。"道"，无形无名，它的存在与任何具体事物的存在都有着本质的不同，这个本质的不同就在于"道"的形而上的特性。

　　"道"虽然没有固定的形体，虽然超越了我们感觉经验的范围，但它却并非空无所有。"道"是一种真实的存在体，只是形而上的实存而已。"道"作为形而上的实存之体，不同于形器世界中的实际存在物。形器世界中的实际存在物，是具体的，有形有象的。形而上的实存之"道"，是"无状之状，无物之象"。所谓"无状之状"，是指没有具体形状的形状，但没有具体形状的形状也是一种形状，是一种特殊的形状，一种形而上的形状。所谓"无物之象"，是指没有具体事物的物象，但没有具体事物的物象也是一种物象，是一种特殊的物象，一种形而上的物象。形而上的形状、物象，是不同于具体事物的形状、物象的，所以从我们的感觉经验来说，"道"是无，它是不可感、不可称名的；但形而上的形状、物象毕竟又是存在的，尽管它是形而上的存在，所以从形而上的实存来说，"道"是有，它是实存的、独立存在的。"道"既是有，又是无，是有与无的统一体。具体的事物要么有，要么无，不可能既有又无。"道"则不然，由于它是不可感知的超经验的存在，因而相对于具体的可感知的事物而言，可以称之为"无"。唯其如此，"道"才能从具体的万物中脱颖而出，取得它的形而上的特性，成为最高的本体。另一方面，"道"虽幽隐无形，不可感知，但并非空无所有，其中有"象"、有"物"、有

"精"、有"信",是真实的存在,因而相对于空无所有的虚无来说,又可称之为"有"。唯其如此,"道"才能成为世界的本原,化生出天地万物。总之,"道"是不同于具体物的形而上的实存。形而上的实存之"道",似无实有,似有还无,"疑于有物而非物,疑于无物而有物"(吕惠卿《道德经传》),所以老子说它"惚恍"。"惚恍",即是形容"道"的"若有若无"之状。

"道",不仅无形、无名,且无始无终、无边无际。"迎之不见其首,随之不见其后",迎着"道",也看不见它的前头;跟着"道",也看不见它的后面。有始有终、有边有际者,总能看到它的头尾,而"道"是无限的、永恒的存在。由于"道"的无限性、永恒性,所以"执古之道,以御今之有"。"道"是永恒的存在,是"常道";"道"的运作亦如常,"独立而不改,周行而不殆"(第二十五章)。所以,"古之道"即"今之道"。"知常曰明"(第十六章),把握大道的规律即是"明白四达"(第十章);"明白四达",即认识了"道"的无古无今、亘古常在的特点,所以"把握着自古即有的道,也可以统御当今的事物",因为当今的事物亦不可逃于自古即有的"道"的理则。同样,执"今之道",亦"能知古始",因为太古的原始亦不出历久不变的"道"的规范。这就叫作"道纪","道"的纲纪,即"道"的规律、理则。"道"固然是无形而不可见,惚恍而不可随的,但它作用于万物时,却表现出某种规律性;这些规律恒常不变,并为万事万物的运动变化所遵循。这就是老子所说的,能以"道纪"驾驭"今之有"、推知"古之始"的缘由。

老子在本章以"恍惚"之辞描述了"惚恍"之道,恰当地强调了"道"的形而上之特性。既表达了"道"与具体事物的本质区别,又突出了"道"的实存性、永恒性、无限性、规律性。陈鼓应说:"道是个超验的存在体,老子用了一种特殊的方法去描述它。他将经验世界的许多概念用上，然后一一否定它们的适当性，并将经验世界的种种界限都加以突破，由此反显出道的深微诡秘之存在。"道的"深微诡秘"，就在于它是超名言的形而上的存在吧。弄清了这点，或许"道"就不再是"深微诡秘"的了；也许我们还能"知常""执道"，做个"明白四达"的"玄通"之士呢！

第十五章

【原文】

　　古之善为士①者，微妙玄通②，深不可识。夫唯不可识，故强为之容③。豫④焉若冬涉川，犹⑤兮若畏四邻，俨⑥兮其若容⑦，涣⑧兮若冰之将释⑨，敦⑩兮其若朴，旷⑪兮其若谷，混⑫兮其若浊。孰能浊以静之徐清？孰能安以久⑬动之徐生？保此道者不欲盈⑭，夫唯不盈，故能蔽不新成⑮。

【注释】

　　① 士：指得道之士。

　　② 玄通：玄妙的通达。通，通达。

　　③ 强为之容：勉强为之形容，指得道的圣人深不可识，难于形容。

　　④ 豫：迟疑谨慎的样子。

　　⑤ 犹：警觉戒惕的样子。

　　⑥ 俨：端庄严肃的样子。

　　⑦ 容：王弼本作"容"，河上公本、傅奕本、帛书本及简本皆作"客"。"容"字与"客"字形近而误。据改。

　　⑧ 涣：流散消融的意思。

⑨ 释：释解，消融。
⑩ 敦：淳厚朴实的样子。
⑪ 旷：空旷虚阔的样子。
⑫ 混：混浊不清的样子。
⑬ 久：王弼本"安以"下有"久"字，吴澄本、景龙本及帛书甲乙本均无，王弼亦不注"久"字。据删。
⑭ 不欲盈：不肯自满。盈，《说文》："满器也。"
⑮ 蔽不新成：王弼本作"蔽不新成"，傅奕本、帛书本作"敝而不成"。陈鼓应说："'而'王弼本原作'不'，'而'、'不'篆文相近，误衍。若作'不'讲，则相反而失义。'蔽而新成'，去故更新的意思。""蔽"，借为"敝"，故、旧。"新成"，成新、更新的意思。

【品鉴】

本章是对体道之士的描写，描绘了"士"的行止风貌和精神境界。

"古之善为士者"，王弼本作"士"，帛书乙本、傅奕本作"道"，验之简本正作"士"，此证"士"字更近古义。此"士"，指得道、行道之士。在老子看来，只有"闻道，勤而行之"（第四十一章）之士，才是"上士"，即"善为士者"。蒋锡昌《老子校诂》说："上章言道之为物，无状无象，无声无响，此章言有道之人君，亦应无形无名，无为无执，此乃以道用之于治身治国也。"通观此章，好像并未提及"治国"之事，而是对体道之士的风貌行止的描述。所以，此章并非专指人君而言，凡得道、行道之士，足以有此神采。马恒君《老子正宗》说："一般人也可以修道，也有必要修道，不是大道只能治理天下，对常人无用。相反，常人修道更具有普遍意义。这一章举修道士人的形象，为怎样入道做示范。"

"微妙玄通，深不可识"，这是对体道之士的一个总体性概说。陈鼓应说："道是精妙深玄，恍惚不可捉摸。体道之士，也静默幽沉，难以测识。"上章言"道"之不可感、不可名，此章言体道之士之不可知、不可识。世俗之人，争名逐利，心神躁动，形气秽浊。所以，庄子说"嗜欲深者天机浅"。这般人等，一眼就可以看到底，大概是跳不出"名""利"二字的。而体道之士，则幽微精妙、深奥通达，不可识别。"玄通"，即通于玄，意谓精神与大道相通。因为道之"玄"，所以体道之士亦"深"，不可识别。这是告诫人们从表面上是无法识别体道之士的，人们应该学习、体验的是得道之士的内在精神世界。大道本身是"无名"的，只好"字之曰道"（第二十五章）。体道之士也同大道一样，是"微妙玄通，深不可识"的，所以只好"强为之容"，勉强地来描述他。因为是"强为之容"，所以下文七句的描述用了七个"若"字。七个"若"字，既体现着是勉强为之的描述，同时提醒着人们，要从对体道之士的形容描写中把握他的内在精神世界。体道之士的形貌容止，是他内在精神的自然流露和外在体现。得道之士的精神境界，远远超出一般人的感知。如果我们只是执于得道之士的外在表现，只是拘泥于对他的容貌行为的模仿，而不去体验他的内在精神，把握他的心灵世界，是不能入道、得道、行道的。

下面是老子对体道之士的描写："他是那样小心审慎啊，就像冬天涉足江河；是那样警觉戒惕啊，就像提防四周的围攻；是那样拘谨严肃啊，就像参加隆重仪式的宾客；是那样涣然可亲啊，就像春天的冰块行将消融；是何等淳厚朴实啊，就像是未经加工的素材；是何等的空旷虚阔啊，就像深山的幽谷；是何等的浑然不分啊，就像无法看透的混流浊水。"老子对于体道之士的风貌和人格形态的描述，写出了体道者的慎重、戒惕、严庄、融和、敦厚、空豁、浑朴、恬静、飘逸等人格修养的精神面貌，描述了"善为士者"浑厚淳朴、虚怀若谷、和光同尘、超凡脱俗的心态、风貌与境界。"孰能浊以静之徐清？孰能安以动之徐生？"这两句是描写善为士者持守大道的样子。用"孰"来设问，说明谁若是能如此，亦可得入道之门径。"浊"与"清"相对，"静"与"动"相对。吴澄说："浊者，动之时也；动继以静，则徐徐而清矣。安者，静之时也；静继以动，则徐徐而生矣。安谓定静，生谓活动。盖惟浊故清，惟静故动。"体道之士在生命活动中体现动与静的统一，清与浊的统一。体道之士在动荡的状态中，通过"静"的工夫，转入虚静清明的境界，这是动极而静的生命活动过程；在安定沉静之中，又能萌动起来，慢慢地苏生，这是静极而动的生命活动过程。这是说的体道之士的"静""动"功夫，以保持虚静的心态和生动的活力。"保此道者，不欲盈；夫唯不盈，故能蔽而新成。"持守大道的人，是不肯自满的；正由于他的不肯自满，反而能够去故更新。"不欲盈"，即是能保持虚静的心态。"蔽而新成"，即是保持生动的活力。这是从"不盈"的角度，来说明体道之士的"静""动"功夫所引起的结果，是生命的常新。"静""动"，是精神状况；"不盈"，是心态情境；"蔽而新成"，是生机活力。老子从精神、心态、活力等方面描述了体道之士的内在生命世界。这是对体道之士从"形"到"神"、从"外貌容止"到"内在精神"的进一步描绘，以体验得道者的内在生命世界。

老子这里对于"古之善为士者"的描写，很自然地使我们联想起庄子在《大宗师》对于"真人"的描写。陈鼓应曾把老子、庄子心中的理想人格做了比较，他说："老子所描绘的人格形态，较侧重于宁静敦朴、谨严审慎的一面，庄子所描绘的人格形态，较侧重于高迈凌越、舒畅自适的一面。庄子那种超俗不羁，'独与天地精神往来'的人格形态是独创一格的。在他笔下所勾画的那胸次悠然、气象恢宏的'真人'，和老子所描绘的体道之士比较起来，显得很大的不同。老子的描写，素朴简直，他的素材都是日常生活和自然风物的直接表现;庄子则运用浪漫主义的笔法,甚至于发挥文学式的幻想,将一种特出而又突出的人格精神提升出来。"作比可谓传神矣!

第十六章

【原文】

　　致虚极①，守静笃②。万物并作③，吾以观复④。夫物芸芸⑤，各复归其根⑥。归根曰静⑦，是谓复命⑧。复命曰常⑨，知常曰明⑩。不知常，妄作凶。知常容⑪，容乃公⑫，公乃王⑬，王乃天⑭，天乃道，道乃久，没身不殆⑮。

【注释】

　　① 致虚极：至于虚无到极点。致，至于、达到。虚，形容心灵空明的境况。极，极点。

　　② 守静笃：持守清静到笃实的程度。守，持守。静，形容心灵清静的状态。笃，笃实。

　　③ 并作：竞相生长。吴澄说："作，动也。植物之生长，动物之知觉，皆动也。"

　　④ 复：返，返回本根的意思。

　　⑤ 芸芸：形容众多。

　　⑥ 根：本根、始原，指道。王弼注："各返其所始也。"

　　⑦ 归根曰静：回归本根叫作静。万物生于道，归于道；相对于物之

动,道是静,所以归根叫作静。

⑧ 复命:回归生命的本性。命,万物得以生者,这里指作为生生之源的道。

⑨ 常:指万物运动变化中的永恒规律。张岱年说:"变化的不易之则,即所谓常。常即变中之不变之义,而变自身也是一常。"

⑩ 明:认识了永恒的规律,叫作明。

⑪ 容:包容。王弼注:"无所不包通也。"

⑫ 公:公平。王弼注:"无所不包通,则乃至于荡然公平也。"

⑬ 王:天下归往的意思。包容、大公,于是为天下王。

⑭ 天:自然之天。"王乃天",要使天下归往,须效法自然之天。

⑮ 没身不殆:终身没有危险。没,终也,尽也;殆,危险。

【品鉴】

本章言及"修心""观物""体道""治国""存身"等多方面的内容,却是思路一贯,文理井然。卢育三说:"这章从观物知常,讲到守常之功,进而为天下王,最后又落实到身。这里所阐述的思想,实际上就是后来庄子所说的'内圣外王'之道。"

"致虚极,守静笃。"此讲修心之道。修身之道,说到底乃是修心之道,使心达到或保持何种状态,便是修身的关键。老子认为,心的理想状态是虚静的。"虚"是形容心境原本是空明的状态;"静"是形容心灵不受外物扰动的状态。因而可以说,"虚"谓无欲,"静"谓无为,都是指心的自然状态。只因私欲的活动和外物的扰动,使心躁动不安,不再保有其自然的状态。所以,必须时时做"致虚守静"的工夫,以恢复空明清静的自然心灵。"极""笃"都是极度、顶点的意思,指心灵修养的最高境地。为什么"致虚守静"必须要达到"极""笃"的程度呢?苏辙曰:

"致虚不极，则'有'未亡也；守静不笃，则'动'未亡也。丘山虽去，而微尘未尽，未为'极'与'笃'也。盖致虚存虚，犹未离有；守静存静，犹陷于动；而况其他乎！不极不笃，而责虚静之用，难已。"可见，只有"致虚守静"做到"极""笃"的程度，方能恢复心灵之自然。这里需要注意的是，对"极""笃"也不应作绝对的理解。范应元说："致虚、守静，非谓绝物离人也。万物无足以扰吾本心者，此真所谓虚极、静笃也。"

致虚、守静，非谓"绝物"，恰为"观物"："万物并作，吾以观复"。在老子看来，只有保持心灵的虚静状态，才能发现万物运作的规律；只有保有心灵的自然，才能谛视万物的自然。用虚静之心观物，就会发现万物"复"的规律，万物蓬勃生长作育，但还要复返回来。"复"，返也，还也。万物复返到哪里？复返后又是什么状态呢？老子接着说："夫物芸芸，各复归其根。归根曰静，是谓复命。"大千世界，芸芸众生，层出不穷，生生不息，老子从这纷繁杂多的世界中找出了一条规律，那就是万事万物最终都不可避免地要向自己的本根复归。"本根"处，即是"道"。相对于变动不已的外部世界，本根之处是呈"虚静"状态的，因此万物向"道"的复归，亦可看作是由"动"返"静"。在老子看来，虚静的状态乃是万物的本然状态，即万物的本性。本性也就是"命"，所以说："返回本根叫作静，静是回归生命的本性"。那么万物为什么都要返回本根呢？河上公注："万物无不枯落，各复返其根而更生也。"可见，万物之所以要返本归根，是为了从本根那里"更生"，即获得新的生命。这个本根就是永恒的"道"。

"复命曰常，知常曰明。不知常，妄作，凶"。这里的"常"，指的是万物运动变化的规律，即变中之不变的理则。老子指出，万物"复命"以得新生，这是万物运作的规律，也就是万物的运动变化都遵循着循环往复的律则。认识、把握了这个规律，就叫作"明"。老子认为，认识和掌握了事物运动变化的规律，可以用来指导人类的行为，可以造福于人。反之，不了解事物运动的规律（"不知常"），轻举妄动，盲目蛮干，就会带来祸患（"妄作凶"）。"知常容，容乃公，公乃王，王乃天，天乃道，道乃久，没身不殆"。把握了万物运作的规律，体认了恒常的大道，对于人来说，不仅认识上是"明"的，而且在情感、行为、事功、身心上都会起到良好的效果。老子说：体认常道的人，就能包容一切；能包容一切，就能大公无私；能大公无私，天下人自然归往，而能为天下王；做了天下王，又能效法自然之天，无私地覆育万民，就能合于大道；合于大道，从道而行，就可以长久常生，终身不出危险。

本章从"修心""观物"，到"知常""体道"，再到"治国""存身"，由心而知而行，由内而外，真可说是老子的"内圣外王"之道呀！我们现代的领导者，更要加强自身的精神修养，掌握事物发展的规律并用来指导工作实践，廓然大公、执政为民，这样才是优秀的领导者。

第十七章

【原文】

太上①，下②知有之；其次，亲而誉之③；其次，畏④之；其次，侮⑤之。信不足⑥焉，有不信⑦焉。悠⑧兮其贵言⑨。功成事遂，百姓皆谓我自然⑩。

【注释】

① 太上：最好、至上，这里指最好的君主。"太上"以下三个"其次"，亦是指君主而言。

② 下：指百姓。"下知有之"，百姓仅知君主的存在而已。

③ 亲而誉之：对君主亲近并赞誉他。亲，亲近；誉，赞誉。

④ 畏：畏惧，惧怕。

⑤ 侮：轻慢，侮辱。

⑥ 信不足：指统治者的诚信不足。

⑦ 有不信：指有不信任君主的事情发生，即百姓对君主采取不信任的态度。

⑧ 悠：王弼本作"悠"，河上公本、傅奕本作"犹"，帛书本作"猷"。"犹""猷""悠"，古通假。"犹"，迟疑、谨慎的意思。

⑨ 贵言：以言为贵，看重其言，即不轻言、慎言的意思。言，指声教法令。

⑩ 我自然：我自己如此。我，百姓自称。自然，自己如此，本来就是这样。意指君主不干涉百姓生活，任其自化自成。吴澄说："'然'，如此也。百姓皆谓我自如此。"蒋锡昌说："《广雅·释诂》：'然，成也。''自然'指'自成'而言。"

【品鉴】

本章反映了老子自然主义的政治理想。

老子根据自然主义的价值原则，将历史上的时代按政治的好坏分成了四个等级："太上，下知有之；其次，亲而誉之；其次，畏之；其次，侮之。"一个时代的政治好坏，最明显地体现在统治者和百姓的关系上。在老子看来，君民关系越是表现得自然，那么社会统治的模式越是合理，社会管理的秩序越是优良。评判政治模式的价值等级的标准，是实现"自然"的程度。本章所说的"太上""其次"是价值等级的排列，并不是真的以时代先后为序所排列的客观历史行程。福永光司说："'太上'，即至高、最善的意思。次句'其次'，即次善的意思。乃是价值的等级。"但在老子的心目中，最好的政治是太古之世，以次而下，政治是日趋堕落的。老子的怀古情结在古代思想家中是十分突出和典型的。所以在老子看来，历史时代的先后恰是表现了政治价值的优劣，时代越古，政治越好，时代的演进意味着政治的堕落和自然价值的丧失。

实现"自然"的程度如何，反映在统治者与百姓的关系上，就形成了不同等级的政治状态，也就形成了不同样式的君民关系。老子说：最好的君主，百姓只是知道有他而已；那次一等的，百姓亲近他、赞誉他；再次一等的，百姓畏惧他；更次一等的，百姓轻侮他。最好的世代，百姓只是知道有个君主存在而已,根本感觉不到政治的压力,这样的政治是最理想的、最成功的,生活在这样的政治状态中的百姓也是最自然的、最幸福的。其次的世代,百姓亲近统治者、赞美统治者。那种努力为百姓做事,百姓对他感恩戴德而亲近并赞美他的统治者,正是儒家心目中圣王的标准。在儒家看来,这样的政治是求之不得的,而在老子看来,这已经是不好的了。因为这样的君主做事已经不是出于真实自然,而是有了居心,这已经是多事之政了,算不得最好的政治。再次一等的是昏聩的统治者,他会做出伤害百姓的事,用严刑峻法来镇压百姓,令百姓畏惧而服从他。最差的统治者令百姓憎恨,百姓起来反抗他、侮辱他,这就是连昏君都不如的暴君了。老子所分的这四个等级的政治,既是一种价值等级的序列,又是按时代的先后排列的,"太上"是最好的政治,也是最遥远的世代。自昔至今,每况愈下,逐次堕落。

那为什么会造成政治状态的退化,使君民关系日益对立呢?老子认为,"信不足,焉有不信",君主的信用不足,才有老百姓的不信任君主;诚信不足在前,自然会有不信任的、甚至反抗的事情发生在后。在老子看来,造成君民关系紧张、对抗的主要责任,在于居上位的统治者自身。老子主张"处无为之事,行不言之教"(第二章),无为而治,不言而信。除"太上"之治外,以下三类君主皆是主张有为,是声教法令所造成的老百姓的不信任。所以要"犹兮,其贵言",做君主的,要谨行慎言,不轻易发号施令。这样的政治,才能不干扰百姓,使百姓自然的生活。"功成事遂,百姓皆谓我自然",功业完成了,百姓都说:"我本来就是这样的。"在老子看来,理想的政治莫过于"贵言""不言",统治者悠然自处而不施政令,老百姓恬然自适而无知无欲。统治者"辅万物之自然而不敢为"(第六十四章),任百姓自化自成、自由自在地生活,人民丝毫感觉不到政府的干预,统治者与百姓各自相安,相忘于无为,大家都觉得是自然而自由的。这样的政治状态，对于统治者来说，便是"功成事遂"了，而老百姓也觉得这是他们自己发展的结果，他们本来就是如此，"皆谓我自然"。可见，"自然"即是实行清静无为的政治，以不扰百姓为原则，扰民即是不自然了。人民和政府相安无事，各得自然，这就是"无为而治"了。应该说，这样的"无为"，也是一种"为"，是以自然的态度去"为"，以自然的原则去"为"，是一种价值更高、难度更大的"为"。

老子在本章提出了他的以"自然"为价值原则，以"无为"为统治方法的社会治理方案，并把这种自然主义的理想政治与德治主义、法治主义作了对比，将其等而下之。焦竑《老子翼》引用苏辙注："太上以道在宥天下，而未尝治之，民不知其所以然，故亦知有之而已。其次以仁义治天下，其德可怀，其功可见，故民得而亲誉之；其名虽美，而厚薄自是始矣。又其次以政齐民，民非不畏也，然力之所不及，则侮之矣。"实行"德治"，老百姓觉得统治者可亲可赞，但这还是次于"无为而治"的；实行"法治"，用严刑峻法来镇压百姓，实行残暴政治，只会激起人民的憎恨和反抗。老子强烈反对这种"法治"政策，而对于"德治"，他认为这已是多事的征兆，已是不自然的了。在老子看来，后世的社会陷于混乱，人民陷于痛苦，正是由于统治者背"道"而行，违反了自然无为的原则，极力伸张自己的私欲所致。胡适说："老子反对有为的政治，主张无为无事的政治，也是当时政治的反动。"老子的自然主义的政治理想，对于抑制统治者的暴力私欲，对于还给人民自然安足的幸福生活是有理论价值的。这既是对自然主义的生活方式的赞美，也是对当时统治者提出的警告和批判。

老子的这种自然主义的政治理想，其目的是要建立起一种自然和谐的社会秩序，一种自发的、自然而然形成的社会秩序。这种社会秩序的建立与维护，既不需要礼乐仁义等非强制性的道德规范，更不依赖法令刑罚等强制性的政府力量，而是靠社会的自我能力来调节，靠人类的纯朴本性来保证。这在老子的时代，只能是天真的幻想吧。但人类又何曾停止过幻想呢？《帝王世纪》所载：帝尧之世，"天下太和，百姓无事，有五老人击壤于道，观者叹曰：大哉尧之德也！老人曰：'日出而作，日入而息。凿井而饮，耕田而食。帝力于我何有哉？'"这种生动的记述，可以说是对老子的"百姓皆谓我自然"的最好注解。能过上自然的、幸福的生活，一直是人们心中的梦想；但如果把这种良好愿景的实现，完全寄托在统治者的身上，期望着统治者"良心"的发现，自发地"无为"，那就真的只能是"幻想"了。人民的幸福生活，是需要人民自己来创造的。

第十八章

【原文】

大道废,有仁义①;慧智出,有大伪②;六亲③不和④,有孝慈;国家昏乱,有忠臣。

【注释】

① 大道废,有仁义:大道废弛,才有仁义显现出来。
② 慧智出,有大伪:聪明智巧出来,大奸大伪才得欺世。意思是大道废弛,自然的状态被破坏,才出现了智巧;随着智巧的出现,也就有了机心、欺骗、奸诈的大伪。此处的"慧智",是智巧、机心的意思。简本没有此句。
③ 六亲:指父子、兄弟、夫妇。
④ 和:和睦。

【品鉴】

本章可与上章参看,反映了老子关于社会历史演化的观点。

老子生活的春秋后期是一个大变革、大动荡的时代。从社会的表象层面看,旧的制度、传统、习俗迅速崩坏,大大小小的统治者贪婪残暴,人民陷入深重的灾难。表现在更深的思想观念的层面上，是人心不古、世风日下、道德沦丧，人们不再保有纯真质朴的自然本性。老子从"道"的观点来考察、评判社会生活的变迁，深感遗憾的是，人类的许多行为都违背了大道的原则。老子认为，大道遭到了废弃。"大道废，有仁义"，在老子看来，仁义作为一种道德规范是在大道的自然状态被破坏了之后才出现的，仁义的显现从反面说明了大道已被废弃。大道遭到了废弃，社会陷入了病态之中。正是为了医治这病态的社会，解救社会的危机，矫正人们的错误行为，于是便出现了"仁""义""忠""信""孝""慈"等伦理道德观念和规范。卢育三说："正因为社会出现了矛盾，出现了人与人之间的不信任，出现了敌视和仇恨，才有'仁'的提倡，要求人与人相互关爱。正因为人与人之间出现了相互侵夺的现象，才有'义'的提倡，要求确立社会秩序，要求人们安于自己的本分。""六亲不和，有孝慈；国家昏乱，有忠臣"，正是因为"六亲"之间出现了裂痕，才有父慈、子孝的要求的提出；正是因为国家的昏乱，出现了"不忠"的现象，才有所谓的"忠臣"出现。可见，老子已经认识到作为道德规范的仁义、孝慈、忠贞等不是从来就有的，而是历史地发生的，它们的出现意味着社会之中已经有了矛盾，人与人之间的关系已经有了裂痕，意味着人和社会的自然状态已经被破坏，大道已经被废弃了。

在老子看来，人类社会的理想状态，或者说是人和社会的自然状态，是在"大道"之中的。"大道"寄寓了老子理想社会的最完美的状况：在一个大道流行的自然状态中，仁义是以一种和谐的方式自然地蕴含、融合在大道中，正如孝慈蕴含在六亲中，忠臣蕴含在国家安泰的情境中一样，因而无须将这些道德观念和伦理关系予以外化而特别地加以彰显。但如果大道遭到了废弃，理想的状态失衡，社会秩序丧失了维系伦理的功能，以致六亲不和、国家混乱时，那么仁义、孝慈和忠臣就显得特出而难能可贵了，因而也就有提倡和表彰的必要了。老子的这一思想是十分深刻的，它既是对道德观念的起源的思考，也是对什么是真正的道德的思考。在老子看来，真正的道德不是表现为社会的外在道德规范，如仁义、孝慈、忠贞等，而是存在于自然状态中。鱼儿在水中，不觉得水的重要；人在空气中，不觉得空气的重要；大道兴隆，仁义行于其中，自然就不觉得有倡导仁义的必要。等到崇尚仁义的时代，社会已经是不纯厚的了。陈鼓应说："某种德行的表彰，正由于它们特别欠缺的缘故；在动荡不安的社会情景下，仁义、孝慈、忠臣等美德，就显得如雪中送炭。"由此看来，之所以倡导道德品行，乃是社会出现道德危机的表征。如果大道能够推行，人们的行为自然得洽，人们的关系自然和融，当然就没有崇尚这些美德的必要了。这正如第二章所说："天下皆知美之为美，斯恶已；皆知善之为善，斯不善已。"

　　值得说明的是，老子并不是专门反对仁义道德，而是对仁义持保留的批评态度。冯友兰说："'大道废，有仁义'，这并不是说，人可以不仁不义，只是说，在'大道'之中，人自然仁义，那是真仁义。至于由学习、训练而来的仁义，那就有模拟的成分，同自然而有的真仁义比较起来它就差一点次一级了。"在老子看来，社会以仁义行还不够（行仁义尚且不够，何况不仁不义），道德的社会还不是最理想的社会，人们的精神境界和行为心态还得再提升一步，达到"自然"的状态，这才是最好的社会、最好的道德。最好的社会、最好的道德，出于自然，处于自然，一切自然而然，因此也就无所谓社会、无所谓道德了。胡适论老子说："凡深信自然法绝对有效的人，往往容易走到极端的放任主义。……一切听其自然。我们尽可逆来顺受，且看天道的自然因果罢。"老子主张顺应自然，但却不是极端的放任主义；老子主张无为无事，但却不是教人逆来顺受。此中分际，我们是要明确的。

第十九章

【原文】

绝圣①弃智，民利百倍；绝仁弃义②，民复孝慈；绝巧弃利③，盗贼无有。此三者④，以为文⑤不足⑥，故令⑦有所属⑧：见素抱朴⑨，少私寡欲⑩。

【注释】

① 圣：聪明睿智。"圣人"是老子心目中的理想人格。"绝圣"之"圣"，与"圣人"之"圣"意义不同。《尚书·洪范》："睿作圣。"孔安国传："于事无不通谓之圣。""圣"有聪明之义，与"智"同义，在老子看来，同样是要弃绝的。简本作"绝智弃辩"，意谓弃绝智伪和巧辩。

② 绝仁弃义：意谓弃绝仁、义等社会道德规范。王安石说："仁者，有所爱也；义者，有所别也。以其有爱有别，此大道所以废也。"简本作"绝伪弃诈"，意谓弃绝巧伪和机诈。

③ 绝巧弃利：弃绝技巧和货利。巧，技巧。利，货利。

④ 三者：指"圣智""仁义""巧利"。

⑤ 文：文饰，虚华。

⑥ 不足：未足，不可。

⑦ 令：使。

⑧ 属：归属。

⑨ 见素抱朴：保持素朴。"素"，是没有染色的丝；"朴"，是没有雕琢的木。"素""朴"在这里是异字同义，指人的素朴本性。

⑩ 少私寡欲：减少私欲。少、寡同义，减少的意思。私、欲，皆指一己的贪欲而言。

【品鉴】

　　本章是承接前两章而来，是对前两章思想的深入阐发。老子在描述了大道废弃后人类社会的种种病态表现之后，本章则针对社会的病态，提出治理的方案。

　　在老子看来，最理想的政治是社会处于自然状态中，君民相忘于无为，各得自然；而时下国家混乱，六亲不和、奸伪相欺，君民关系恶化，上下互不信任，甚至有民众侮辱、反抗君主的事件发生。统治者为了加强自身的统治，控制社会，可谓"软""硬"兼施。"软"的，依靠仁义道德来规范人心言行；"硬"的，倚仗严刑峻法迫使民众就范。然而，结果却是适得其反，越管越乱。种种现象表明，当时社会已经陷入了全面的危机。怎样重建一个优良合理的社会秩序？既是当时统治者最头痛、最关心的问题，也是春秋末年的一个时代课题。老子从"道"的观点出发，站在自然主义的立场上，对这一时代课题给予了回答。

　　老子认为，世风日下、人心不轨、时局混乱的根本原因，在于"大道废"（第十八章）。人们废弃了大道，即是"迷本而失性"（吕吉甫注）。人们迷失了自然的本性，行为违背了大道，人心是背"道"而驰的，所以走得越快，错得越远。在老子看来，唯一的解救办法就是迷途知返：停下脚步，回过头来，重返大道，归本自然。本章所说的"绝圣弃智""绝仁弃义""绝巧弃利"，即是所谓"停脚、回头"的具体措施；"见素抱朴""少私寡欲"，即是教诲"重返、回归"的具体方法了。"绝弃"是从否定的方法说；"有所属"，是从肯定的方面说。本章从反、正两方面，为治者谋划了使社会重返自然状态的大道方略。

"绝圣弃智，民利百倍"。此处之"圣"，与"智"同义，是自作聪明、智巧伪诈的意思。第十八章有："智慧出，有大伪"，这一章又有"绝圣弃智"的话。就一般人的看法而言，"智"非但没有什么不好，反而是求之不得的，它可以帮助人们获得利益，达到特定的目的。而在崇尚自然的老子看来，事情却完全不是如此。在老子这里，"智"不是今天我们所谓的聪明、智力，不是指辨析判断、发明创造的能力，而是指的心机、机巧，它不是出于人的本性之自然，反而是对人心的自然状态的破坏。老子认为，正是由于"智"的出现，破坏了人心真朴的自然状态，才出现了巧诈虚伪。老子所说的"智"，实际上指的是机巧之心、奸猾之心、诈伪之心。"民之难治，以其智多。故以智治国，国之贼；不以智治国，国之福"（第六十五章）。老子反对的是玩弄心机和投机取巧，反对的是以奸伪欺诈的智术来治理国家。他是针对社会的时弊和人心的阴暗面有感而发的，我们不能仅从字面上理解，笼统地断言老子反对一切人类智慧。老子认为，绝弃了这些智巧、奸诈、虚伪，人民可以得到百倍的好处。可见，老子这话是说给为上者听的，是向治者进言，进言的出发点是以民众为本的。下面的两个"绝弃"，亦是如此。这也可以看出，老子认为社会政治的好坏、社会状况的改善，关键在于统治者，在于国家政策的导向。

"绝仁弃义，民复孝慈"。要想使人们自然地有孝慈之心，就必须绝弃社会上的假仁假义。此处的"孝慈"，指的是真"孝慈"；此处的"仁义",指的是假"仁义"。陈鼓应说:"若依通行本'绝仁弃义',则意为仁义本来是用以劝导人的善行,如今却流于矫揉造作。有人更剽窃仁义之名,以要利于世。那些人夺取职位之后,摇身一变,俨然成为一代道德大师,把仁义一类的美名放在口袋里随意运用。庄子沉痛地说:'为之仁义以矫之,则并与仁义而窃之。窃国者为诸侯,诸侯之门而仁义存焉。'这种情形,或许老子那时代还没有这般严重,但已经足以欺诈人民了。所以认为不如抛弃这些被人利用的外壳,而恢复人们天性自然的孝慈。"

郭店出土的简本《老子》,此处作"绝伪弃诈,民复孝慈",于是有学者认为老子是不反对仁义的。这个观点还值得再深入考虑,我们还得对这个"不反对"再斟酌。如果说"不反对"代表着全面肯定,而认为老子赞同"仁义",这是不符合老子思想主旨的。"大道废,有仁义"(第十八章);"失道而后德,失德而后仁,失仁而后义"(第三十八章);"天地不仁""圣人不仁"(第五章)。可见,老子是贬抑"仁义"的,认为它是"失道""失德"的表现和结果。但是,如果持定老子就是专门反对"仁义",认为老子对"仁义"的态度是深恶痛绝、一无可取的,这也是不符合老子本义的。"与善仁"(第八章),老子强调人们之间交往要以仁爱相待;第三十八章老子以"为之而无以为"说"上仁",仅次于"上德",位于"下德"之上;《史记》也记载老子自谦为"窃仁人之号"。可见,老子并不是认定"仁义"就是毫无社会价值的,他只是认为,社会止步于仁义是不够的,还要再返于"道",提醒人们要看到"仁义"的不足,社会行"仁义"的无奈,以及遵循"仁义"的不自然。因此,只有多从负面看"仁义",指出"仁义"的不足,才能使人们重返大道的自然。以"仁义"行,在老子看来,尚且不合大道,更何况假仁假义、不仁不义呢!所以这里的"绝仁弃义",是绝弃假仁假义,同时也要看到

"仁义"自身不足的意思。从文本来看，简本更接近老子原意。"绝伪弃诈"，崇尚质朴的主张，与老子所处的时代相符，那时儒、道相非的局面尚未激烈到要让老子"绝仁弃义"的程度。"绝仁弃义"的观点反映了战国中后期儒、道的学术观点对立极化的情况，当是庄子后学中《胠箧》一派所改，老子本人并不主张绝弃仁义。但毕竟老子对"仁义"是持批评态度的，所以道家后学改为"绝仁弃义"，也并不是毫无缘由的。这一改变可以看作是《老子》意含在战国中后期的逻辑推演。刘笑敢认为，《老子》帛书本和后出版本不过是发展和强化了竹简本中原有的观点，对文本的改变和对儒家的批评，既不是突然的，也不是不可理解的，它们并非无中生有地歪曲了竹简本原来的思想。毋宁说，它们是"思想聚焦"的特殊事例，是放大了原文对儒家的某种批评态度。

"绝巧弃利，盗贼无有"。这里的"利"，不同于"民利百倍"之"利"，是指"巧利"，投机取巧而获利的意思，与"巧"字意相近，皆取"机巧"之义。老子认为，弃绝了奸猾机巧，抛弃欺诈货利，盗贼就自然会消失。第三章"不贵难得之货，使民不为盗"，"贵难得之货"即是货利之心。第五十七章"人多伎巧，奇物滋起"，在老子看来，技巧源于人的机巧之心，带来的是奢侈品，也是应当弃绝的。"三者"：圣智、仁义、巧利，都是文饰人心的虚华，它们违反了人性的自然；文饰的流行，更形成种种有形无形的制约，又拘束了人性的自然。既然这种虚饰的社会文明，是对人心之自然状态的背离和拘束，所以无怪乎老子主张绝弃它们了。

"三绝弃"的主张，还只是一种消极的防御措施；积极的、正面的方略还需要指明。所以，老子说："故令有所属：见素抱朴，少私寡欲。""有所属"，即有所归属的意思，也就是让所有的政策、措施都有一个统一的指导思想，那就是保持素朴，减少私欲。"减少私欲"，落实到具体政策上就是要弃绝圣智、仁义和巧利，"保持素朴"就是要返回并保持住人心的自然状态。在指导思想上，"减少私欲"是方法，"保持素朴"是目的。"损之又损，以至于无为。无为而无不为"（第四十八章），"损之又损"，即是减少私欲；"以至于无为"，即是达到了人心的素朴；"无不为"，即是人和社会都重返并处于自然状态之中。"三绝弃"，主要是针对社会病态而言的；"一减""一保"，更多的是面向自然大道而言的。

老子从"绝弃"病灶入手，以"少私寡欲"为方，以"见素抱朴"为根，以"自然大道"为本，对当时的病态社会进行了思想治疗。其药方是否对症？其疗效又是如何？自不是一两句话所能言明的，留待读者会心细察吧。

第二十章

【原文】

　　绝学无忧①。唯之与阿②，相去几何？善之与恶，相去若何？人之所畏，不可不畏③。荒兮，其未央哉④！众人熙熙⑤，如享太牢⑥，如春登台。我独泊⑦兮，其未兆⑧，如婴儿之未孩，儽儽⑨兮，若无所归。众人皆有余⑩，而我独若遗⑪。我愚人⑫之心也哉，沌沌⑬兮！俗人昭昭⑭，我独昏昏⑮。俗人察察⑯，我独闷闷⑰。澹⑱兮其若海，飂⑲兮若无止。众人皆有以⑳，而我独顽似鄙㉑。我独异于人，而贵食母㉒。

【注释】

　　① 绝学无忧：把世俗之学抛掉，就没有忧患了。学，指世俗之学。
　　② 唯：应诺之声，《说文》："唯，诺也。"阿，同"呵"，呵斥，责怒之词。"唯之与阿"，刘师培说："犹言从之与违也"。可引申为"是"与"非"，应诺表示"是"，呵斥表示"非"。
　　③ 人之所畏，不可不畏：众人所畏惧的，也不可不畏惧众人。人之所畏者，贵也；畏人者，贱也。然贵者亦不可不畏贱者，是以贱者亦贵、贵者亦贱矣。帛书本作："人之所畏，亦不可以不畏人。"此

句意指贵贱无别。

④ 荒兮，其未央哉："荒"，渺茫荒远的样子。"央"，《广雅·释诂》："央，尽也。"未央，未尽，没有尽头。遂州本作"莽"，成玄英说："'莽'是眇莽，叹其久远；'央'是尽义，嗟其未息。言众生染滞之心其日固久，执着情笃未有休时。"此句意为：渺茫荒远啊，好像没有尽头！

⑤ 熙熙：兴高采烈的样子。河上公注："熙熙，淫放多情欲也。"王弼注："众人迷于美进，惑于荣利，欲进心竞。"

⑥ 太牢：古代帝王诸侯祭祀时，供献之牛羊豕三牲全备，叫太牢。这里指美食佳肴。

⑦ 泊：淡泊，恬静。

⑧ 未兆：没有迹象，形容不炫耀自己。"兆"，征兆，迹象。

⑨ 儽儽（lěi）：《广雅·释训》："儽儽，疲也。"《史记·孔子世家》："累累若丧家之狗"，"累累"同"儽儽"，形容无家可归的样子。

⑩ 有余：有多余。河上公注："众人余财以为奢，余智以为诈。"

⑪ 遗：不足的意思。吴侗说："'遗'借为'匮'，不足之意。"

⑫ 愚人："愚"，此非愚蠢之意，而是指敦厚淳朴。老子用"愚人"自况，以别于众人之智巧伪诈。

⑬ 沌沌：混混沌沌的样子。

⑭ 昭昭：明耀的样子。

⑮ 昏昏：暗昧的样子。

⑯ 察察：斤斤计较的意思。释德清注："察察，即俗谓分星擘两，丝毫不饶人之意。"

⑰ 闷闷：混沌淳朴的样子。

⑱ 澹（dàn）：《广雅·释诂一上》："澹，安也。"蒋锡昌说："'澹

兮，其若海'，谓圣人居心一若恬静之海也。"

⑲飂（liù）：高风，风疾速的样子。

⑳有以：有所施用。以，用。

㉑顽似鄙：愚顽得像粗野之人。顽，《广雅·释诂一下》："顽，愚也。"鄙，粗野、质朴。帛书本作"顽以鄙"，愚顽且鄙陋的意思。

㉒贵食母：以守道为贵。"母"，喻道。"食母"，资养于道。劳健说："'食'音嗣，养也。'母'谓本也。……'贵食母'与'复守其母'，同是崇本之旨。'食母'、'守母'，乃所以为道。"

【品鉴】

在本章，老子将世俗之人的心态与守道之人的心态作了对比描述，揭露"众人"追逐物欲的贪婪之态，并以相反的形象夸张地描述"我"的精神高远。任继愈《老子绎读》解释本章说："老子思想深刻而有创见，很难被当时世俗一般人所理解。这一章，却故意说了些贬低自己的话，说自己无能、糊涂、没有本领，其实是正话反说，讽刺社会上的一般浅薄、庸俗。最后一句点出主题，说出他和别人的不同之处，在于得到了'道'，与开首第一句相呼应。"这段话可以很好地帮助我们理解本章。

"绝学无忧"。这里的"学"，是指当时的世俗之学，河上公注："'学'谓政教礼乐之学也。"政教礼乐之学教给人们的是什么呢？当然是维护贵族统治的礼乐了，上章所谓的圣、智、仁、义等尽在其内。"学"的过程，也即是统治阶级教化民众的过程，统治者把他们所认定的社会价值观灌输给人们。老子认为，时俗所尊崇的价值观念只是体现着统治阶级的私意私欲，是对人心的自然状态的破坏，把这些价值观念强加给人们的结果，只会使社会上物欲横流而不能自拔。下文的"众人"如之何,即是这种纵欲贪享的表现。在老子看来,"唯之与阿,相去几何?善之与恶,相去若何?人之所畏,不可不畏",是非、善恶、贵贱之间有什么分别呢?作为社会上层的你们,只是以自己的意志强作分别罢了,因此你们所认定的美善贵尊,未必真是人们所应当追求的呢?或许正是人们所不当追求的呢?张舜徽说:"此言唯与阿,美与恶,皆对立事物,究竟相去不甚远,以明世俗之所谓顺逆、美恶,未必皆可为准式也。"所谓"俗学",不外干禄求仕之台阶;干禄求仕,不外满足私欲之手段。"学"与贪欲之间的关系不难洞察。由于"学"可以滋长人们的贪欲,所以老子说:"绝学无忧"。可是,人们争美名、逐大利、求尊荣,远古以来已是如此,这种贪享的风气还不知何时是个尽头!

严遵《老子指归》说:"俗学则尊辩贵知,群居党议,吉人得之以益,凶人得之以损。天地之内吉人寡而凶人众,故学之为利也浅而为害也深。夫凶人之为学也,犹虎之得于羽翼,翱翔游于四海,择肉而食。"人们在"俗学"的引导之下,放开欲望之门,如插翅猛虎般扑向了声色货利。老子描述俗人贪享之态,"众人熙来攘往,就好像参加丰盛的宴席,又好像登台眺望春天的美景,兴高采烈,纵情享受。众人都有所欲求,积敛余财、明耀自炫、工于心计、斤斤计较。而我却独自淡泊,无动于衷,就好像一个还不知道嬉笑的婴儿。我愚顽而且粗陋,若无所归。"蒋锡昌说:"人有情欲,则务求以得之,故其行动必有所归。'儽儽兮,若无所归',言圣人无情无欲,貌若羸疲不足,而其行动泛若不系之舟,又似无所归也。""众人"皆被情欲所蛊,名利所牵,归于俗世欲流矣;而"我"甘守淡泊,清静无欲,不入俗网,若无所归。可谁又知道"我"是有家的呀,一个永远的家——"道",那是"我"的精神归宿!由于"我"在价值观上、生活态度上,完全不同于那些世俗之人,所以在世俗之人看来,"我愚人之心也哉!""俗人昭昭,我独昏昏;俗人察察,我独闷闷。"在这里，老子说了一些牢骚话，大有"众人皆醉，而我独醒"的味道，使人感受他内心的愤世嫉俗、悲怆无奈、孤芳自怜的意况。福永光司说："老子的'我'是跟'道'对话的我，不是跟世俗对话的'我'。老子便以这个'我'作主词，盘坐在中国历史的山谷间，以自语着人的忧愁与欢喜。他的自语，正像山谷间的松涛，格调高越，也像夜海的荡音，清澈如诗。"老子思想是入世的，但入世的思想、出世的情怀未必为世所知、为人所行，"吾言甚易知，甚易行，天下莫能知，莫能行"（第七十章）。古来圣贤多寂寞，老子自不免也有"被褐怀玉"的感慨唏嘘！

老子把"我"与"众人"在价值取向和生活态度的不同，进行了生动的对比，他最后总结说："我独异于人，而贵食母。""我"之所以和世俗之人截然不同，是因为我看重大道所赋予的天性。大道是人的母体，"道"所赋予的天性就是人的自然本性，是人之生命的本源和归宿，这是万万不能丢失的。而"众人"的行为是违背大道的，世俗之人已经丢失了人心的自然，纵欲贪享，好名争利，他们才是真正的不知所归的人呀！马恒君说："屡屡举出我与俗人的不同，可以看到，老子讲的'绝学'，指的是要放弃对俗人做法的仿效，就是要抛弃多欲引起的对名利的追求，实际上就是告诉人们，人学道的方法就是抛弃欲望与名利，保持天性。"可见，此章的意思亦由"绝学"而归"抱朴"了。魏源也把此章与"见素抱朴"章相联系，说："上章言治国之道，惟绝圣智巧利则无弊，所以言无为之用；此章言修己之道，惟绝世俗末学则无忧，所以明无欲之体也。"本章的"修己之道"，从"学"言起，绝俗学而去私欲，去私欲而"贵食母"，"食于母"则无忧矣。"母"，即道也，即身之本原、心之家园也。"昏昏""闷闷"的"愚人之心"，便是弃绝了机巧贪欲而返璞归真的自然之心。心归家园，身处自然，何忧之有？

第二十一章

【原文】

孔①德②之容③，惟道是从④。道之为物，惟恍惟惚⑤。惚兮恍兮，其中有象⑥；恍兮惚兮，其中有物⑦。窈兮冥兮⑧，其中有精⑨，其精甚真⑩，其中有信⑪。自古及今，其名不去，以阅⑫众甫⑬。吾何以知众甫之状⑭哉？以此⑮。

【注释】

① 孔：河上公注："孔，大也。"

② 德：得于道者，叫作德。

③ 容：样态；运作。

④ 从：遵从，遵循。

⑤ 恍惚：与"惚恍"同义，犹"仿佛"，指若有若无的样子。释德清说："恍惚，谓似有若无，不可指之意。"

⑥ 象：象状，指无状之象。

⑦ 物：物实，指无形之物。吴澄说："形之可见者，成物；气之可见者，成象。"无形之物，无状之象，皆指道体言。

⑧ 窈冥（yǎo míng）：深远幽昧的样子。窈，深远；冥，昏暗。"窈

兮冥兮",形容道的幽深,不可感知。

⑨ 精:精微的原质。

⑩ 真:真实。

⑪ 信:信实,信验。

⑫ 阅:阅览,观照。卢育三说:"'阅'与一章'观其妙'、'观其徼'之'观'字义近。"

⑬ 众甫:即"众父"。王弼注:"众甫,物之始也。"万物的本始,指道。张舜徽说:"《老子》所云'众父',以喻道也。言其为万事万物之本,故曰众父。以父喻道,犹以母喻道耳。"

⑭ 状:状况,情形。

⑮ 此:指上文关于道的描摹。

【品鉴】

本章可与第十四章参看,都是描述形而上之道的。在此章中,重点描述了形而上之道体,又涉及道与名、道与德的关系。

"道之为物,惟恍惟惚。惚兮恍兮,其中有象;恍兮惚兮,其中有物。窈兮冥兮,其中有精,其精甚真,其中有信。"这是对形而上的实存之"道"的写状。"象""物""精""信",说明了道的实存性;"惚""恍""窈""冥",说明了道不同于具体事物的形上性。"道",不可感、不可知,无形无名,但它确是真实的存在,虚而实,无而有。详解请看第十四章的点评,兹不赘述。

"自古及今,其名不去,以阅众甫。吾何以知众甫之状哉?以此"。这涉及道与名的问题。由于道是真实存在的东西,而且其中有信验可见,也就显示着它具有一种规律性,并且这种规律对万事万物永恒地发生作用,为一切事物的运动变化所遵循。因此,"道"之名,今古常存,即是

第一章所说的"常名"。"道",是常道;故"道"之名,亦是常名。"名者,实之宾也","名"是从属于"实"的。那么,勉强命名"道"为"道"之名,用意何在?蒋锡昌说:"此'其'字为上文'道'之代名词。'名'非空名,乃指其所以名之为道之功用而言。道名不去,犹言道之功用不绝,第四十五章所谓'其用不穷'也。'自今及古,其名不去',言道虽无形,然今古一切,莫不由之而成,故道之一名,可谓常在不去也。"此说甚确。"以阅众甫",即是说观察"道"的功用、显现的意思。王弼注:"众甫,物之始也。"万物的始源,即是"道";自古之"始"至今,亦是"道"。以"道"之名"阅众甫",即是观察"道"的显现,也就是观察万事万物的生、长、育养、化、成的规律。既然通过"道"之名可以把握万事万物运动变化的规律,所以老子说:"吾何以知众甫之状哉?以此。"就是通过"道"这个规律呀!掌握"道"的规律,即是"知常";"知常",自然可通古今了。这就是"道"之名的作用。

我们可以通过"道"之名,来观察"道"的显现、功用,来认识"道"的规律。"道"的显现和功用、"道"的规律作用于万物而表现者,即是"德"也。第五十一章"道生之,德畜之",道创生了万物,德养成了万物。《庄子·天地》:"物得以生谓之德。""德"就是存在于万物之中的"道",万物的生灭变化即是道之功能的显现。韩非说:"德者,道之功也。"杨兴顺说:"'德'是'道'的体现,'道'因'德'而得以显现于物的世界。"因此我们也可以说,老子是通过"德"来观察"道"的。但是,"德"终归是"道"之功用、之显现,所以老子说:"孔德之容,惟道是从",大德的样态、运作,是以"道"为准绳的。"道"是本体;"德"是本体的作用,它体现着"道"、遵循着"道"。"容",这里既有"形容""样态"的意思,也有"动作""运作"的意思,非专指一言。说德之"样态",侧重于道之表现;说德之"运作",侧重于道之功用。德之"样态",即道之功用之表现;德之"运作",即道之表现之功用。德之"容""止",道之"用""显",岂能分别?

陈鼓应《老子今注今译》把道和德的关系作了明确地表述:"一、道是无形的,它必须作用于物,透过物的媒介而得以显现它的功能。道所显现于物的功能,称为德。二、一切物都由道所形成,内在于万物的道,在一切事物中表现它的属性,亦即表现它的德。三、形而上的道落实到人生层面时,称为德。即道本是幽隐而未形的,它的显现,就是'德'。"言简而意明。兹列于上,以拨冗陈。

第二十二章

【原文】

　　曲则全，枉①则直，窪②则盈，敝③则新，少则得，多则惑④。是以圣人抱一⑤，为天下式⑥。不自见⑦故明，不自是⑧故彰，不自伐⑨故有功，不自矜⑩故长。夫唯不争，故天下莫能与之争。古之所谓曲则全者，岂虚言哉？诚⑪全而归之⑫。

【注释】

　　① 枉：屈。

　　② 窪（wā）：古同"洼"，低洼。

　　③ 敝：破旧。

　　④ 惑：迷惑。

　　⑤ 抱一：持守着道。"抱"，抱持；"一"，指道。

　　⑥ 式：法式，法则。

　　⑦ 自见：自现，自我炫示。

　　⑧ 自是：自以为是。

　　⑨ 自伐：自我夸耀。伐，自夸其功。

　　⑩ 自矜：自高自大。矜，自美其能。

⑪ 诚：确实，实在。相对于"虚言"而言。
⑫ 全而归之："全"即"曲则全"之全。归之，指归于守曲者，即抱一守道者。

【品鉴】

本章讲"曲全"之义，并引申出"抱一""不争"的道理。

"曲则全"一语，原为古之遗训，老子在这里加以阐发。阅读下文"古之所谓'曲则全'者，岂虚言哉？"可以证明。"曲则全"的道理，也就是老子讲的"守柔用弱"之道。老子说："弱者，道之用"（第四十章），柔弱是道的功用。"曲""枉""窪""敝""少"，皆柔弱之义也；"则全""则直""则盈""则新""则得"，皆得用之义也。"少则得，多则惑"，奚侗注："事以专而易守，心以纷而致乱"，少取反能多得，贪多反而迷惑。"多"，即是取强之义，取强的结果是反而不得。可见，"柔弱胜刚强"（第三十六章）。常人总喜欢得用，莫不亟"求全""求盈""求新""求多"，却不知"得用"正从"用弱"中来。老子通过其丰富的生活经验所透出的智慧，把前人的格言隽语升华为一个人生的法则，那就是"守柔用弱"。在老子看来，"守柔用弱"即是按照"道"的法则行事，因为"道"本身即是体虚而用有的，"道冲而用之或不盈"（第四章）。按照"道"的法则行事，即是"持道"；"持道"，即是"抱一"，因为"道"是万事万物的统一法则。抱持住了"道"，即是"抱一"，也就是掌握了天下万物运动变化的永恒的、唯一的、普遍的规律，自然可以作为天下的法式来运用它。

把"守柔用弱"的原则贯彻到人生的态度和行为上，莫过于"不争"。"不争"，即是"不敢以取强"（第三十章），即是"后身""外身""退身""无身",也就是此章下文的"不自见""不自是""不自伐""不自矜"。而本章开头所说的"曲""枉""洼""敝""少",也都具有"不争"的内涵。"夫唯不争,故天下莫能与之争","不争",用弱也;"天下莫能与之争",得用也。"不自见""不自是""不自伐""不自矜",用弱也;"故明""故彰""故有功""故长",得用也。可见,"不争"同时又是老子的一种人生策略。此所谓"曲全",即是以不争争之,"不争"而后,自然"全而归之"。

所谓"曲则全""不争"而"全归",这之中包含着丰富的辩证法思想。老子通过对现实世界中事物现象变迁的洞察,认识到:事物常在对待关系中产生,正负两方不只互相依存,而且互相转化;不只可以从正面透视负面的意义,而且可以从负面显现正面的内涵。老子观察现象的基点,是"正负相互依存、相互转化";他处理问题的方法,是立足负面、以待正面。卢育三说:"为了避免消极的后果,争得积极的前途,老子教导人们自居于消极的方面;只有居于消极的方面,才能争得积极的前途。自居于屈,则能保全;自居于枉,则能伸直;自居于洼,则能盈满;自居于敝,则能新成;自居于少,则能多得。反之,自居于积极的方面,则只能带来消极的后果。……'曲则全,枉则直'等思想所由出发的基点是对立面的相互依存、相互转化,这是合乎辩证法的;但是他片面强调'曲''枉',认为如果自居于'曲''枉',而不经过斗争,就可以'诚全而归之',这是不切实际的幻想。"批评可谓中肯。毫无疑问,老子的"守柔用弱"之道、"以不争争"之方,并不是普遍适用的真理,也不是永恒的、唯一的法则。但老子的"柔弱"之道、"不争"之德,使我们注意到了负面的、否定面的价值和作用,这是值得肯定的,因为丢掉对立面的哪一面都不成辩证法。人们对待周围的世界,在现实生活中,是柔弱还是刚强,是进取还是后退,本无一定之规,而应灵活掌握,视具体情况而定,一味地采取哪一种态度都是僵化的、不明智的。老子利用前人的经验并结合自己的智慧,把前人的格言升华为人生的法则,丰富了生活中的辩证思维方法。

第二十三章

【原文】

希言自然①。故飘风②不终朝③，骤雨④不终日⑤。孰为此者⑥？天地。天地尚不能久⑦，而况于人乎？故从事于道者，道者同于道⑧，德者同于德，失⑨者同于失。同于道者，道亦乐得之；同于德者，德亦乐得之；同于失者，失亦乐得之。信不足焉，有不信焉⑩。

【注释】

① 希言自然："希言"，指不施加政令。意为：少发政令，让百姓自然地生活，这才合于自然之道。卢育三说："'希言自然'，行不言之教，任万物自然。"

② 飘风：狂风。

③ 终朝：自旦至食，即一个早晨。

④ 骤雨：暴雨。

⑤ 终日：自旦至暮，即一整天。

⑥ 孰为此者：谁制造了狂风暴雨呢？

⑦ 久：指持久地狂风暴雨，而不停息。

⑧ 从事于道者，道者同于道：应为"从事于道者同于道"。俞樾说：

"按下'道者'二字衍文也。本作'从事于道者同于道。'其下'德者'、'失者'蒙上'从事'之文而省，犹云'从事于道者同于道，从事于德者同于德，从事于失者同于失'也。《淮南子·道应》篇引《老子》曰：'从事于道者同于道。'可证古本不叠'道者'二字。"俞说是，帛书本正作"从事于道者同于道"。据改。此句意为：从事于道的人，就合于道。

⑨ 失：失去，这里指失"道"失"德"。

⑩ 信不足焉，有不信焉：这二句已见于第十七章。疑是错简重出，帛书本并无此二句。

【品鉴】

本章以"天道自然"来警诫统治者要"希言"，遵循自然的大道，实行"无为"之治。

"希言自然"。"希言"，字面上的意思是"少说话"，深一层的意思是指"不施加政令"。"希言自然"的劝诫，是说给统治者听的；统治者说的话，在专制体制下就如同"政令"。所以这里的"言"，指代"声教法令"。"希言"和第二章"行不言之教"的"不言"及第十七章"悠兮其贵言"的"贵言"，表述不同，意义相同，意指对百姓不施加政令。在老子看来，统治者对百姓不施加政令，让百姓自然地生活，这才是合乎天道的。这样的统治者，才是"行不言之教""无为而治"的"圣人"；"圣人"应效法天道，"行不言之教"，以使"百姓皆谓我自然"。"希言"，即是"无为"；"有为"，即是"多言""有事"。老子认为，统治者"多言""有事"，是不能治理好天下的，因为他的行为不符合天道自然的原则。

为什么说天道是自然的呢？老子做了一个生动形象地解说。"你看，狂风刮不到一早晨，暴雨下不了一整天。谁使它这样的？天地。天地的狂暴尚不能持久，更何况人呢？""飘风""骤雨"，对于"天地"来说，是不自然的，因为它不是常态而是变态。常是自然的，反常即是不自然的。"反常的""不自然"的行为，是不能持久的，即便是天高地远，也无所逃于此法则的范围，更何况是人呢？在老子看来，自然的原则是天、地、人都应遵守的法则，天地尚且无外于自然法则，人更应效法自然而无违。这也可以看出，老子以天道推衍人事的思维方式。"推天道以明人事"，其要点在于从自然现象中确立社会、人生的法则。在社会统治上，体现为圣人应效法天道的自然无为，听任百姓自然地生活。

"天地"的"飘风""骤雨"，表现在人间世，即是"人君"的暴政。王淮《老子探义》说："'飘风'以喻暴政之号令天下，宪令法禁是也；'骤雨'以喻暴政之鞭策百姓，赋税劳役是也。""飘风""骤雨"虽不必作如此之细究，但言喻暴政确是无疑的。"飘风""骤雨"之治，即是第十七章所揭示的严刑峻法的高压政策，这样的暴政只会激起人民的反抗，得暴君而侮之。因此，老子在本章再次呼吁统治者要"希言"，行"清静无为"之政，以不扰民为原则，让百姓安然畅适，这才合乎天道自然的原则；否则的话，若是严苛令，行暴政，肆虐害民，那他的统治地位就不得长久。老子警告统治者：残暴的统治是不会长久的，因为它不合于自然的法则。

"故从事于道者同于道，德者同于德，失者同于失"。严遵注："事从于道，道从于事；事从于德，德从于事；事同于失，失从于事。"在老子看来，君主的统治行为，若是同道、同德，"圣人之治"就会实现；否则，其统治行为若是失道、失德，身丧、国灭的下场也不可避免。这就是大道的自然法则。"同于道者，道亦乐得之；同于德者，德亦乐得之；同于失者，失亦乐得之"。老子教人，只要依循"道"，照着做，便会得到"道";不依循"道",不照着做,就不会得到"道"。"道"如此,"德"亦如此,就其反面来说,"失道""失德"同样如此。同于"道""德"者,是指实行"希言"的"无为"之治,王弼注:"故从事于道者,以无为为君,不言为教,绵绵若存,而物得其真,与道同体,故曰同于道。"反之,失"道"失"德"者,即是指施行"多言"的"有为"暴政了。"希言""无为",物得其真;"有为""施暴",物失其真。"真",即物之"自然"也。可见,暴政是对物(包括人)的自然状态的戕害,是违背"道""德"的,所以失其所有也就是他的应得了。统治者如果清静无为,则社会当有安宁平和的风气以相随;统治者如果恣肆横行,则人民当有背戾造反的行为以相抗。如是而已,各得其所应得。

这是从为政的得失来阐发无为之治。因为"德"亦是得于"道"者,所以这里的得与失,都是对道而言的。德为得道,失为失道。德者,得道之人;失者,失道之人。卢育三说:"这段话讲的是人与道的关系,一方面是人对道的关系,另一方面是道对人的关系,强调人与道的一致性,否则,便为道所弃。""同于道""同于德""同于失",指人对道的关系而言,指人的行为循"道"或是背"道"。"道乐得之""德乐得之""失乐得之",指道对人的关系而言,指道"赞与"他还是"抛弃"他。循"道"而行,同于"道""德"者,道就"赞与"他,"天道无亲,常与善人"(第七十九章)是也;背"道"而驰,失"道"、失"德"者,"道"就会抛弃他,"强梁者不得其死"(第四十二章)是也。老子强调,人必须与道相一致,人的行为必须合乎"道",循"道"而行,自然就会获得成功;否则,违背"道",背"道"而妄行,当然也会遭到失败。"为者败之,执者失之;无为故无败,无执故无失",这些在老子看来,都是理所当然的事情。一个人的行为处事,或得或失、或成或败,关键在于是否合乎自然的大道,合"道"循"道",自然就会有好的结果,背"道"离

"道"，自然也就会有坏的结果。对人如此，治国亦然。

卢育三说："尽管老子所说的'道'与客观规律的观念并不等同，但在他阐述人与道的关系时却无意中接触到人与客观规律关系的某些基本特征。这是他的一个重要贡献。"老子的这一"重要贡献"，是出于"无意"地偶得，还是其思想的道路使然，请读者思之。

第二十四章

【原文】

　　企①者不立，跨②者不行。自见者不明，自是者不彰，自伐者无功，自矜者不长。其在道也，曰余食赘行③，物④或恶⑤之，故有道者不处⑥。

【注释】

　　① 企：《说文》："企，举踵也。"即踮起脚后跟的意思。
　　② 跨：跨越。《说文》段玉裁注："跨，谓大其两股间以有所越也。"
　　③ 余食赘行："余食"，为人所弃的剩饭。"赘行"，借为"赘形"，指赘瘤之类的东西。
　　④ 物：借指众人。
　　⑤ 恶：厌恶。
　　⑥ 处：止，居。

【品鉴】

　　本章是讲为道者的"不争""自谦"之德。
　　"企者不立，跨者不行"。这两句是说，企而立者，不能久立；跨而行者，不能远行。企而立者，争高也；跨而行者，争先也。争高、争先，勉强有为，违背自然之道，所以不能久远矣。争者，不可长久，故为道者不争也。这是从人的行为来讲"不争"之德。

"自见者不明，自是者不彰，自伐者无功，自矜者不长"，这是从人的心态来讲"自谦"之德。"自我炫现，反而不得明著；自以为是，反而不得彰显；自我夸耀，反而少有事功；自高自大，反而难以长久"。这四句与第二十二章"不自见故明，不自是故彰，不自伐故有功，不自矜故长"，文反义同。一个是从正面说，一个是从反面说，意思是相同的。自我炫耀者，亦无好结果，所以为道者谦下也。

"其在道也，曰余食赘行"。"其"，指上文之"企者""跨者""自见者""自是者""自伐者""自矜者"。"在"，河上公本、范应元本作"于"。裴学海说："在，犹于也。""其在道也"，这对于道来说。"余食赘行"，剩饭、赘瘤，均是伤身累形之物。苏辙说："饮食有余则病，四体有赘则累。"在老子看来，"企者""跨者"之行为，"自见者""自是者""自伐者""自矜者"之心态，从"道"的观点来看，都是无益而有害的，乃是伤身累形之物。陈景元注："弃余之食，适使人恶；附赘之形，适使人丑。"所以老子说"物或恶之，故有道者不处"，即使众人都会厌恶这些无用而累人的东西，因此有道之人就更不会以此自处了。

"企者""跨者"之行为，"自见者""自是者""自伐者""自矜者"之心态，有一个共同的特点，那就是"强"。争高、争先，强为也；自我炫耀，强志也。一指人之行为，一指人之心态，行为乃心态之作为，心态乃行为之动机，二者是紧密相连的。强志者必作强为，强为者必有强志。所以，老子从行为、心态上劝诫为道者不要取"强"，教人"不敢以取强"（第三十章）、"虚其心""弱其志"（第三章）之意也。陈鼓应说："'企者不立，跨者不行'，就是自见、自伐、自矜的譬喻。这些轻躁的举动都是反自然的行径，短暂而不能持久。""强"的反面是"弱"。老子教人不以取"强"，即是谕人以用"弱"。"弱者，道之用"（第四十章）；"柔弱胜刚强"（第三十六章）。"不争""自谦"，都是用"弱"。"不争"主要是面向他人说的，指不与人争，不和别人争先争强。"自谦"更多是面对自己说的，指不要自骄自满、自高自大。"不争"，弱化的是自身的行为；"自谦"，弱化的是自己的意志。其实，"不争"和"自谦"也是一致的，"自谦"者的行为自是"不争"的，"不争"者的心态自是"谦下"的。"不争""谦下"，都是指要弱化一己的私意私欲，以合于天道之自然无为也。

老子有感于世人一味地逞强好胜、不肯谦让而引起无数纷争的社会现实，而提出"守柔用弱"的处世之道。《庄子·天下》篇说老子"以濡弱谦下为表"；《史记》记载，当孔子向老子请教时，老子对他的告诫，就是让他去掉身上的"骄气"。在老子看来，"不争""自谦"的生活态度，不仅是避免祸患、保全自己的手段策略，也是消解社会纷争的有效方法。老子不仅把"守柔用弱"作为自己的生活指导，同时也希望以此改变世人的生活态度，从根本上解救世道人心。老子教人戒骄戒躁、谦下不争，不强为、不冒进，这是我们应该珍视、继承的优良传统。这无论对于个人修养、还是对于国家行为，都有极大的启悟作用。

第二十五章

【原文】

有物①混②成，先天地生。寂兮寥兮③，独立不改④，周行而不殆⑤，可以为天下母⑥。吾不知其名⑦，强字⑧之曰道，强⑨为之名曰大⑩。大曰逝⑪，逝曰远⑫，远曰反⑬。故道大，天大，地大，王亦大。域⑭中有四大，而王居其一焉。人法⑮地，地法天，天法道，道法自然⑯。

【注释】

① 物：这里指的不是具体的物，而是指不同于具体物的"道"。

② 混：形容道的浑然未分的状态。

③ 寂兮寥兮：形容道既没有声音，也没有形象。河上公注："寂者，无声音。寥者，空无形。"

④ 独立不改：独立，无对待；不改，不变。严复说："不生灭，无增减。万物皆对待，而此独立；万物皆流迁，而此不改。"陈鼓应说："独立不改，形容道的绝对性和永存性。"

⑤ 周行而不殆：周行，指道做圆周运动；不殆，即不息，不倦息，指道做循环运动而永不停息。

⑥ 天下母：天下万物的母亲。母，喻道。

⑦ 名：名谓，称呼。

⑧ 字：别名，表字。

⑨ 强：勉强。

⑩ 大：指道的至大无外。陈鼓应说："形容道的没有边际，无所不包。"

⑪ 逝：《说文》："逝，往也。"王弼注："逝，行也。"吴澄说："逝谓流行不息。""逝"，指道的运行周流不息。

⑫ 远：遥远无垠。王弼注："远，极也。"

⑬ 反：古通"返"，返回。这里指返回本原。

⑭ 域：指宇宙。王弼注："无称不可得而名，故曰域也。"

⑮ 法：取法，效法。

⑯ 自然：自己如此，自然而然。

【品鉴】

本章是对"道"的写状，可与第四章、第十四章、第二十一章结合起来去理解。

"有物混成，先天地生"。有那么一个东西混然而成，早在天地形成之前就已经存在了。这里的"物"，只是虚指，其实并不是什么具体的事物。"混"，形容"道"浑然一体、尚未分化的状态。陈鼓应说："'有物混成'，这说明道是浑朴状态的。道并不是不同分子或各个部位组合而成的，它是个圆满自足的和谐体，对于现象界的杂多而言，它是无限的完满，无限的整全。"混成之"道"，在时间顺序上是先于天地万物而存在的。在老子的时代，"天"乃是人格之天，能够赏善罚恶，主宰着世间的一切。老子把"道"置于天地之先，就否定了"天"至高无上的神圣地位。张岱年说:"认天为一切之最高主宰的观念,为老子所打破。……老子作了一次彻底的思想革命。老子以为天并不是最根本的,尚有为天之根本者。老子说:'有物混成,先天地生。'最根本的乃是道,道才是最先的。"这个最先存在的"道","寂兮寥兮",它没有声音,也没有形象,"听之不闻""视之不见""搏之不得"(第十四章)。它"独立不改","独立"指道的唯一性、绝对性。"不改",不是指道"不动""不化",而是指道"不变",它不会变为他物,这是指道的永存性、永恒性。它是永动的,"周行而不殆",这是指道的永动性、循环性。"道"是一个动体,它本身不停息地做循环运动,整个宇宙万物都随着"道"的运动在"变"、在"动",具体的事物在变动中消失熄灭,而"道"则永远不会消失熄灭,它永久长存,不会随着外物的变化而消失,也不会由于外在的力量而改变。陈鼓应说:"'道'是个绝对体,它绝于对待;现象界的一切事物都是相对待的,而道是独一无二的,所以说:'独立不改'。道是一个动体,周流不息地运转着,但它本身不会随着运转变动而消失。"

这个"混成"的、"先在"的、"寂寥"的、"独立"的、"周行"的"道","可以为天下母",可以把"道"看作天下万物的"母亲"。可以把"道"看作天下万物的"母亲",那么"道"就不是所谓真的"母亲"。因为"母亲"是有形的母体,而"道"是形而上的本体;因为"母亲"是生殖养育子女,而"道"是化生长成万物。把"道"看作万物的"母亲",只是一个比喻的说法,取其是万物的本原、本根之义。"母",生之本;"道",万物生养长成之本,故以"母"喻道也。老子认为,道是宇宙的本原、万物的本根。作为宇宙万物之本的"道",是不可以名称之的。王弼注:"名以定形,混成无形,不可得而定。"由于"道"是浑然未分的,所以它是无形无象的;由于它没有固定的形象,所以也就不可名了。可名、有名之物,都是有固定形象的具体的事物,而"道"没有固定的、具体的形象，它是没有任何规定性的。可见，"道"的存在与任何具体事物的存在都有着本质的不同，这个本质的不同就在于"道"的形而上特性，即"无形""无名"。具体事物都只是形器世界中的存在，都只是形而下者，形器世界中最大的存在物莫过于天和地，但在老子看来，天和地也是可以感知的、有生有灭的，同样也不能作为万物的最后根源。只有永恒的、无限的"道"，才有资格作为包括天和地在内的万物的最后根源。形而上的实存之"道"，是不可知、不可名的，"字之曰道"只是勉强为之，只是为了方便起见，为了论述、描述的需要，才不得已"强为之名""字之曰道"。

字之曰"道"，虽是勉强为之，但亦非老子凭空猜想而来，这是有其思想缘由的。"道"字最早出现于西周早期的青铜器铭文中，本义是指人行走的道路。"道"的本义虽然很普通，但在这一原始意义中却包含着许多可以被引申的潜在因素。从"道路"这一原始意义上看，由于"道"具有确定的指向，是人们达到特定目标的必经之路，于是引申为事物存在与发展的必然性与必然趋势；由于人们要在"道"上重复往返，于是引申为事物运动变化的规律；由于人们必须沿着"道"一直走下去才能到达目的地，于是引申为事物的发展和人的行为所必须遵守的原则；由于"道"为人们提供了达到既定目的的途径和手段，于是又引申为认识事物、解决问题的根本方法；如此等等。这些引申含义，都已经具有了一定的抽象性和普遍意义，或者说已经有些"哲学"味道了。在老子的学说中，"道"是最高的哲学范畴，它不仅具有宇宙本原的意义，而且还具有规律、原则和方法的意义，它不仅是支配物质世界运动变化的普遍规律，而且也是人类社会所必须遵循的基本法则。"道"由一个具体的生活名词上升为一个具有极广泛含义的哲学范畴，其间经历了一个漫长的不断抽象的思维过程。到老子生活的春秋时期，已出现了一个以谈论

"道"为时尚的社会思潮。在《左传》和《国语》中大量地使用了"道"这一概念。从其所使用的内涵来看,可以分为三类:一是说明社会规律的"人之道",一是说明自然规律的"天之道",一是在"人之道"和"天之道"相统一的意义上使用的"道"。可以说,在老子创立道家学派之前,对"道"的哲学抽象的过程已大体完成,按照这条路发展下去,"道"成为最高的哲学范畴并获得宇宙论和本体论方面的意义,便是中国古代哲学发展的内在逻辑所决定的必然要求。老子以前人的思想资源为新的起点,进一步把"道"上升到宇宙论和本体论的高度,使"道"成为宇宙的本原和万物的本根,并以"道"为核心概念建立起一个完整而严密的理论体系。

老子把这个宇宙本原、万物本根,强字之曰"道",又强为之名曰"大"。"大",又是对"道"的一种写状,形容"道"的无所不包。"大曰逝,逝曰远,远曰反",三个"曰"字可作"而"或"则"字解。"道"的无所不包,意味着它是周流不息的;"道"的周流不息,意味着它是深远无际的;"道"的深远无际,意味着它还会复返归来。冯达甫说:"'大''逝''远''反'是描述道的全部运行过程,就是'周行'。"张岱年说:"'大'即道,是所以逝之理,由大而有逝,由逝而愈远,宇宙乃是逝逝不已的无穷的历程。"这是对"道"的自然运行过程的描述:道是循环运行的,终则有始,更新再始,周流不息。蒋锡昌更把这种"道"的自然过程引申到社会历史领域来理解,"'逝'者,指道之进行而言,即宇宙历史自然之演进也。'远'者,谓宇宙历史演进愈久,则民智愈进,奸伪愈多,故去真愈远也。'反'为'返'之假,谓圣人处此去真愈远之时,应自有为反至无为,自复杂返至简单,自巧智返至愚朴,自多欲返至寡欲,自文明返至鄙野也。'大曰逝,逝曰远,远曰反',谓道既大而无所不包矣,于是成为世界而刻刻演进;世界既刻刻演进矣,于是民智愈进,去真愈远;人民去真愈远矣,圣人当以无为为化,而有以返之也。"这种解释,虽大抵符合《老子》的要旨,但此处恐怕宇宙自然的意义要大于历史社会的意义吧。

"故道大,天大,地大,王亦大。域中有四大,而王居其一焉。"在宇宙间,"道"可称之为"大","天""地"也可称之为"大,""王"亦可称之为"大"。张松如说:"老子既已将'道'称作'大'了,因而联想到'道大、天大、地大、王亦大',并指出说:'域中有四大,而王居其一焉。'由此便把主题转到作为'道'的体现者的'王'身上了。"老子论述形而上的道体和道的自然运行,是为了给社会的秩序和人的行为找到形上的根据,"道",即是在"王"的身上显现其品性和功用的;"王",即是"道"的人间世的代表者和体现者。"王"怎样来体现"道"呢?老子说:"人法地,地法天,天法道,道法自然"。在这"四大"之中,还是有个等级次序的。人(包括"王"),取法于地;地,取法于天;天,取法于道。而"道",绝对、唯一,故无以他物为法也;如果说它有所遵循的话,那它就是以自身的运行规则为法则了,所以说"道法自然","道"只以自己如此的样态和运作为法则。意思是说,"道"纯任自然,自己如此。冯友兰说:"'人法地,地法天,天法道,道法自然'。这并不是说,于道之上,还有一个'自然',为'道'所取法。上文说:'域中有四大,即'人''地''天''道','自然'只是形容'道'生万物的无目的、无意识的程序。'自然'是一个形容词,并不是另外一种东西,所以上文只说'四大',没有说'五大'。老子的'道法自然'的思想跟目的论的说法鲜明地对立起来。"可见,"自然"并不是价值等级更高于"道"的另外一物,而只是"道"自身的一个品性申说,只是说:"道"是自己如此的,自然而然的,并没有他物使其如此,它是自因的、自为的。但"道"的自因,是"无以为",无因而成;"道"的"自为",是

"为无为",无为而无不为。无为而无以为,无为而无不为,即是"道"之"自然"也。"道"自己如此的样态和运作即是如此,别无他因,亦无私意,如是而已。

河上公注:"道性自然,无所法也。"这是从道与自身的关系而言,它是自然而然的,即道是自因的、自为的,道的本质是自然的。王弼注:"道不违自然,乃得其性。法自然者,在方而法方,在圆而法圆,与自然无所违也。"这是从道与万物的关系而言,它是不逆扰万物之自然的,任万物自长自成而没有丝毫自己的私意私欲掺入其中的,万物的自然本性无论是"方"的、还是"圆"的,道都使之成"圆"或成"方",而不以己意逆"方"为"圆"或逆"圆"为"方"。从道与万物的关系来看,道使万物成其自然,方能得其自然之性,即道是无私的、无为的,道的功用是自然的。道是自因的、自为的,又是无私的、无为的;正因其是无私的、无为的,才能是自因的、自为的。有私即有对,有为即有所不为,有私、有为者必不是绝对的、唯一的;道是绝对的、唯一的,所以它是自因的、自为的,但它的自因、自为,只有表现为对万物的无私、无为,才能得其自因、自为之性也。河上公所注"道性自然",是对的;王弼注"道不违自然",亦是对的。河上公所说的"自然",是道自身本性的自然;王弼所说的道所不违的"自然",是万物本性的自然。王弼注"道不违自然,乃得其性",是接着河上公注而说的,意思是"道不违背万物之自然本性,方能得其本性之自然也",这又是王弼注比河上公注更深入一步地挖掘老子的思想意涵了。

"人"法"地","地"法"天","天"法"道",所以,人亦当法"道"矣。而"道"不违万物之自然方得其自然,或者说道之自然即是不违万物之自然,那么,人、地、天皆可法"自然"也。人法"自然",即是按照"人"自身的本性生养长成,亦即是法"道"也,因为人之自然本性乃是得之于"道"者也。"人"以"道"为法,方不失其本性、方不失其自然矣。"道法自然",道"自然"矣,人亦因"道"之"自然"而得其"自然"、成其"自然"矣。人、地、天,各得自然,各成自然,也就是道之"自然"矣。老子哲学的基本精神,其几乎可一言以蔽之曰:"法自然"。

第二十六章

【原文】

重为轻根①,静为躁君②。是以圣人终日行不离辎重③,虽有荣观④,燕处超然⑤。奈何万乘之主⑥,而以身轻天下⑦?轻则失本⑧,躁则失君。

【注释】

① 重为轻根:重是轻的根本。根,根基、根本。

② 静为躁君:静是躁的主宰。躁,躁动;君,主宰。

③ 辎重:古时有帏盖的载重车。孔颖达疏《左传》:"蔽前后以载物,谓之辎车。载物必重,谓之重车。"

④ 荣观:指华丽的居处。河上公注:"荣观,谓宫阙。"吴澄说:"荣华之境,可以游观。"

⑤ 燕处超然:燕,安闲之意;处,居。超然,超远洒脱的样子。此句意为:安居从容,超然处之。

⑥ 万乘之主:指大国的君主。万乘,一万辆兵车。有一万辆兵车的国家,在当时是为大国。

⑦ 以身轻天下:即以身轻于天下,其义与十三章"贵以身为天下"

相反。意谓：把自己的身体看得比天下还轻。

⑧本：即"根"，根本。

【品鉴】

本章言明治国不能轻躁，以静重为上。

在这一章里，老子又举出两对矛盾的范畴：轻与重、动与静，而且进一步认为，矛盾中有一方是根本性的。在轻与重的关系中，重是根本；在动与静的关系中，静是根本。在第二章中，老子举出美丑、善恶、有无、难易、长短、高下、音声、前后这些范畴，本章又举出动静、重轻的范畴加以论述，这是老子朴素辩证法思想的反映。他揭示出事物存在是互相依存的，而不是孤立的，说明他确实看到客观现象和思维现象中，矛盾是普遍存在的，并且存在于一切过程之中。然而，老子的辩证法思想是不彻底的。例如任继愈说："动与静的矛盾，应当把动看做是绝对的，起决定作用的，是矛盾的主要方面。老子虽然也接触到动静的关系，但他把矛盾的主要方面弄颠倒了，也就是把事物性质弄颠倒了。因此，他把静看做起主要作用的方面。所以老子的辩证法是消极的，是不彻底的，有形而上学因素。"这个批评，点中了老子辩证法思想的局限性。

不过值得注意的是，老子所论及的这些相对立的范畴，具有十分鲜明的价值论色彩和社会性意义。老子并不是讲的客观辩证法，本章亦无例外。老子说"静""重"，评"轻""躁"，是为其政治观点服务的，他的矛头指向是"万乘之主"，即大国的君主。他在这里论述的是：万乘之国的君主怎样才能够巩固和保持自己统治地位的问题。后人解释"轻""重"，也多从社会统治的角度阐发。严遵注："言君好轻躁，如树之根本而摇动。根摇动，则枝木枯而槁矣。人主不静，则百姓摇荡，宗庙倾危，则失其国君之位也。"《韩非子·喻老》："无势之谓轻，离位之谓躁。"《管子·心术》："动则失位，静乃自得。"君主不以静重持国，好轻躁妄为，将会失去权势、君位和社稷，危及自身。可见，本章的"轻""重""静""躁"，其社会政治的意味是非常显明的。陈鼓应说："老子有感于当时统治者奢恣轻淫，纵欲自残，所以感叹地说：'奈何万乘之主，而以身轻天下？'这是很沉痛的话。……轻躁的作风就像断了线的风筝一样，立身行事，草率盲动，一无效准。"老子认为，"重为轻根，静为躁君"，"轻则失本，躁则失君"。蒋锡昌注："言人君纵欲自轻，则失治身之根；急功好事，则失为君之道也。"在老子看来，一国的统治者当以静重持国、谨言慎行，而不应轻举躁动、急功好事，这样才可以有效地治理好国家。这与老子主张虚静的基本思想是一致的。老子的这种观点，是值得肯定的。

老子重视"静重"、反对"轻躁"的观点，也可以拿到现在来提醒那些处在组织管理的最高层的领导者，做决策时要深思熟虑、精心策划，而不要轻率盲目、浮躁鲁莽。领导者不能根据自己的个人经验，拍拍脑袋就制订计划，而应该科学合理地、谨慎客观地制定决策。一旦盲目冲动，决策失误，会带来严重的后果。经过深思熟虑而制定的符合客观规律的决策，是富有科学性和灵活性的，能够正确地指导实践。

第二十七章

【原文】

　　善行无辙迹①；善言无瑕谪②；善数③不用筹策④；善闭无关楗⑤而不可开；善结⑥无绳约⑦而不可解。是以圣人常善救人，故无弃人；常善救物，故无弃物。是谓袭明⑧。故善人者，不善人之师；不善人者，善人之资⑨。不贵其师，不爱其资，虽智大迷。是谓要妙⑩。

【注释】

　　① 辙迹：车辙马迹。这里指痕迹。

　　② 瑕谪（xiá zhé）：过失，疵病。

　　③ 数：计算。

　　④ 筹策：古时的计数工具。

　　⑤ 关楗（jiàn）：关门之具，即门闩。范应元说："楗，拒门木也。或从金旁，非也。横曰关，竖曰楗。"

　　⑥ 结：结系，捆缚。

　　⑦ 绳约：绳索。"约"也作绳、索讲。吴澄说："绳约，索也。合之成体曰绳，用之而束物曰约。"《左传·哀公十一年》："人寻约。"杜

预注："约，绳也。"

⑧ 袭明：因循常道的明达。吴侗说："'袭'，因也。'明'即十六章及五十五章'知常曰明'之'明'。'袭明'谓因顺常道也。"释德清说："承其本明，因之以通其蔽，故曰袭明。"

⑨ 资：取资，给用。河上公注："人之行善者，圣人即以为人师。资，用也。人行不善，圣人犹教导使为善得以给用也。"

⑩ 要妙：精深的妙理。高亨说："'要'疑读为'幽'，幽妙，犹言深妙也。要、幽古通用。"河上公注："能通此意是谓知微妙要道也。"

【品鉴】

本章讲圣人"袭明"的道理。

"袭明"，即是因循常道的意思。第十六章"知常曰明"，体认了常道，认识了大道运行的规律，并自觉地遵循此规律处世行事，老子称之为"袭明"。在老子看来，"袭明"的人，由于他的行为合于常道，所以是最善于做事成事的人，是"善者"。他说："善行无辙迹，善言无瑕谪，善数不用筹策，善闭无关楗而不可开，善结无绳约而不可解。"这里用了五个譬喻，来说明同一个道理：因循常道的人，他的作为不会产生负面效应而能达到最佳效果，所以是"善"的。这里的"善"，不是与"恶"相对待的世俗社会的价值判断，而是对人的作为是否合乎大道的行为效果的评价。老子认为，合于大道的行为，即是善的，能达到最佳效果；反之，不合大道的行为，即是不善的，"不知常，妄作凶"（第十六章），这样的行为难免会留下弊病，甚至还会殃及自身。

元人吴澄曾对这五个譬喻做解释说："行者必有辙迹在地，言者必有瑕谪可指，计数者必用筹策，闭门者必用关键，结系者必用绳约，然皆常人所为尔。有道者观之，则岂谓之善哉！善行者以不行为行，故无辙迹；善言者以不言为言，故无瑕谪；善计者以不计为计，故不用筹策；善闭者以不闭为闭，故无关键，而其闭自不可开；善结者以不结为结，故无绳约，而其结自不可解。"此解甚有见地，但尚需进一步言明。"以不行为行"者，非是真的"不行"，而是循道而行也；循道而行者，其行为合于大道，循于常理，自然而作，自然而成，故无辙迹可言。"辙迹"者，本义是车碾马踏之痕迹，以喻人之行为与物相摩相擦也。因循常道，顺其自然，与物无违，故无摩擦之行迹也。"行不言之教"之"行"（第二章）者，如是。"以不言为言"者，非是真的"不言"，而是循道而言也；循道而言者，其言语不存私意，不施号令，"以百姓心为心"（第四十九章），使百姓自化自成，"百姓皆谓我自然"（第十七章），故无瑕谪可指责。"不言之教"（第二章）、"希言自然"者，如是。"以不计为计"者，非是真的"不计"，而是以天道推知也。以私虑计，用筹策算，终有穷时，正如俗语："人算不如天算"。"执古之道，以御今之有，能知古始，是谓道纪"（第十四章）者，如是。"以不闭为闭"者，非是真的"不闭"，而是遵循自然常道而开阖也。《庄子·达生》篇所说："其天守全，其神无，物奚自入焉？""天门开阖，能为雌乎"（第十章），"塞其兑，闭其门，终身不勤"（第五十二章）者，如是。"以不结为结"者，非是真的"不结"，而是法常道，守常德也。"抱一为天下式"（第二十二章），"常德不离"（第二十八章）者，如是。可见，"有道者"与"常人"相比，非是有什么特异功能，只是因循常道，顺任自然而已。"行""言""计""闭""结"，乃指常人之"有为"，有以为、有所为，即有所不为，故遗有"辙迹""瑕谪"，借用"筹策""关楗""绳约"。既然有所病疵、有所凭借，那就不是最善的行为，不能达到最佳的效果。"善行""善言""善计""善闭""善结"，乃指有道者之"无为"也，"无为"非是一无所为、毫不作为，而是无以为、为无为，是因循常道、不存私意、顺其自然的"为",这样的"为"即是"无为","无为而无不为",顺遂自然大道的行为当然会有最佳的效果,是最善的行为。司马谈《论六家要旨》说:"道家无为,又曰无不为。""无为",即是指因循常道、不妄为也;"无不为",即是指自然而成、最善之为也。

陈鼓应解说此章:"'善言''善行',就是指善于行不言之教,善于处无为之政。'善数''善闭''善结'各句,都是意义相同的譬喻,意谓'以自然为道,则无所容力,亦无所着迹'(引林希逸语)。且譬喻有道者治国,不用有形的作为,而贵无形的因仍。本章是对于自然无为思想的引申。"此说甚合章义。"贵无形的因仍",即是"袭明",因循常道而为,不违万物之自然,故万物各得自然也。常人,是以"己"观之万物;圣人异于常人者,是以"道"观之万物。以道观之,万物虽有良莠不齐,但皆各有其用。同样道理,世上芸芸众生,虽有善与不善,但也各有存在的理由。大道对于万物是一视同仁的,有道之人对于不善之人,亦无遗弃之理。老子说:"是以圣人常善救人,故无弃人;常善救物,故无弃物。"有道者能够以道的智慧去观照人与物,了解人各有才,物各有用,然后遵循自然常道而为,各因其性而成其自然,使人尽其才,物尽其用,故"无弃人""无弃物"也;"无弃人""无弃物",才称得上"善救人""善救物"者也,"是谓袭明",这才叫作因循常道的"明"呀!

相对于因循常道的"明"来说,有一种自以为聪明的"智"。老子说这种"智",实质上是"大迷"。"袭明"的人,有博大的慈爱之心,对于善人和不善的人都能加以善待。特别是对于不善的人,并不因其不善而鄙弃他,一方面要劝勉他,诱导他,另一方面也可给善人作一个借鉴。老子说:"故善人者,不善人之师;不善人者,善人之资。不贵其师,不爱其资,虽智大迷。是谓要妙。"马其昶注:"见不善,非徒以为戒,又必以教之使善,然后吾之善量足,是不善人正善人为善之资。故善者吾师之，不善者亦当爱而教之，此天下所以无弃人也。然世俗恒情，往往忌嫉贤能而轻弃不肖。忌贤，则善者无以劝；弃不肖，则不善益流于恶。不贵其师，不爱其资，虽在智者，犹迷于此，以其道诚要妙也。"此注解，虽不甚合老旨，但颇得世情也。老子所谓"善"者，非是以世俗道德"劝善惩恶"之谓也，而是因循常道、尽得自然之谓也。既不以因循常道的成功为经验，又不以背道而驰的败亡为教训，虽自以为很聪明，谁又能说他不是个糊涂蛋呢？

在老子看来，违背自然大道的人，是"大迷"的人；只有体认大道，循道而行，自然无为的人，才是"知常""袭明"的圣人。但人们总是迷于"大迷"之中却自以为"智"。"明道若昧"（第四十一章），最光明的大道看起来总像是昏昧的，这也难怪世人"莫能知""莫能行"了，老子也说这其中包涵精要深奥的妙理。"要妙"之"袭明"，虽然难知、难行，却又不可不知、不可不行。破"大迷"而"袭明"者，老子定会说他："善莫大焉！"

第二十八章

【原文】

　　知其雄，守其雌①，为天下谿②；为天下谿，常德不离，复归于婴儿③。知其白，守其黑，为天下式④；为天下式，常德不忒⑤，复归于无极⑥。知其荣，守其辱，为天下谷；为天下谷，常德乃足⑦，复归于朴⑧。朴散则为器⑨，圣人用之⑩则为官长⑪。故大制不割⑫。

【注释】

　　① 雄，雌：陈鼓应说："'雄'譬喻刚动、躁进。'雌'譬喻柔静、谦下。"老子认为，雌性趋于静下，雄性趋于动上，静能制动，下能制上，雌能制雄。

　　② 谿：谿谷。《尔雅·释水》："水注川曰谿。"谿谷地处卑下，为山水所归。老子以谿谷喻圣人守雌处下，为天下所归。

　　③ 复归于婴儿：婴儿无知无欲，精气和柔，不与人争雄。卢育三说："老子常以婴儿喻得道者的情状，所以说：'复归于婴儿。'"

　　④ 式：法式。

　　⑤ 忒：差错。

⑥ 无极：指宇宙万物的本原。以其无形无象，无声无色，无始无终，无可名指，故曰无极。这里指道。

⑦ 足：充足，充实。

⑧ 朴《说文》："朴，木素也。"指没有加工过的木头。又凡器未成者，皆谓之朴。这里指真朴未分的道。

⑨ 器：成形之物，指万物。第二十九章河上公注："器，物也。"

⑩ 之：指朴。

⑪ 官长：百官之长，指君主。

⑫ 大制不割：最完善的制度不割裂。制，《说文》："制，裁也。"原指裁料制衣，这里指治民为政的制度。割，分割，割裂。具体制度本身就含有分割之义，但老子认为最完善的制度是不割裂的。

【品鉴】

老子在这一章指出，用持守柔弱，返归真朴的原则来保身处世，并要求理想中的"圣人"也应以"守柔""抱朴"之道来治理国家。

"知其雄，守其雌，为天下谿；为天下谿，常德不离，复归于婴儿。知其白，守其黑，为天下式；为天下式，常德不忒，复归于无极。知其荣，守其辱，为天下谷；为天下谷，常德乃足，复归于朴。"这段文字或疑有后人窜改增益，但大体的意思是明确的。"雄""白""荣"者，皆是"强"之意；"雌""黑""辱"者，皆是"弱"之意。"知雄守雌""知白守黑""知荣守辱"，皆是"知强守弱"之意也。这里的"知强"，是深知"强"。一般世俗之人，只知"强"之利，不知"强"之害，所以一味争强、逞强。这只是看到了"强"的有利的一面。老子是深知"强"的，他是知道"强"之利的，世俗之人尚且知"强"之利，难道老子会不知道"强"的作用吗？但老子更看到了"强"之害，一味争强而不知守弱，注定会走向衰亡。"勇于敢则杀，勇于不敢则活"（第七十三章），"勇于不敢"，即是"知强守弱"，"勇于敢"，即是一味争强、不知守弱。世俗之人，一味争强、显摆、求荣，而不知谦下、敛藏、涵容。老子针对世人只知"强"之利、不知"强"之害，只求逞强、不知退让的行为和态度，特以指出不仅要知强，更要守弱，越是强者，越要守弱。知争强之害者，知持守柔弱者，才是深知强者，真是强者。

"守弱"的"守"，也不是一味地退缩或回避，而是含有主宰性在里面，它不仅执持"弱"的一面，也可以运用"强"的一方。陈鼓应说："'知雄守雌'，是在雄雌的对待中，对于'雄'的一面有透彻的了解，而后处于'雌'的一方。因而，'知雄守雌'实为居于最恰切妥当的地方而对于全面境况的掌握。""透彻的了解""全面的掌握"，说的就是老子不仅"守雌"，而且"知雄"，不仅"守弱"，而且"知强"。严复说："今之用老者，只知有后一句，不知其命脉在前一句也。""知强守弱"的重点，当然是"守弱"，但正确理解的要害则在于"知强"。"守弱"，主要是针对社会强势阶层来说的，强者更应守弱。老子并不主张社会的弱势阶层，永远自甘柔顺，一味示弱，而是应该自信、自强、自胜，以求自生、自长、自成。然而，强者尚且应该守弱，弱者亦不应该急于求胜、争强躁动了。

持守柔弱者，才可作为天下的豀谷。豀谷地处卑下，为众流所归；君主当以豀谷为镜，谦下包容，自然天下归往。张舜徽说："知雄守雌，知白守黑，知荣守辱之义，悉为君道而发，古之陈君道者，主于卑弱自持。"可见，"知强守弱"之道，对于君主来说，是最具有典型意义的。在老子看来，君主握有强权，若其持守柔弱之道，实行无为之治，自然天下顺遂矣。持守柔弱的人，常德才不会离失；复归真朴的人，常德才会充足。常德充足而自守柔弱的人，老子把他比作初生的婴儿，以示永保生机，有无限的生命力。河上公注："雄以喻尊，雌以喻卑。人虽知自尊显，当复守之以卑微。去雄之强梁，就雌之柔和，如是则天下归之，如水流入深谿也。人能谦下如深谿，则德常在，不复离于己。……人能为天下谷，德乃止于己，复当贵身于质朴，不复为文饰。"

老子认为，虚静、质朴是人的常德，守柔、抱朴者，即是不失其自然之本性。所以，圣人治理国家，也应守柔、抱朴，顺其自然之性，这样才能成为百官之长。因为"朴散则为器"，所以圣人应持守真朴，并用真朴之道治国安民，使百姓返璞归真。徐大椿曰："朴者，不雕不琢，无一物之形，而具万物之质。散者，离其本真，加以造作之工。一有造作，则随人所为而成一器，此物不能为彼物，而太朴漓矣。"老子认为，君主作为百官之长，不能散失真朴而为一器一物，应该用"朴"统领天下，各因其材，各展其能，各尽其用，任万物之自然而不割裂其本性。这样的理想制度，老子称之为"大制"，"大制"与一般政治制度的本质区别，就在于它"无割"。高亨说："大制因物之自然，故不割，各抱其朴而已。"最理想的制度，是不会破坏人的真朴状态，不会残伤百姓的自然本性，而是应该顺遂百姓的真朴的自然本性，"无为""无事"，"以辅万物之自然而不敢为"（第六十四章）。"不敢为"，即是知强守弱；"辅自然"，即是守柔抱朴。

"知强守弱"的原则，在老子所处的时代，可以作为一种生活态度和价值选择。当时正处在春秋末年，政治动荡、社会混乱、你争我夺，纷纭扰攘，面对这样一种社会状况，老子提出了"持守柔弱"的处世原则，是有其社会现实意义的。他认为，只要人们这样行事做事，就可以返璞归真，达到天下大治。"朴""婴儿"都是老子哲学思想上的重要概念。在第十五章里有"敦兮其若朴"；第十九章"见素抱朴"；本章的"复归于朴"以及第三十七章和第五十七章都提到"朴"这一概念。这些地方所提到的"朴"的字，一般可以解释为素朴、纯真、自然、本初、醇正等意，是老子对其社会理想及个人素质的要求的最一般的表述。在第十章里有"专气致柔，能婴儿乎？"第二十章有"沌沌兮，如婴儿之未孩"；本章里有"复归于婴儿"以及后面的章节中也有提及"婴儿"这个概念的地方。"婴儿"，其实是"朴"这个概念的形象解说，因为只有婴儿才不被世俗的功利宠辱所困扰，好像未知啼笑一般，无私无欲，纯朴无邪。老子反对社会用强制规范约束人、宰制人，反对用声教政令扭曲人的自然本性，认为应当让人们返回到自然素朴状态，即所谓"返朴归真"，重新找回失落的自然本性。

第二十九章

【原文】

将欲取天下①而为②之，吾见其不得已③。天下神器④，不可为也。为者败之，执者失之⑤。故物或行或随，或歔或吹⑥，或强或羸⑦，或挫或隳⑧。是以圣人去甚⑨，去奢⑩，去泰⑪。

【注释】

① 取天下：治理天下。取，河上公第四十八章注："取，治也。"

② 为：有为，强力去做，主观勉强去做。

③ 不得已："已"，通"矣"。不能得到，达不到目的的意思。

④ 神器：神圣之物。严灵峰说："神器，犹神物也。言其至贵重者也。"

⑤ 执者失之：把持天下的人，一定会失去天下。执，固执，把持。

⑥ 歔，吹："歔"（xū），同"嘘"。《玉篇》引《声类》云："出气急曰吹，缓曰嘘。""嘘"与"吹"反，正如"行"与"随""强"与"羸"反。

⑦ 羸（léi）：弱。

⑧ 或挫或隳：王弼本作"或挫或隳"，傅奕本、范应元本及帛

书本均作"或培或堕"。"隳"（huī），通"堕"，毁坏、崩毁的意思。"挫"，亦是摧折、败坏之意。这与前文不类。前文的"行"与"随""嘘"与"吹""强"与"羸"对反，而"挫"与"隳"同义。"挫"作"培"者，培是培基垒土之义，正与"隳""堕"义反。疑是王弼本因"培""挫"字形近而误，据改。"或培或隳"，意为：有的培基，有的堕毁。

⑨ 甚：过分安乐的意思。《说文》："甚，尤安乐也。"

⑩ 奢：过分享受的意思。徐灏曰："奢者，侈靡放纵之义。"

⑪ 泰：同"太"，甚、过分。骄纵奢侈的意思。

【品鉴】

本章老子论说"无为"之治，对"有为"之政提出了警告，即"有为"必然招致失败。所以，统治者应实行"无为"之治。老子极力宣传"无为"的政治思想，主张一切都要顺应自然，因应物性，希望那些得"道"的统治者治国安民，做任何事情都不要走极端，不要存奢望，不要好大喜功。

老子首先对"有为"之政提出警告："将欲取天下而为之，吾见其不得已"，这句是说，要想治理天下而又勉强去做，我看是达不到目的。第四十八章"取天下常以无事，及其有事，不足以取天下"，说的是同样的意思。高延第说："此言有心于治天下，失其自然之道，天下转不可得而治。""有为""有事"，就会以私意、私智裁制天下，失去自然之道；不以自然之道治国，在老子看来，这是不可能治理好的。为什么取天下不能"有为"，而常以"无事"呢？老子认为，"天下"作为政治实体来说，它是一个神圣的东西。"天下神器"，河上公注："人乃天下之神物也；神物好安静，不可以有为治。"严灵峰说："言其至贵重者也。"天下之所以神圣，是因为它的主体和对象都是人。天下的治乱，直接影响着人身的安危，所以是至贵至重的东西。人的自然本性是安静的，所以治理天下不能依赖"有为"之政，强作有为，多事扰民，就会破坏人们的安静的自然本性，达不到治理好天下的目的。

老子认为，天下是神圣之物，不能像一般的东西那样可以拿来随便修理整治，它是"不可为"的。"为者败之，执者失之"，倘若强行去为，必然遭到失败；想要把持天下，必然会失去天下。治理天下，若以强力作为或以暴力把持，都将自取败亡。所以，理想的政治应顺任自然，无为而治。天下的万事万物本来就是千差万别的，它们的自然本性也各不相同，"有的行前，有的随后；有的轻嘘，有的急吹；有的强壮，有的羸弱；有的培基，有的堕毁"，所以试图以自己的主观意志强力作为，或者想把天下据为己有，这些都是痴人妄想，不能实现的，也不会有好的结果。在老子看来，世间的物性不同，人性有异，为政者要能允许差异性和特殊性的发展。世间无论人或物，都有各自的秉性，其间的差异性和特殊性是客观存在的，不要为自己的主张或意志强加于人，而采取某些强制措施逼其就范，这样做的结果会适得其反。理想的统治者要顺应自然、不强制、不苛求，因势利导，舍弃一切过度的强硬措施，去除一切严酷的苛政律令，避免极端过分的行为，"是以圣人去甚，去奢，去泰"。"甚""奢""泰"，三者都有过分、极端的意思。老子强调"道法自然"，反对强作有为。他认为强作有为则会把事物推向极端，走向自己的反面。薛蕙说："物各有其自然之性，岂可作为，以反害之邪！是以圣人去甚去奢去泰，惟因其自然而已。物有固然，不可强为；事有适当，不可复过，此老子之本意也。""甚""奢""泰"，指的是统治者主观意志的扩张，个人私欲的膨胀。统治者的个人极端行为所带来的直接后果，就是百姓的自然状态被破坏，人们的自然生活受到干扰。所以，老子主张实行"无为"之治，反对"有为"之政。

　　胡适说："老子反对有为的政治，主张无为无事的政治，也是当时政治的反动。凡是主张无为的政治哲学，都是干涉政策的反动。"老子反对统治者的"有为"，反对国家对人民生活的强制干预，规劝统治者要顺应自然，无为而治，为人们提供一个宽松舒适的生活空间。可见，老子所说的"无为"，并不是无所作为，也不是指在客观现实面前的无能为力。他主要是针对当时统治阶级的强暴行为和强制统治方式而提出的治国大略。老子"无为而治"的政治理想，以自然为归，以民生为本，这对于我们今天仍然具有重要的启示意义。

第三十章

【原文】

以道佐①人主者，不以兵强②天下，其事好还③。师之所处，荆棘生焉。大军之后，必有凶年。善有④果⑤而已，不敢以取强。果而勿矜⑥，果而勿伐⑦，果而勿骄⑧，果而不得已⑨，果而勿强。物壮则老，是谓不道⑩，不道早已⑪。

【注释】

① 佐：辅助。

② 强：逞强，争强。

③ 好还：喜好还报。还，复也，反也。朱谦之说："'其事好还'，谓兵凶战危，反自为祸也。"

④ 善有：王弼本作"善有"，河上公本、傅奕本、范应元本及帛书本均作"善者"。检王弼注："言用师者趣以济难而已矣，不以兵力取强于天下也。"知王弼本原作"善者"，据改。善者，指善用兵者。

⑤ 果：效果，表示达到了预期目的。具体有这样几种解释：一、王弼注："'果'犹'济'也。言用师者趣以济难而已矣。"二、司马光注："果，犹成也。大抵禁暴除乱，不过事济功成则止。"三、胜利。

高亨说:"《尔雅·释诂》:'果,胜也。''果而已',犹胜而止。"

⑥ 矜:自美其能。

⑦ 伐:自夸其功。

⑧ 骄:恃己凌人。

⑨ 不得已:无可奈何;不能不如此。

⑩ 不道:不合于道。

⑪ 早已:过早地死亡。已,尽,死亡。

【品鉴】

这章主要讲慎于用兵,反映了老子限制用兵、反对用兵的思想。

老子生活的春秋末期,社会动荡不安,诸侯国之间以争霸、兼并、掠夺为目的的大大小小的战争愈演愈烈。战争给国家造成破坏,给人民的生活带来灾难。老子认为,统治者发动战争,无非是为了满足自己的私欲和野心,但却不惜以荒废农耕和牺牲许多无辜的生命为代价。所以,他主张谨慎用兵,不要发动不义的战争。用兵打仗是不得已的事情,胜利了就适可而止,再不要逞强示威、炫耀武力。老子的反战思想,表达了当时人们希望和平的心声。

"以道佐人主者,不以兵强天下"。高延第说:"老子时,列国大夫主政,首二句所以箴之。"这句的意思是说,辅佐君主要用大道,不可轻启战争,更不能以武力逞强天下。武力横行,终将自食其果;武力兴暴,必定自取灭亡。老子警告穷兵黩武的好战者,"其事好还"。好游者溺,好骑者堕,好战者必反受其祸。好战用兵,很快就会得到报应。"师之所处,荆棘生焉。大军之后,必有凶年。"军队驻扎过的地方长满了荆棘,战争过后一定会有灾荒发生。古者兵出于农,连年的战争、不断的攻伐,军队所到之处,人民或亡走、或被杀,荒芜了田亩,以致荆棘丛生,饥馑并至。这就是频繁的战争所带来的灾难。老子在本章着重讲了战乱给人们带来的严重后果,这正是从反对战争这一角度出发的。

老子反对战争、限制战争,这不等于他不正视战争问题。相反,老子对战争问题予以了充分的关注和深入的思考。没有战争固然是美好的,但是现实社会中战争有时是不可避免的,一旦发生了战争,又该如何处理呢?在不得不面对战争时,老子也把他的"无为"原则贯彻到了军事领域。把"无为"原则用在战争问题上,并不是说要逃避战争,战争来了就逃跑,而是说要"善者果而已,不敢以取强"。无为,即是"不以取强";战争中的"不以取强",就意味着不主动挑起战争,战争只是用于自卫、济难、除暴,战胜了也不要炫耀武力,示威凌人。老子所认为的战争中的"善者",即是以"无为"思想指导用兵准则的人,并不是指善于用兵打仗的所谓"战争高手""军事奇才"。"不以取强"的具体表现,就是"果而已",达到了预期目的就停止下来。这里的预期目的,指的是"自卫""济难""禁暴""除乱"等正义之举。

老子说:"果而勿矜,果而勿伐,果而勿骄,果而不得已,果而勿强。"达到目的而不显能,达到目的而不夸耀,达到目的而不骄傲,达到目的而出于不得已,达到目的而不逞强。"矜""伐""骄""强",都是战争中的"有为"表现,都是"以取强"。这与老子在第二十四章所说"自伐者无功,自矜者不长"的思想是一致的。争强、逞强、取强,无论是个人行为,还是战争行为,都是老子所反对的。因为在老子看来,逞强的行为是不合于道的。"物壮则老,是谓不道,不道早已。"这里的"壮",不是说事物已经自然地发展到了"壮"的阶段,而是指事物的自逞强壮,也就是"取强"的意思。王弼注:"'壮',武力暴兴,喻以兵强于天下者也。飘风不终朝,骤雨不终日,故暴兴必不道早已也。"可见,这里的"壮",不是指事物的自然发展的阶段,而是指像"飘风""骤雨"

一样不正常的、反自然的暴力逞强的行为。在老子看来，事物自逞强壮，就会走向败亡，因为这是不自然的、反常的、不合于道行为。既然不合于道，不合于生命的自然，过早地死亡也就是它的必然结果了。对战争问题来说，这就意味着那些炫耀武力、妄自逞强、嗜兵好战、穷兵黩武者，是不会有好下场的。这是老子从道的规律出发，对"以兵强天下"者提出的严厉警告，也回应了篇首的"以道佐人主"一句，教导人们要返于道，要用冷静的态度对待战争，不要夸大军事武力的作用，真正治国安民的还是大道。可见，老子是在道的思想框架中来探讨战争问题的，是以道观兵，非是专研兵道也。本章可看作是道之无为原则下的用兵准则，如是而已。

第三十一章

【原文】

夫佳兵者①，不祥之器。物②或恶之，故有道者不处③。君子居④则贵左，用兵则贵右。兵者，不祥之器，非君子之器。不得已而用之，恬淡⑤为上，胜而不美。而美之者，是乐⑥杀人。夫乐杀人者，则不可以得志于天下矣。吉事尚左，丧事尚右。偏将军居左，上将军居右，言以丧礼处之。杀人之众，以哀悲泣⑦之。战胜，以丧礼处之。

【注释】

① 夫佳兵者：王弼本作"夫佳兵者"，"佳"字疑衍。"佳兵"，不成文义。帛书甲、乙本皆作"夫兵者"。据删。

② 物：指众人。

③ 处：接近，使用的意思。

④ 居：安居，平居。

⑤ 恬淡：意谓以淡漠的态度待之。

⑥ 乐：乐意，喜欢。

⑦ 泣：王弼本作"泣"，罗运贤说："'泣'当为'莅'之讹。"莅，

是莅临、对待的意思。帛书本作"立",当是"莅"的省字。据改。

【品鉴】

本章仍然是讲用兵的问题,是上一章的延续。

在解释《老子》的学者中,有一派认为《老子》是一部兵书。此议自唐王真《道德真经论兵要义述》就倡言过,他认为《老子》"五千之言"第八十一章,"未尝有一章不属意于兵也。"明清之际的王夫之在谈到《老子》时,也特别强调了"言兵者师之"(《宋论》)。近代的章太炎,更认为《老子》一书是概括了古代兵书的要旨,他说:"老聃为柱下史,多识故事,约《金版》《六韬》之旨,著五千言,以为后世阴谋者法"(《訄书·儒道》)。那么,《老子》是不是一部兵书呢?李泽厚认为,《老子》本身不一定就是讲兵的书,但与兵家有密切的关系,老子的思想来源可能与兵家有关。《老子》第八十一章中直接谈兵的,第三十章、第三十一章及第六十九章共三章,提及有关兵、战话题的有十章,然而这只是表面的现象。张松如说:"如果定要把《老子》作为兵书看,那它与《孙子兵法》等类兵家者言是不相同的。它不曾以片言只语去研讨战术,而只是有时把用兵之道上升到政治斗争的战略与策略意义加以阐述。实际上,与其把它看作军事哲学著作,莫如说它是哲理著作偶然取喻于军事。因此,说《老子》是一部兵书,固未尝不可;但究其实,它所探讨的并不是军事学,而是哲学。"我们说,老子讲到过用兵的问题,但《老子》主要是一部哲学著作而不是兵书,他论兵是从哲学的角度,而不是军事学的角度来说的。他在阐发自己的哲学思想时,涉及军事战争的问题,就用哲学思想的观点对战争问题表达自己的见解。在春秋后期,特别是春秋战国之际,战争已成为家常便饭,已是重大的社会现实问题,哲学家、思想家们对这些社会实际问题不可能熟视无睹,必然会表达自己的看法、观点和主张。所以，《老子》谈"兵"自在情理之中；但《老子》谈兵是从哲学的高度来探讨的，是包容在其思想框架之内的，是其哲学思想在战争问题上的引申和发挥，"兵"的问题在《老子》中并不是基本的、核心的问题。

在本章中，老子对用兵的问题谈了这么几点看法：一、不得已而用兵。"夫兵者，不祥之器"，"非君子之器"。兵器用以杀人，战争中总有伤亡，所以兵戈是不吉祥的东西，非君子所愿为，被众人所厌恶。"故有道者不处"，有道者不会倚仗军事力量立身处世，用兵应该是出于"不得已"的。二、胜而不美。即使是为了除暴救民而用兵，或是为了自卫而用兵，也应该"恬淡为上"，最好用淡漠的态度对待它。虽是用兵，"胜而不美"。战争取得了胜利，也不要自鸣得意。"而美之者，是乐杀人。夫乐杀人者，则不可以得志于天下矣"，战胜了不要得意扬扬，得意扬扬就是喜欢杀人；喜欢杀人的人，是不能在天下得到成功的。老子对尚武嗜杀者的心理状态与行为样态，分析得非常到位，同时他也指出这些"乐杀人"者是不可能取治天下的。在老子看来，武力是带来灾害的东西，暴力不可能从根本上解决社会问题。三、以丧礼精神处理战事。君子平居以左为贵，用兵则以右为贵。为什么呢？因为"吉事尚左，丧事尚右"。这就是说，用兵打仗并不是什么吉庆的事情，所以要以处理丧事的形式、态度对待它。因此，布置军阵时，偏将军在左方吉位，而作为作战主帅的上将军则在右方凶位，这也是以治丧的位置来安排的。"杀人之众，以哀悲莅之。战胜，以丧礼处之。"两军交战，死伤必多，对战争带来的死亡枕藉，应怀有哀痛的心情，战胜了则以丧礼仪式来处理。

本章既反映出春秋之世政治纷乱、战争频繁的社会局面，有道之士也不能无视军事战争的问题；又反映了老子浓厚的慈爱精神和人文情怀。老子关心民命，慈爱天下百姓。在面对不可避免的战争时，他主张不要美化战争，要以丧礼精神来对待它，这体现了深厚的人文关怀。第六十七章"夫慈，以战则胜，以守则固"，在老子看来，只有具备慈爱精神的人，才可立于不败之地。一般的统治者用兵，只看到政治效益和经济利益，而无视兵将的生死；老子对于用兵，始终以生民为念，所以战胜则应以丧礼处之。老子厌恶战争、反对战争，但他并不逃避战争问题，而是正视战争问题，并力图在道的思想架构中根本解决战争问题。老子说："天之道，不争而善胜"（第七十三章），他希望人们的行为效法天道，自然无为，那样就不会有竞争，更无须以战争为手段解决纷争了。在老子的理想社会中，"虽有甲兵，无所阵之"，天下太平，自然富足，哪里用得着战事？显然，老子是向往一个没有战争、也不需要战争的社会状态。这是一种和平主义的理想。

第三十二章

【原文】

　　道常无名，朴①虽小②，天下莫能臣③也。侯王若能守之，万物将自宾④。天地相合⑤以降甘露，民莫之令⑥而自均⑦。始制有名⑧。名亦既有，夫亦将知止⑨，知止可以不殆。譬道之在天下，犹川谷之于江海⑩。

【注释】

　　① 朴：指道的朴质。

　　② 小：精微。因为道是隐而不见的，所以用"小"来形容。张默生说："道体是至精无形的，故可说是'小'。但此'小'字，不是普通大小之'小'。"

　　③ 臣：臣服。莫能臣，没有谁能够使它臣服。

　　④ 宾：宾服，顺从。

　　⑤ 合：交合。

　　⑥ 令：命令。

　　⑦ 均：均匀。

　　⑧ 始制有名：意指万物兴作，制度创施。制，《说文》："制，裁

也。"分割的意思。始制有名，即"朴散则为器"。道之朴，分割制作而为器物，据器立名，按制定名，因而有了名。

⑨ 止：限止，适可而止。

⑩ 譬道之在天下，犹川谷之于江海：蒋锡昌说："此句倒文，正文当作'道之在天下，譬犹江海之与川谷。'盖正文以江海譬道，以川谷譬天下万物。"此句意为：圣人守道为天下所归，犹如江海为川谷所归。

【品鉴】

本章是讲统治者应"守道""抱朴"，行"无为"之政，使万物"自然"。

老子说："道常无名，朴虽小，天下莫能臣也。"道恒常无以名称，它朴质虽然微小不见，但天下没有谁能够使它臣服。这里的意思是说，道虽无名，但最为尊贵。"万物莫不尊道而贵德"（第五十一章），"道"至尊至贵，反而是没有名号的，"道隐无名"（第四十一章）。道，没有名号；而有名号者，却都臣服于它。"名"与"臣"相连，可见老子的"名"，其社会意义是很强烈的。"朴虽小"，这里的"朴"，指道的形质，与"复归于朴"之"朴"有所不同。"复归于朴"之"朴"，指真朴的状态，直接指"道"；"无名之朴"之"朴"，也是直接指"道"。"朴虽小"之"朴"，是指道之朴，意思是说道的形质或道的材质。道的形质是"小"的，这里的"小"也不是与"大"相对待的"小"，是绝对的"小"，是超越形象、超越感觉的"小"，类似于《庄子》"其小无内"之"小"。范应元说："以其细无不入，故曰'小'也。"张默生说："道体是至精无形的，故可说是'小'。"这里是说，道的形质是精微而不可见的。

道，无名、至小，所以可以说它是最为卑微的；可是这最为卑微的东西，却"天下莫能臣"，所以又可以说它是最为尊贵的。道的特性就是至卑而至尊，至小而至大。如果社会的管理者能够顺从或实践道的这种特性，那么他亦将取治天下。"侯王若能守之，万物将自宾"，作为侯王，如果能守住大道，万物当会自然地宾服于道，这也就意味着天下自然地会归往于守道者。在这里，老子为试图取治天下的侯王指明了大道，那就是守"道"；守"道"的人，天下自然归往之，就像万物自然地宾服于道一样。守"道"，即是守住"无名"，抱持"素朴"。侯王守住"无名"，抱持"素朴"，就是要自处卑下，抑制私欲，按着"道"之自然无为的特性而实行无为之治，顺遂百姓自成。这表达了老子"无为"的政治思想，认为侯王若能依照"道"的法则治理天下，顺应自然，那么百姓将会自动地服从于他。"受国之垢，是谓社稷主；受国不祥，是为天下王"，岂不是至卑而至尊吗？"万物归焉而不为主"，岂不是至小而至大吗？在老子看来，社会的统治者只有效法大道，无名、无为，才能取治天下，从而获得实至名归的尊贵地位。守道的侯王，行无为之政，社会秩序是自然的。就如同天地化育，雨露滋润，不需要任何强制的命令，百姓自己就能达到均等、和谐的状态。"天地相合以降甘露，民莫之令而自均"，蒋锡昌说："此言天地相合，则甘露自降；上行无为，不发号施令，而民乃自化也。"这是比喻在"无为"之治下，不须政令施为，百姓自然过着均平和谐的生活。

　　侯王若是守住"无名"，天下得治，社会秩序是自然的、均平的、和谐的。但自从万物兴作、制度创设之始，社会就已经有了"名"。"始制"，打破了"无名"，到了"有名"时期。"制"，《说文》："裁也。"分割的意思。只要"制"，就得分割；制度开始设立了，社会的分割行为也就开始了。从道的层面上说，"始制有名"，即是"朴散则为器"，据器而立名；从社会层面上说，社会发展到一定程度就会建立各种制度，确立名分，于是原始的自然状态被破坏，分裂为区分尊卑贵贱的等级制度，因而有了名号。在老子生活的春秋时期，"名号"就是社会身份地位的象征，也是划分社会财富的标尺。"名""位""利"，紧紧相连。社会的名号已经产生，正所谓"名亦既有"，于是老子说"夫亦将知止，知止可以不殆"。

老子教导世人在有名的社会中要"知止"，"知止"才能避免危险。"知止"是什么意思呢？从本章文字的叙述来看，最直接的意思是止于"名"。由于春秋时期"名""位""利"相连，所以一个人的"名"，也就代表着一个人社会应得的份额。"知止"，就是知道止于自己的名分，止于自己的社会应得。"不知止"，就是不知止于自己的应得而去争夺别人的应得，也就是贪得争利了。由此可以说"知止"的表层意思是：既然已经有了自己的名分，最起码的应该知道止于自己的应得而不去争名夺利。不止于己名，就意味着争名；争名，就意味着争位、逐利。争名位、逐财利，就是放纵自己的贪欲。进而可知老子深一层的意思是说："知止"就是要知道抑制自己的贪欲，即"少私寡欲"。第四十四章"甚爱必大费，多藏必厚亡。故知足不辱，知止不殆，可以长久"，这里的"知止"，即是抑制贪欲、节制私欲的意思。如果认为止于"名"，便是止于外在的社会规定；止于"欲"，就是止于被动的节制，那么这便不是真正的"止"。真正的"止"，是"自足"，而不限于社会规定；是"自安"，而不困于欲望搅扰。正如第三十七章所言："化而欲作，吾将镇之以无名之朴。镇之以无名之朴，夫将不欲。不欲以静，天下将自正。""无名之朴"，即是指"道"。在老子看来，真正的"止"是止于"道"。止于"道"，自然是无名、无欲的。自足于"道"，自安于"道"，就是"譬道之在天下，犹川谷之于江海"。川谷流入江海，才算是真正地找到了归止之处；天下之人归往于"道"，才算是真正找到了安身之所。侯王如果止于"道",守道抱朴,百姓则"自化""自正""自富""自朴",社会则处于自然和谐的状态之中,这也就是天下归往于"道"了。

高延第说:"道本无名,及化成万物,乃始有名。功成名遂,各安于无事,故云知止。所谓功成不居,生而不有也。常道在己,天下归之,犹百川之归江海。"人们"各安于无事"而自然有序,天下归往于"道"而知止知足,功成而不居,名遂而无名,这也就意味着社会又复归到自然的秩序状态,由"有名"返回了"无名"。老子把这样的理想社会制度叫作"大制","大制"无名,不再破坏人的自然状态而是保障人的自然状态的实现,所以他说"大制无割"。老子力图在"有名"的社会现实中达成"无名"的理想社会,这反映了他对自然之秩序的向往,对自足之生活的憧憬,是对"无为之治"的最好描述。

第三十三章

【原文】

　　知人者智，自知者明。胜人者有力，自胜者强①。知足者富，强行者有志②。不失其所③者久，死而不亡者寿。

【注释】

　　① 强：自强。陈鼓应说："强，含有果决的意思。"此"强"不同于第三十六章"柔弱胜刚强"之"刚强"，也不同于第七十六章"坚强者死之徒"之"坚强"。
　　② 强行者有志："有志"，指志于道；"强行"，即勤勉力行。第四十一章："上士闻道，勤而行之。"王弼注云："有志也。"这里的"强"，是勤勉之意，不同于第三十章"不敢以取强"之"强"（逞强）；这里的"志"，是志向之意，不同于第三章"弱其志"之"志"（私意）。此句意为：勤勉行道的人，就是有志向。
　　③ 所：处所，根基。指道。

【品鉴】

　　本章是讲人的品行修养问题。
　　老子说："知人者智，自知者明。"察知别人的，只是智；了解自己的，才是明。智，在老子那里，是一个贬义字，"慧智出，有大伪"（第十八章）。智巧的后面，紧跟的是欺骗诈伪。"知人"，也是在贬义的意义上说的，"俗人昭昭""俗人察察"，"昭昭察察"，即是去察知别人。世俗之人察知别人的目的，也不外是想对付别人，为自己获利而已。老子说：与其察知别人，耍些小聪明，显得有智巧；倒不如，反身自察，反过来认识自己，能真正认识自己的人，才真叫作明察呀！中国有句老话，叫"人贵有自知之明"。这句话的最早表述，可能就是在此章吧。人在社会中生存，免不了是要"知人"的，"知人"的目的是防备上了恶人的当，而不是为了发现别人的漏洞而去抢夺别人的果实。"知人"不可无，但老子更强调"自知"。"知人"，只是预防；"自知"，才可立身。"自知者明"，就是说能清醒地认识自己、对待自己，这才是最聪明的，最难能可贵的。一般的人，眼睛长在头上，只是往外看，对别人明察秋毫，斤斤计较，而对自己却熟视无睹，听之任之。老子教导世人，眼睛要学会内视，察看自身的优点和不足，透彻地认识自己，对自己的言行要求得严格一些，这恐怕要比那些小聪明更有智慧吧。知人的"智"，是小智慧；"自知"的"明"，才是大智慧。"大智若愚"，拥有大智慧的人是经常省察自己的人，是拥有纯真朴实的生命的人。这样的人，是真正有智慧的人。

"胜人者有力，自胜者强"。胜过别人的，叫作有力；能够克服自己好胜心的，叫作强。在老子那里，胜与善胜是有区别的。第七十三章："天之道，不争而善胜。"胜人者，与人争胜，虽然有力，却不能叫作"善胜"。第五十二章"守柔曰强"，第三十六章"柔弱胜刚强"，能克服自己的好胜之心，即"守柔"，"守柔"便自然会强起来，真正的强者不是有力者，而是自胜者。高延第说："人世争竞之故，皆欲以豪盛自处，不知自反故耳。道德之人，不贵知人胜人，而贵自知自胜。"老子教人

"自反"，以"自知""自胜"为贵，要有了解自己的明智，有克服自己的毅力。这样的人，其生命才是明通的、坚韧的。

"知足者富，强行者有志"。能够知足的，就是富足；勤行于道的，才有志向。第四十四章"多藏必厚亡"，第九章"金玉满堂，莫之能守；富贵而骄，自遗其咎"。人心不足，富有也就没有限度。富有的人和更富有的人一比较，还是觉得自己不够富有。能够知足的人，就不再和别人比较，不再着眼于声色名利，这就是富足。所以第四十六章说："祸莫大于不知足，咎莫大于欲得。故知足之足，常足矣。"不以外在的财富为富有，知足常乐，而以精神的充实为富足，这就是富足了。精神的充实、富足，就是足于"道"、足于"德"。第二十八章"常德乃足，复归于朴"，人的精神复归于道的真朴；"常德不离，复归于婴儿"，"婴儿"的精神是最充实、最柔和的。"强行者有志"，勤勉地践行于道，才是有志向。在老子看来，"道"不仅可以充实人的精神生命，而且可以指引生命的方向。志于道、足于德的生命，才是充实的、富足的、自然的人生。

"不失其所者久，死而不亡者寿"。不丧失根基的人，才能长久；身死而不朽的人，才是长寿。卢育三把"所"解释为"处所"，从形上的道体来解释"不失其所"，他说："在老子看来，有限的事物是相对的，总要向其对立方面转化。这就是说，要'失其所'，失去原来的处所。这当然谈不上'久'，即使是亿万斯年的事物，只要'失其所'，也不能算做'久'。只有那没有'所'的东西，才不会'失其所'，因而也就没有所谓'失其所'的问题。'不失其所者久'，说的就是道。"这里说的恐怕不是"道""无所"的问题，而是人应以"道"为所的问题，是人的精神生命修养的问题。陈鼓应说："一个能'自知''自胜''自足''强行'的人，要在省视自己，坚定自己，克制自己，并且矢志力行，这样才能进一步地开展他的精神生命与思想生命。"老子说："道生之，德畜之""万物归焉",人的生命根基和精神归宿是"道","道"是人之"所"。身殁而道常存,精神生命是不朽的。"守道""抱德"的人,其生命是长久的,其精神是长存的,是"深根固柢,长生久视之道也"。

死而不朽的话题,有见于先秦典籍。《左传》记载叔孙豹所言"三不朽":"太上有立德,其次有立功,其次有立言。虽久不废,此之谓不朽。"这三者都是说,人死了,而他们的言行、德业在人心中世世代代流传下去。这样的人,是"死而不忘"的人,身死而其德性事功不为人所忘,人们长期记着他、念着他。这样的人,似乎更是儒家所说的"不朽",而不是道家所说的"不朽"。张松如说:"'不忘',当即不为人所忘,是必生而有之,为而恃之矣,似非老旨。""死而不亡",则点出了老子的生命观。老子所说的"不亡",不是指肉体的不死,而是指"道"的永存,精神生命的不朽。"道"的精神生命常存,这当然可算作是长寿了,所以老子说:"死而不亡者寿。"

第三十四章

【原文】

　　大道泛①兮，其可左右②。万物恃之而生而不辞③，功成不名有④，衣养⑤万物而不为主⑥，常无欲，可名于小⑦。万物归焉而不为主，可名为大⑧。以其终不自为大，故能成其大。

【注释】

　　① 泛：泛滥，《说文》："水延漫也。"

　　② 其可左右：这是用河水泛滥，左右漫流，形容道无处不在，无所不至。

　　③ 万物恃之而生而不辞：疑脱一"生"字，当作："万物恃之而生。生而不辞"。"万物恃之而生"，万物依靠道而生长。"生而不辞"，与第二章"万物作焉而不辞"义近，意谓道化生万物却不裁制。

　　④ 名有：自称有功。

　　⑤ 衣养：覆养，护养。

　　⑥ 主：主宰。

　　⑦ 小：指道对万物不为主，常无欲，故以"小"名之。

　　⑧ 大：指道对万物虽不为主，而万物归之，故以"大"名之。

【品鉴】

　　本章重点说明"道"的作用和特性。道生长万物，养育万物，使万物各遂其生，各适其性，而丝毫不加以主宰。大道化育万物而无私无欲，老子借以教导世人，无私无欲才能成就伟大。陈鼓应说："这里，借道来阐扬顺任自然而'不为主'的精神。……老子所发挥的'不辞''不有''不为主'的精神，消解领导者的占有欲和支配欲，从'衣养万物'中，我们还可以呼吸到爱与温暖的空气。"

　　老子说："大道泛兮，其可左右"。吴澄注："泛，广也。谓如水之泛滥洋溢。道之广无所不在，或左或右，随处而有，取之左右，无所不可也。"这里是用河水泛滥，左右漫流，形容"道"的无处不在、无所不至。大道广泛流行，周遍万物，万物凭恃大道才得以生存，而不能离开它。所以，"道"并不在万物之外，而是在万物之中。从"道"的角度来看，不仅万物离不开"道"，"道"也离不开万物。离开了万物，"道"的作用就无法体现，人们也就无法体认"道"。万物在创生之前，潜存于混沌未分的"道"中，与"道"为一体；万物创生之后，内在地包含着"道"、体现着"道"，"道"与万物仍然是一体。可见，"道"与万物从来就没有分开过。顾欢《道德真经注疏》："道不离物，物不离道，道外无物，物外无道。"詹剑锋把这一道理表述为"道物不二"，他说："所谓道物不二，即道不离物，物不离道，故道之于物，犹水之于波。盖老子认为宇宙乃运动不息的长流，流水在下，众波在上，每一波纹皆流水的表现，而流水亦不在众波之外。"用水与波来说明道与物的关系，可以说是既形象又恰当。

　　"生而不辞，功成不名有"。道生养万物，可是它并不宰制万物。大道把化育万物的功业做成功了，但它却不去占有这个功劳。"名有"，意谓划归自己名下所有，也就是居功、占有的意思。"衣养万物而不为主"，大道覆育万物，但它却不去主宰万物，以万物的主人自居。"常无欲，可名于小"。由于"道"无欲无求，所以可以称它为"小"。"常无欲"一句，在文中来得突兀，敦煌本、道藏龙兴碑本、李荣本、张君相集注本皆没有此句，注家多主张删去。于文义考之，疑是注文误入经文，"常无欲"是注释"衣养万物而不为主"一句的，抚育了万物而不为主宰，当然可作"常无欲"的注释了。"万物归焉而不为主，可名于大。"道虽不做万物的主宰，但万物自发地都归往于它，所以又可称之为"大"。帛书本作"万物归焉而弗为主，刚恒无欲也，可名于小；万物归焉而弗为主，可名于大。"从帛书本我们更可以看出"道"的特性，既可名"小"，又可名"大"。名"小"，重点在"弗为主"上；名"大"，重点在"万物归焉"上。当然，"万物归焉"了还"弗为主"，这就更显"道"的"小"了，更衬托出了"道"生万物的无欲无求，没有丝毫的目的和私意。道"弗为主"了而万物还是自发地"归焉"，这就更显"道"的"大"了，更凸显了道作为万物的根源和归宿的本原意义。"以其终不自为大，故能成其大"，这正是因为"道"的无欲无求，才成就了它自身的至伟至大。"终不自为大"，即是"常无欲"，也就是自处于"小"，正是因为"道"自处于"小"，才最终成就其"大"。

高延第说："大道广博，无所不宜，化育万物，来者不拒。不居其功，不为之宰。浑朴隐约，故小；万物所宗，故大。道家以濡弱谦下为德，故不为大。天下莫与争，故独能成其大。"高说以"道"之"浑朴隐约"释"小"，于此处有偏；又以"天下莫与争"释"大"，似引申之义。本章的道之"大"，即是上文的"万物恃之而生""功成""衣养万物""万物归焉"，都是指"道"起作用、发挥功能的一面；道之"小"，即是上文的"不辞""不名有""不为主"，都是指"道"的无名、无欲的一面。刘笑敢说："就道的作用之重要、伟大来说，道可与世界上任何一种关于世界起源和根据的观念相媲美，其意义简直相当于上帝；但道之谦柔和让，自然无为，却是没有任何概念可以相提并论的。其作用功能至巨至伟，故'可名为大'；其风格、姿态或方式极为平凡，故'可名为小'。道之'大'在于万物归之，而并不自认为是万物之主；道之'小'，在于没有占有欲，若有若无，与人无争。道之'大'，在于万物自发的归向、承认；道之'小'，在于自己的表现、态度。有了道之'大'，万物就有所依靠，有归属感，有安全感；有了道之'小'，万物就没有束缚感，没有奴役感，没有卑微感。道之'大'的真正原因在于'道'实际是万物之根源和根据，而'道'自己又不宣称自己是万物的依靠。所以，所谓'大'与'小'只是道的特性的不同侧面。道之'大'名其功能、作用、贡献，道之'小'名其姿态、表现、特性。"

第三十五章

【原文】

执大象①,天下往②。往而不害③,安平太④。乐与饵⑤,过客止。道之出口,淡乎其无味,视之不足见,听之不足闻,用之不足既⑥。

【注释】

① 执大象:指持守大道。执,持守。大象,第四十一章"大象无形",大象指道。河上公注:"'象',道也。"成玄英疏:"大象,犹大道之法象也。"林希逸注:"大象者,无象之象也。"

② 往:归往。指归往于道。

③ 害:伤害,妨害。

④ 安平太:"安",乃。王引之《经传释词》:"安,犹于是也,乃也,则也。""平",平和。"太",同"泰",安宁、通泰。

⑤ 乐与饵:音乐和美食。

⑥ 用之不足既:指道之内蕴不可穷尽。裴学海说:"足,犹可也。"既,尽。

【品鉴】

本章言持守大道，则天下归往；大道淡泊，却使人受用不尽。

"执大象，天下往"。大象，指"道"，第十四章"无物之象"，第四十一章"大象无形"，均是指"道"。持守大道，则天下之人都来归往。持守大道的人，自然无为，谦下处卑，如海纳百川，众流无不汇聚。简本"执大象"作"埶大象"，裘锡圭说："此字为'埶'，当读为'设'。《易·系辞上》：'圣人设卦观象，系辞焉而明吉凶'，'设大象'的'设'与'设卦观象'的'设'，用法极为相近。今本的'执'应是'埶'的形近误字，不是'執'（执）字。"此说很有道理。对"大象"而言，其动作也不当作"执"，老子说："执者失之"，"无执故无失"。作"设"，于义理较妥。另外，对"大象"也可作别解。象，可引申为象法之象。由本义的"形象"，引申为"仪则"，由"仪则"引申为"法令"。《国语·齐语》："合群叟，比校民之有道者，设象以为民纪，式权以相应。"韦昭注："设象，谓设教象之法于象魏也。《周礼》：'正月之吉，悬法于象魏，使万民观焉，挟日而敛之。'所以为民纪纲也。"象魏，是古代宫门外的一对高建筑，称为"阙"或"观"。西周旧制的"设象"，是指把记录政教法令的文字，悬挂在高筑之上，以为万民所观所诵。《老子》此处所设之"大象"，指道之大象，使天下归往而法效的征象，即自然之"道"，无法之"法"。此解亦可通，姑备之。

"往而不害，安平太"。持守自然的大道，即使是天下之人都来归往，也是并育而不害的。"道"使天下人归之，共享太平，而无遗患。"道"为什么可以使天下人向往归附呢？刘笑敢说："根据《老子》原文，道所体现的原则是'自然'，是提倡自然的和谐，自然的秩序，百姓日享其益而不知其功，连感谢、歌颂都不需要。圣人践履道的原则，'辅万物之自然而不敢为'，在这样的社会环境下，尽享其利，不受其害，谁人不向往而归之呢？就社会环境来说，有无序的混乱的社会，没有人愿意在这样的环境下生活；又有高压之下的有序社会，饱受战乱之苦、动荡之厄的人们宁可选择这样的社会，但长此以往，则会感到束缚多，自在少；然而还有自然而有序的社会，不愿长期以压力换秩序的人当然会选择这样的社会。这就是'道法自然'的原则所倡导的社会理想。"

"乐与饵，过客止。道之出口，淡乎其无味，视之不足见，听之不足闻，用之不足既"。老子在这里把"道"与"乐""饵"做比较，进一步说明大道的特点和作用。

"乐""饵"是可感的，音乐舞蹈可听可视，美食佳肴可品可尝。而"道"是不可感的，"淡乎其无味，视之不足见，听之不足闻"。由于"道"是超越人的感官作用的，所以它并不能给人带来感官享受。"乐""饵"是可悦人的，"道"却是平淡的。可听、可视、可品、可尝，故可以取悦于人，使人留恋止步。"道"却平和寡淡，"无声""无色""无臭""无形"，无法悦人耳目。所以，在感官享受、取悦于人的方面，"道"是不同于"乐""饵"的，它没有这方面的感官效用。但在老子看来，"道"虽然不能带来感官的效用，但是却具有感官无法企及的大用。或者说，正是因为"道"是超感官的，所以它才是具有大用的。限于感官的享受，只是受用"小用"；超越感官的享受，才可受用"大用"。"大用"，是有益无害之用，是无穷不尽之用。"大用"，是"道"之用。"乐""饵"虽是可感的、可悦人的，但终究是暂时的、可尽的。音乐、美食虽然吸引过客留步，但却是暂时的，"过客"是不能常驻的。音乐、美食可供人们得一时之享，但耳目口腹之快感是转瞬即逝的。"道"虽不可感，却是永恒常存的；"道"虽不悦人，却可使人受用不尽，它是"长生久视之道"，"用之不足既"。苏辙说："作乐设饵以待来者，岂不足以止过客哉？然而乐阕饵尽，将舍之而去矣。若夫执大象以待天下，天下不知好之，又况得而恶之乎？虽无臭味、形色、声音以悦人，而其用不可尽矣。""乐""饵"的享受，不仅是暂时的、可尽的，而且贪享过度，狂歌餍食，是有害而无益的。"五色令人目盲，五音令人耳聋，五味令人口爽"（第十二章），可见，音乐、美食的过享，是对人有伤害的。这与"执大象，天下往。往而不害，安平太"正相对。作为"大象"的"道"，对人是有益而无害的，是天下人都可归往而尽利、并育而不害的所在。

高延第说："乐谓歌舞，饵谓饮馔，皆世人所好，过者遇之，莫不留止。大道淡泊，故无味，不足为饵也。至道希夷，故无见闻，不足为乐也。既，尽也。周而不殆，既以予人己愈有，故不可尽。"世人所好，止于乐饵；圣人所执，法于大象。老子把"圣人"之持守与"世人"之喜好做了鲜明的对比，寄予"圣人"持守自然无为之大道，能使人民平居安泰，舒适自足。《老子》本章主旨，当然不在日常生活之享用，但自然之大道亦不违日常之生活。"乐""饵"，有形、有声、有味，但有穷、有害；"道"，无味、无形、无声，却无尽、无害。"得与亡孰病"（第四十四章）？请君酌之。

第三十六章

【原文】

将欲歙①之,必固②张③之;将欲弱之,必固强之;将欲废之,必固兴之;将欲夺之,必固与④之,是谓微明⑤。柔弱胜刚强。鱼不可脱⑥于渊,国之利器⑦不可以示⑧人。

【注释】

① 歙(xī):收敛,翕合。

② 固:古通"姑",姑且的意思。《韩非子·说林》引《周书》"将欲取之,必姑予之",正作"姑"。

③ 张:张开,打开。

④ 与:予,给予的意思。

⑤ 微明:几微之明,即几微之机潜藏着的显明之理。

⑥ 脱:脱离,离开。

⑦ 国之利器:指国家的威权。

⑧ 示:耀示,炫耀。

【品鉴】

本章表达了老子的辩证法思想。

"将欲歙之，必固张之；将欲弱之，必固强之；将欲废之，必固兴之；将欲夺之，必固与之，是谓微明。"老子在这里首先提出了一系列辩证法思想，所谓歙张、弱强、废兴、夺与，这些对立的双方都是互相转化的。范应元说："天下之理，有张必有歙，有强必有弱，有兴必有废，有与必有取。然则张之、强之、兴之、与之之时，已有歙之、弱之、废之、取之之几伏在其中矣。几虽幽微而事已显明也。故曰'是谓微明'。"释德清说："此言物势之自然，而人不能察，教人当以柔弱自处也。天下之物，势极则反。譬夫日之将昃，必盛赫。月之将缺，必极盈。灯之将灭，必炽明。斯皆物势之自然也。故固张者，歙之象也。固强者，弱之萌也。固兴者，废之机也。固与者，夺之兆也。天时人事，物理自然。第人所遇而不测识，故曰微明。""物极必反""盛极而衰"，这些都可以说是自然界运动变化的规律。老子认为，"物极必反"是宇宙间的一个普遍法则，任何事物的发展变化莫不如此。事物处在不断对立转化的状态，事物的发展到了某种极限的程度时，就必然改变原有的状况，而转变成它的反面了。"张"之极，必转化为"歙"；"强"之极，必转化为"弱"；"兴"之极，必转化为"废"；"与"之极，必转化为"夺"。这个规律，不易被觉察，所以称之为"微"；这个规律又是普遍有效的，所以又称之为"明"。"微明"，即是老子所发现的事物发展变化的辩证规律。

本章也反映了老子"以弱胜强"的守柔用弱之道。王弼注："将欲除强梁，去暴乱，当以此四者。因物之性，令其自戮，不假刑为大，以除将物也。"人们应当运用辩证法的思想武器，以保全自身、除强去暴。既然"物极必反"是"天之理"，那么，人们在对付强梁豪横之徒时，不妨先退一步，促使其走向极端，从而借助"天之理"，使其自取灭亡，令其

"多行不义必自毙"。如果弱者采用"以强对强""以硬碰硬"的办法，恐怕不仅不能抑制强梁，还会危及自身的生存。所以在老子看来，"柔弱胜刚强"，"守柔"之道未尝不是弱者对付强梁的最优策略。卢育三说："这段话表明了老子看到了歙张、弱强、废兴、夺与之间的对立转化。但在对待转化的态度上却因人因事而异，对待自己，则防止事物发展到极端向对立方面转化，守虚、守柔、守辱、守雌等则是防止事物向对立方面转化的办法；对待敌人，则促使事物发展到极端向对立方面转化。这里讲的则是促使事物发展到极端向对立方面转化的事例。"刘笑敢更是把这种"以柔胜强"的守柔之道，提炼概括为"以反求正"的方法。他说："这里歙、弱、废、夺都是行为的目的，可以看作是'正'；张、强、兴、与都是与目的看起来相反的行动，故称为'反'。以柔弱胜刚强，就是要先从反面迂回入手，不能径情直遂。这种道理隐而不显，不易为人所知，所以是'微'；但这种道理又是得到事实不断证实的，因而是'明'。一般说来，强胜弱，刚胜柔，这都是不言而喻的事实。但是，如果把这种现象当成绝对的规律，那么弱者就永远不可能有出头之日，柔顺之道就永远没有任何价值。古今中外的事实当然不是这样。老子也不这样看，他认为事物的正反转化是普遍的现象和规律，因而弱者可以利用这一规律以反求正，战胜强者。而强者也应该懂得这一规律，避免走向自己的反面。"

老子的辩证思维方法及其守柔用弱之道，并不是所谓的阴谋权诈之术。本章是《老子》中受人误解最深、诟病最多的一章。早在战国时代《韩非子·喻老》篇中就已把阴谋权诈同"欲取固与"的应用联系了起来。韩非以越王勾践卧薪尝胆、事吴灭吴的故事解说"将欲歙之，必固张之；将欲弱之，必固强之"，以"晋献公将欲袭虞，遗之以璧马；知伯将欲袭仇由，遗之以广车"的故事解说"将欲夺之，必固与之"。韩非以后，以宋儒的误解最深。如二程曰："老子之言，窃弄阖辟者也"；"后来却入做权诈看上去"。朱熹也说："老氏之学最忍，它闲时似个虚无卑弱的人，莫教紧要处发出来，更教你支吾不住，如张子房是也。"韩非和宋儒固然对此有严重的误解，但历代却有不少学者作出了正确的解释。如明人薛蕙说："此章首明物盛则衰之理，次言刚强之不如柔弱，末则因戒人之不可用刚也。岂权诈之术？……夫仁义圣智，老子且犹病之，况权诈乎！"本章末两句作"鱼不可脱于渊，国之利器不可以示人"，鱼脱深渊、利器示人，均是暴露自身的逞强行为；逞强用刚者，出生地而入死境也。"国之利器"，有以"权术"解者，如河上公；有以"赏罚"解者，如韩非；有以"权柄"解者，如成玄英，均是为证成此章乃阴谋权诈之术而张本。"国之利器"，当指治国的有效手段，尤以薛蕙的解释最为确当："利器者，喻国之威武权势之属。示，观也，犹《春秋传》所云观兵黩武也。刚强者，危亡之道也；柔弱者，安存之道也。有国家者岂可以强大而自恃乎？今夫鱼能深潜则常活，不可躁动而脱于渊，不尔则为人所制，而灾害及之矣。譬国能守柔则常安，不可矜其威力以观示于天下，不尔则势穷力屈，而国家不可保矣。"国家威权以示人，即是用刑罚禁令来耀示恐吓人民。王弼注："示人者，任刑也。"如果统治者只知用严刑峻法来制裁人民，就是用利器示人了，这就是"刚强"的表现，而逞强恃暴的人是不会长久的。这哪里有什么阴谋权诈？在老子心中，有的只是国家治平、人民安宁罢了。

老子"欲取固与""以弱胜强"的守柔用弱之道，包含着深刻的哲理，有自然界辩证运动的客观法则为依据，这些辩证的法则对任何人来说都是完全敞开的。老子辩证的思维、"以反求正"的方法，有可能会被野心家利用而成为其实施阴谋诡计的工具；但老子的思想本身，绝不是什么阴谋诡计，而只是一般性的原则、方法。老子并没有教人如何运用心机去算计别人、坑害别人，更没有教人如何运用卑劣的手段来达到不可告人的目的。恰恰相反，老子最反对人运用心机、智巧和诈谋，他希望人们都能返璞归真，像婴儿那样天真无邪，保持一颗赤子之心。这样的人，能是"阴谋家"吗？张松如说："或曰：此'老聃贵柔'(《吕氏春秋·不二》)所谓'老子术'也。但是，'术'与'道'并非如一般人所理解的那样是不相容的东西，事实上并没有纯术纯道，而是道中有术，术中有道，道讲到了家，自然就会术化；术讲到了家，自然就会道化。老子讲'柔弱'胜'刚强'，讲'愚拙'胜'智巧'，此'术'也，实寓'道'中，是谓'道术'。……这之中，阳谋诚有之，阴谋云者是不沾边儿的。"贾谊《新书·道术》篇："道者，所以接物也。其本者，谓之虚；其末者，谓之术。虚也者，言其精微也，平素而无设储也。术也者，所以制物也，动静之数也。凡此，皆道也。"《老子》一书，言"道术"者，诚有之；而专及"权谋"者，实无有。"道术"者，以方术而行公道也；"权谋"者，以诈谋而弄私权也。其别何止天壤，岂可混为一谈？

第三十七章

【原文】

道常无为而无不为①。侯王若能守之②,万物将自化③。化而欲作④,吾将镇⑤之以无名之朴⑥。无名之朴,夫亦将无欲⑦。不欲以静,天下将自定⑧。

【注释】

① 无为而无不为:"无为",指道的顺自然、不强为,任万物自为。"无不为",指万物皆为道所为,万物无不成。"无为而无不为",指道法自然,任万物之自为;正因为道顺任万物之自为,则万物无不长、无不成;万物无不长、无不成,即道之无不为。

② 守之:指持守大道。

③ 自化:自我化育,自生自长。

④ 欲作:私欲发作。"欲",指私欲、私意。

⑤ 镇:安,定。

⑥ 无名之朴:无名的真朴,指道。河上公注:"无名之朴,道也。"

⑦ 无名之朴,夫亦将无欲:帛书本作"镇之以无名之朴,夫将不辱",张舜徽说:"'镇之以'三字,据帛书本补。今各本脱去,而

语意不完，且不可解矣。"刘笑敢说："王弼本'无名之朴，夫亦将无欲'，句义不明，似乎是无名之朴将无欲，讲不通。"疑王弼本脱"镇之以"三字，据补。

⑧定：安，正。

【品鉴】

此章主旨，可与三十二章互相发明。老子把"道"的概念，落实到他理想的政治状态，即"自然无为"的社会治理模式。

老子在政治上反对"有为"，把"无为而无不为"作为治国原则。在老子看来，侯王如能守道无为，万物则自然顺化。顺化后又有私欲发作，就用"无名之朴"安之，使之不欲而静，天下自然安定。老子认为，理想的政治在于无为而自化，统治者的态度应出于"无为"，顺任自然而不加以干预，让人民自我化育，自我发展，自我完成，同时要去除私欲，养成真朴的民风，这样的社会才能趋于安定。这是对当权的统治者讲的，重点是治国之道在于"无为"。本章开头第一句即是"道常无为而无不为"。"静""朴""不欲"都是"无为"的内涵。统治者自身如能做到清静、真朴、不贪欲，对人民如能做到不骚扰、不侈靡、不扩张私人意欲，百姓的生活自然可以获得安宁。第二句便引入人类社会，谈到"道"的法则在人类社会的运用。老子每每由"天道"以证"人道"，由"自然"推论"社会"，比如这里便是根据"道常无为而无不为"，来要求"侯王若能守之"，也就是说，在社会政治方面，也要依照"无为而无不为"的原则来实行，才能达成最理想的政治状态。康德说："人给自然立法"；而在老子看来，是"自然"给人立法、给社会立法，人类的行为和社会的运作应当效法自然、顺应自然，这样的行为才是最佳的行为，这样的社会才是最好的社会。

在老子看来，统治者如能依照"道"的法则来为政，顺任自然，不妄加干涉，百姓们将会自由自在，自我发展，从而导引出"化而欲作，吾将镇之以无名之朴"的说法。这里所说的"镇"，有人解释为"镇压"，并据此认为老子在这章的说明中露出了暴力镇压人民的面目：谁要是敢闹事，那就要严厉加以镇压。这种解释，我们感到有悖于老子的原意。"镇"字应是"镇抚""镇定"，绝非是运用武力手段的"镇压"。丁原植说："'镇'字的意含恐非指约束性的'压制'。《广雅·释诂》：'镇，安也。'"私欲萌发则以道安抚，持守大道则"复归于朴"，"复归于朴"则私欲不生，私欲不生则天下安定。"无名之朴"的"镇"，实际上是使人警醒，重新回到自然无欲的状态。"化而欲作"表示理想社会的秩序不是静态的，而是在动态中保持平衡，要经常性地用"无名之朴"安定、镇抚不时萌动的私欲，使之回复到"不欲以静"的真朴状态，社会秩序随之又恢复了自然、安定、谐和。这是一个不断反复的克制私欲、复归素朴的过程。

"无为"的思想在《老子》中多次被阐述、解释。什么是"无为"？"无为"是不是无所作为，什么事都不做呢？朱熹曾说过："老子所谓无为，便是全不事事。"这是对老子"无为"的误解。老子反复讲到"功遂身退"（第九章）"功成事遂"（第十七章）"功成而不处"（第七十七章），如果老子真的主张无所事事，怎么会有"功成"之说？老子又反复讲到"生而不有，为而不恃，长而不宰"（第二章）"为而不争"（第八十一章），"生""为""长"怎么会是"全不事事"呢？可见，"无为"绝不是无所作为、无所事事的意思，在这一点上，大部分学者的意见是一致的。但是，在具体分析"无为"的思想意涵时，却不尽相同。兹举出几个代表性见解，罗列如下，仅供备查：

王弼说："无为，顺自然也。"

范应元说:"虚静恬淡,'无为'也。天、地、人、物得之以运行生育者,无不为也。"

冯友兰说:"老子认为,从道分出万物,并不是由于'道'的有目的、有意识的作为;道是无目的、无意识的。他称这样的程序为'无为',他说:'道常无为而无不为';就其生万物说,'道'是'无不为',就其无目的、无意识说,'道'是'无为'。"

张岱年说:"无为的学说,发自老子。'无为'即自然之意。道是自然的,故常无为。道生成一切,故又无不为。"

胡适说:"'道常无为而无不为',这是自然主义宇宙观的中心观念。这个观念又是一种无为放任的政治哲学的基石。"

邓立光说:"'无为'言道之生物,自然而然;'无不为'言事事皆照顾到。'无为'与'无不为',分别对动机与事行的不同层次。"

卢育三说:"无为,没有意志、没有目的的作为,或不勉强而为。其他如无知、无欲、无言、无事等都属于无为的范畴。从更广大的范围来说,诸如为小不为大,为弱不为强,为柔不为刚,为下不为上,为雌不为雄等,也都属于无为的范畴。人皆欲大不欲小,我为小即是为无为;人皆争雄而不甘为雌,我为雌也是为无为,如此等等。"

霍姆斯·韦尔奇说:"'无为'并不是意指避免一切行动,而是避免采取一切充满敌意的侵犯性的行动。"

陈荣捷说:"无为是我们行为的特异方式,或更确切说是自然方式。……无为之道乃自发之道。"

史华慈说:"严复也将老子关于统治者'无为'的思想解释为:好的统治者应使人民自为。在人民的体力、智力和道德力充分发展的地方,富强必将实现。"

上面这些解释分别从不同的侧面揭示了"无为"的思想意蕴,颇有所见。我们这里从自然与人为的关系这个角度，进一步加深对"无为"的理解和把握。"无为"，不能仅从字面上把它理解为不要任何作为、排斥任何人为。广义的"为"字泛指人的一切行为，而"无为"的"为"字却不是这样的广泛。自然和人为是一对矛盾，但又不是绝对相互排斥的，关键在于人为的程度、性质及其所导致的结果如何，会不会破坏事物的自然状态。事物本身就具有存在和发展的一切潜在的可能性，无须附加任何外界的意志来制约它。但一般来说，人为的作用在一定的范围内和程度上，其性质都是温和的，并不至于对事物的自然状态造成破坏。只要不是勉强的、强力的，不是猛烈的、突然的，不是违反常规的行为，就仍然可以保持事物的自然、和谐与平衡。老子所说的"无为"中的"为"字，正是指的这种不必要的、不适当的作为。《老子》中的许多语句都证明了这一点。如："为无为，则无不治"（第三章）；"辅万物之自然而不敢为"（第六十四章），"功成事遂，百姓皆谓我自然"（第十七章）。这里的"无不治""辅万物""功成事遂"，都表明老子不仅主张要有所作为，而且还要大有作为，不过这样的作为需要以"自然""为无为""不敢为"的方式才能实现。

所谓"无为"，从字面上看虽是全称否定，但实际上老子所否定的是那些干扰、破坏自然状态的行为。那些干扰、破坏自然状态的行为，老子称之为"有为"；而"无为"，即是不扰自然、顺其自然的行为。"无为"的含义，一是指顺任事物之自然，一是指排除不必要的行为或反对强作妄为。这两方面的含义又是相通而一致的。万物的生成变化完全是一个自然而然的过程，任何外力的参与和干预都是不必要的。对于一个自然的过程来说，任何不必要的外力作用都是强加的，都是妄为的，不但无助于事物的存在和发展，反而会破坏事物发展的自然过程。只有顺其自然、不扰自然，让事物自由发展，才是唯一合理的态度。不扰自然、顺其自然的行为，也就是不强为、不妄为。顺其自然不妄为，实际上也是一种"为"，是一种独到的、有深刻意蕴的"为"，是以自然的方式去"为"。"无为"，即是以自然的方式去"为"；由于这种方式的"为"不扰自然，顺乎自然，不强为，不妄为，所以也就没有什么事情做不成的。"无不为"，是"无为"所产生的效果，这就叫作"无为而无不为"。老子的"无为"，是不去勉强地"为"，刻意地"为"，干扰性地"为"，是顺任自然之理去做事，所以自然可以收到"无不为"的实际效果。

老子的"道"是非人格化的，它创造万物，但又不主宰万物，顺任自然万物的自生自成。"道"永远是"无为"的，然而没有一件事不是它之所为，天地万物都是它化生的，又都有赖于它才得以存在和发展，然而这一切又都是"道"自然无为的结果。"无为而无不为"的道，从形而上的层面落实到社会政治领域，就是要统治者实行"无为"之治，使人民自我化育，自我发展，自我完成，那么人民自然就能够安平富足，社会自然就能够和谐安定，这也就是"无不为"了。

第三十八章

【原文】

　　上德①不德②，是以有德③；下德④不失德⑤，是以无德⑥。上德无为而无以为⑦，下德为之而有以为⑧。上仁为之而无以为，上义为之而有以为，上礼为之而莫之应⑨，则攘臂而扔之⑩。故失道而后德，失德而后仁，失仁而后义，失义而后礼。夫礼者，忠信之薄⑪而乱之首⑫。前识⑬者，道之华⑭而愚之始⑮。是以大丈夫处其厚⑯不居其薄⑰，处其实⑱不居其华⑲。故去彼取此⑳。

【注释】

　　① 上德：指从道之德。二十一章"孔德之容，惟道是从。""孔德"即上德。

　　② 不德：意谓不表现为世俗之德的形式。

　　③ 有德：指真正有德。

　　④ 下德：指世俗之德，即仁、义、礼等社会道德规范。

　　⑤ 不失德：指固守世俗之德的形式。

　　⑥ 无德：并不是真正有德。

　　⑦ 无为而无以为："无为"，指因任自然；"无以为"，没有因由的作

为，指不存私意而为之。以：原因，因由，这里指心存私意。薛蕙说："无以为，谓无所为而为之。"林希逸说："'以'者，有心也。'无以为'是无心而为之也。"

⑧ 为之而有以为："为之"，指有所施为。"有以为"，指有意为之。

⑨ 应：回应。

⑩ 攘臂而扔之：伸出胳膊来牵引人，意指使人强从。攘臂，伸胳膊。扔（rèng），《广韵·证韵》："扔，强牵引也。"

⑪ 薄：衰薄，不足。

⑫ 首：开端。

⑬ 前识：先见。指"仁""义""礼"等社会预设的种种道德规范。

⑭ 华：古"花"字，意谓虚华，华而不实。

⑮ 始：开始。

⑯ 厚：淳厚，敦厚。

⑰ 薄：浅薄，浇薄。

⑱ 实：笃实，朴实。

⑲ 华：虚华，浮华。

⑳ 去彼取此："去彼"，指去除薄华；"取此"，指采取厚实。

【品鉴】

老子《道德经》一方面是谈"道"，另一方面是论"德"。有人认为，上篇以"道"开始，所以叫《道经》；下篇以"德"开始，所以叫《德经》。其实，《道经》也论"德"，《德经》也谈"道"，"道"与"德"贯通老子的思想，两者是不可分的。本章为《德经》首章，其在老子思想中的重要性不言而喻，也是比较难以理解的一章。老子倡导的道德观，可以说是一种自然主义的道德观。在本章，老子用这种自然主义的道德观对现实的道德观念体系进行了深入的分析和批判。老子立足于因循自然的"道"之德，对以情感原则为基础的"仁"、以适宜原则为定准的"义"、以强制性为特点的"礼"等社会道德规范展开批判，斥之为"下德"。仁、义、礼等作为"下德"，是外在于人的社会强制力量，是对人的自然本性的束缚和裁制。老子着重指出，礼是"下德"的最烂代表，是乱之首；前识是社会灌输的"道之华"，是"愚之首"。老子通过对既有文明做了社会规范和社会观念的双重批判，从制度和意识层面完成了对既有文明的根本性颠覆。

老子首先把"德"分为"上德"和"下德"两个等级。"上德"在内不在外，完全是出于内心之自然，因此并不自恃有德而表现为外在的社会道德规范，这种内在的德才是真正的德，才是"有德"，才是"上德"。"下德"则不同，其德在外不在内，故而执守着外在形式上的道德规范，努力强化它使之不致崩坏。在老子看来，这种失去内在根据，与内心的自然状态相分离的德，已经不是真正的德，或者说并没有达到德的标准，只能算作是"下德"，因而也可以说是"无德"。具体来说，划分"上德"和"下德"的标准是："上德无为而无以为，下德为之而有以为"。"无为"是指社会无所施为，无须提出社会规范以要求个人；"为之"，是指社会有所施为，社会对个人提出了规范要求；"无以为"，是无须言明因何而为，提出此种社会规范并不依赖外在的原因以支撑之；"有以为"，是需要讲明此为的缘由何在，此种社会规范必须是在讲清楚理由之后才可施行之。"上德"唯道，顺任自然，根本不需要社会规范，更毋庸言明设立社会规范的理由，所以"上德无为而无以为"。而"下德"需要提出社会规范以约束个人，要表现为某种既定之德，通过理由的宣讲、社会的推行，而成为个人不得违背的规则，所以"下德"的基本特征是"为之而有以为"。"下德"和"上德"的具体区别，表现在两个方面：首要的是"为之"与否,"下德"为之而"上德"无为;次要的是有无"以为","下德"有以为而"上德"无以为。"上德""下德"反正互明。

老子用这样的道德标准,对现实社会中道德观念和规范体系进行了深入的分析和批判。在现实社会中,"下德"主要表现为"仁""义""礼"等社会道德规范。"上仁"虽然属于"下德",但情况比较特殊。"上仁为之而无以为",从"为之"上看,"上仁"应属"下德";而从"无以为"上看,"上仁"又与"上德"相类。《韩非子·解老》篇:"仁者,谓其中心欣然爱人也。其喜人之有福,而恶人之有祸也。生心之所不能已也,非求其报也。"可见,"仁"是不带有功利目的性的、自然生发的亲爱之情,是人的内心情感的自然流露。从"仁"的内在性、自然性、非目的性上看,它是无有因由的,是"无以为"的。"仁"是以自然的血缘亲情为出发点的。但如果把"仁"由血缘亲情延伸到社会关系,由自然情感推广到社会规范,就难免会有矫情的危险,就显得不那么"自然"了。那由血缘情感过渡到社会规范的"桥",如何搭建呢?只能"为之":社会提出"仁"的规范,仁以爱人,推以及人,"老吾老以及人之老,幼吾幼以及人之幼"(《孟子·梁惠王上》),要求人们用待承亲人的态度来对待社会他人,社会用亲情原则来规范秩序。周辅成曾指出,"仁"有两种意义:"一是作为主观的道德情感,一是作为客观的社会责任感,是社会秩序上的义务。"出于主观道德情感,即"无以为";作为社会秩序要求,即"为之"。这正可作"上仁为之而无以为"的注脚。

"上义"是"下德"的典型形态。"上义"作为社会规范,不仅"为之",而且是"有以为"。因为"义者,宜也",合宜的事情人们才会去做。适其宜而为之,是为"上义";"上义"之为是因其宜而为,是有为而为。义是"宜而为之"。那怎样的行为才是合宜的呢?《韩非子·解老》篇:"义者,君臣上下之事也,父子贵贱之差也,知交朋友之接也,亲疏内外之分也。"可见，"宜"是由社会统治阶层来划分和规定的，制约个人行为的决定性因素是社会规范。社会上层提出一套是非分明的道德价值规范体系，由统治上层定为行为理则；此行为理则，若想成为社会通行的客观标准，必须要对它的合宜性作出说明，只有讲清楚了为何适宜，社会成员才会照此行事。所以，"上义为之而有以为"。"礼"，也是社会提出的规范要求，也是"为之"，属于"下德"；但这种社会规范的推行，带有明显的强制色彩，"为之而莫之应，则攘臂而扔之"。"礼"是讲名分、讲等级的，虽然也不无一定的社会之理，但终究难令人乐意接受。因此，"礼"之施行必然带有强制性，为之莫应则攘臂扔之，竟懒得再讲理由了！

　　老子在这里列出了一个"德目表"，按"为之"与否和有无"以为"分出层次等级。首先在"为之"与否上，"德"分上下，"上德"无为，"下德"为之。在"为之"上，"仁""义""礼"同，皆属"下德"。在有无"以为"上，三者又有层次之别："仁"为"下德"之上，位于"下德"与"上德"之间，"为之而无以为"；"义"是"下德"之典型，"为之而有以为"；"礼"为"下德"之下，为之莫应则攘臂而扔之。在老子看来，仁、义、礼等"下德"，作为"为之"的社会规范，是约束人的外在的强制力量，社会个人照此行事而不得违背，是对人的自然本性的裁制，并不是真正的"德"；真正的"德"是"上德"，"上德"不表现为仁、义、礼等外在的社会规范，而是生命的内在德性。"下德"虽然也可称为"德"，但实无德，只是"俗德"。所以，老子说："上德不德，是以有德；下德不失德，是以无德。""上德"不表现为社会外在规范的俗德形式，因此实有德；"下德"固守社会外在规范的俗德形式，因此实无德。仁、义、礼等社会规范，作为外在强制力量，被老子斥为无德的"下德"。

由因循自然原则的"德",到以情感原则为基础的"仁",进而到以适宜原则为定准的"义",再到以强制性为特点的"礼";先是无须讲理由,再是必须讲理由,后到讲理由不应则伸手引人。由德至仁、至义、至礼,逐次而下,其社会规范之自然性越来越弱,外在性越来越显,功利性越来越切,强制性越来越烈,离"自然无为"的"道"也越来越远。所以,老子说:"故失道而后德,失德而后仁,失仁而后义,失义而后礼。"老子以自然之"道"观察德、仁、义、礼四者之不同层次,而以德为上,其次为仁,再而后义,最次为礼。在老子看来,社会偏离了大道,才有了提倡社会道德规范的必要,德、仁、义、礼,递相差次,每况愈下,离"道"的自然无为也渐行渐远。在老子的思想体系中,作为宇宙本原的"道"蕴涵着一切生机,"仁""义""礼"等道德观念与规范皆共同地根植于它们的母体"道"之中,而一旦与作为根源的母体发生了失离的情况,就会发生步步后退的连锁反应,故老子有四"失"之叹!

"礼"作为"下德"之下,背道甚远,是"下德"恶性发展的极端形态。所以,老子深言"礼"之弊病,以警世人。"夫礼者,忠信之薄,而乱之首",社会强行礼制是忠信日趋浇薄的表现,是趋于祸乱的开始。仁义忠信虽然已经背离了自然主义的基本精神,但它们毕竟还是一些道德原则和观念,而礼则不同,它是一些已经制度化了的行为规范。当自觉的道德观念不足以维护正常的社会秩序时,人们便制定出一系列客观具体的行为标准,这就是"礼"。礼的出现,标志着仁义忠信等道德观念的失效。高明注:"夫礼者,形之于外,饰非而行伪。故曰礼行德丧仁义失,则质残文贵,本废末兴,诈伪日盛,邪匿争生,因而谓为'乱之首'。"在老子的时代,礼已经演变为繁文缛节、流于形式的拘锁人心的工具,仅靠一些僵硬的规范教条把人的思想行为束缚在固定的形式中。礼的现状也表明社会陷入了严重的危机和混乱,人们试图用这样的礼来挽救社会危机，消除社会动乱，但结果是越治越乱，陷入恶性循环，所以老子称"礼"是"乱之首"。

"礼"是乱之首，而"前识"是愚之首。何谓"前识"？韩非注"先物行，先理动，之谓前识"，显非其解；王弼注"前识者，前人而识也"，大体正确。"前识"既承接前面"德""仁""义""礼"等内容，则非指个人之认识的问题。前识者，先见也，先入为主的定见。为什么人们在产生认识之先就已经有了定见？这是由于社会观念的强力灌输所致。老子这里特别提出"前识"，言明它是"道之华而愚之始"，是指出社会标显"仁""义""礼"等社会规范，是通过观念灌输的手段，把社会成员的头脑固定为"定见"，以齐整社会，强化社会秩序。老子对这种灌输社会观念的行为，斥为"道之浮华"，认为"前识"是愚民的开始。社会规范的强力推行，在社会行为上导致诈伪邪匿，在社会观念上造成浮华矫饰，是整个社会趋向愚昧祸乱的开始。所以老子要警醒世人，祛除"薄""华"，回到"厚""实"的大道上来。"大丈夫处其厚不居其薄，处其实不居其华"，揭示出人的存在最深厚的根源，乃在于道、在于德，而社会推行的"仁""义""礼"，其实不过是至浅至薄的"道之华"罢了。"去彼取此"，就是去彼不合于道者，而取此合于道者。

这样，本章的思想意蕴就十分明显了。老子提倡内在而反对外在，任自然而反强为，立足于自然无为的"道"，来批判社会既有之"德"。真正的"德"，是人的内在自然德性，而不是表现为社会外在规范的"俗德"；"仁""义""礼"等道德规范，作为社会既有之"俗德"，是外在于人的强制力量，是对人的自然本性的束缚和裁制。老子这里对"下德"的批判，乃是对既有文明的一个根本性颠覆。"仁""义""礼"作为外在的社会规范，对于自然无为的"道"愈离愈远。礼是"下德"最烂的代表，是乱之首；前识是社会灌输的"道之华"，是"愚之始"。老子通过对既有文明做社会规范和社会观念的双重批判，从制度和意识层面完成了对既有文明的根本性颠覆。老子通过对社会道德现状的反省和对理想的道德状况的描述，勾画出了一幅人类历史演化的总体图景。在他看来，现实社会是一个越来越不自然、越来越不合理的社会，自古及今，社会是在向坏的方向变化，是大道的步步离失，是常德的步步倒退。在老子对社会历史演化的描述中，我们可以清晰地看到贯穿于其中的世道浇薄的观念，强烈地感受到老子那种今不如昔的慨叹：社会一步步陷入可悲的境地，人类一步步远离大道，背离了自然主义的基本精神。老子在价值观念领域颠覆了旧有的制度文明，"破"之后，如何"立"？本章所说的"去彼取此"，似乎就是老子的价值选择和思想指向吧。在老子看来，返璞归真，处身厚实，使人的心恢复到自然状态，使人的行为回归淳厚笃实，使社会重返自然的大道，这既是人类的终极道德目标，又是解救社会危机的关键。

第三十九章

【原文】

昔①之得一②者，天得一以清③，地得一以宁④，神得一以灵⑤，谷得一以盈⑥，万物得一以生⑦，侯王得一以为天下贞⑧。其致之⑨。天无以清将恐裂⑩，地无以宁将恐发⑪，神无以灵将恐歇⑫，谷无以盈将恐竭⑬，万物无以生将恐灭⑭，侯王无以贵高⑮将恐蹶⑯。故贵以贱为本，高以下为基。是以侯王自谓孤寡不穀⑰，此非以贱为本邪？非乎？故致数舆无舆⑱。不欲琭琭⑲如玉，珞珞⑳如石。

【注释】

① 昔：古时。

② 一：指道。

③ 清：清明。

④ 宁：安宁。

⑤ 灵：灵妙。

⑥ 盈：充盈。

⑦ 生：生长。

⑧ 贞：正，定。

⑨ 致之:"致",推致。"致之",即推而言之。高亨说:"致,犹推也,推而言之如下文。"

⑩ 裂:崩裂。

⑪ 发:同"废",震溃。刘师培说:"'发'读为'废'。恐发者,犹言将崩圮也,即地倾之义。'发'为'废'之省形。"

⑫ 歇:止息。《说文》:"歇,息也。"

⑬ 竭:枯竭,干涸。

⑭ 灭:绝灭。

⑮ 贵高:指自身高贵的品质,非是自贵自高之意。

⑯ 蹶(jué):跌倒,失败。

⑰ 孤寡不穀:"孤""寡""不穀",都是侯王自谦之辞。《左传·僖公四年》"岂不穀是为?"杜预注:"孤寡不穀,诸侯谦称。""孤"谓德孤,"寡"谓少德,"不穀"谓不善。

⑱ 致数舆无舆:"舆",通"誉",赞誉、称美。"致",求取,求得。"数"(shuò),屡次,过多的意思。此句意为:过多求誉,反而无誉。

⑲ 琭琭:形容玉之华美,指高贵之物。

⑳ 珞珞:同"硌硌",形容石之朴质,指下贱之物。范应元说:"是以侯王不欲琭琭若玉之贵,但落落若石之贱也。"

【品鉴】

本章讲道的重要性和普遍性,万物得道而存在,失道而死灭。所以,人间的统治者要从道的原则出发,谦卑处下,朴实如石。

《老子》经常以"一"来代称"道",第十章"载营魄抱一",第十四章"混而为一",第二十二章"圣人抱一,为天下式","一"皆指道言。本章的"一",也是指"道"。在老子看来,道不仅是生成万物的根源,而且是万物存在的根据。"道"对所创生的万物的培育和覆养,并不是一种外在于万物的养育,此时的"道"并不离开万物,它内在于万物,作为万物之所以为万物的原因和根据而存在于万物之中。从万物的角度来看,不仅万物的产生离不开"道","道"是万物所由之产生的根源,而且万物的存在也离不开"道","道"是万物赖以存在的根据。换句话说,"道"对万物的培育和覆养,乃是通过存在于万物之中、作为万物之所以为万物的内在根据的方式实现的。因而老子说:"天得到'一'而清明,地得到'一'而安宁,神得到'一'而灵妙,河谷得到'一'而充盈,万物得到'一'而生长,侯王得到'一'而使得天下安定。"这个"一"就是指"道",万物得到"道"才能生长存在,展现其自身。

万物都是从"道"那里,获得了自身的本质和功能。"天"之所以为天,正在于它具有"清明"的本质和功能;"地"之所以为地,正在于它具有"安宁"的本质和功能。同样的,"灵妙"是"神"的本质和功能;"充盈"是"谷"的本质和功能;"使天下安定"是"侯王"的本质和功能。在老子看来,万物的性状不同、功能各异,但其存在的根据、功能的来源是同一的,都是源于"一",都是从永恒的"道"那里获得了自身存在的意义和价值。离开了"道"所赋予的这些本质和功能,万物将失去其存在的根据而不复为万物之自身。在老子看来,"天若不能保持道所赋予的清明,怕要崩裂;地若不能保持道所赋予的安宁,怕要震溃;神若不能保持道所赋予的灵妙,怕要止息;河谷若不能保持道所赋予的充盈,怕要枯竭;万物若不能保持道所赋予的生长因子,怕要绝灭;侯王若不能保持道所赋予的高贵品质,怕要失败。"那么,万物怎样才能保持自身的存在,并使自身的本质和功能不丧失呢?那就是要"抱一",即守住道所赋予的自然本性。

这里需要指明的是,万物想要保持自身的功能而使它不消失,关键是"抱一""守道",而不是抱住其外显的功能不放。功能只是内在本质的发显,而不是内在本质本身。事物的内在本质,是源于"道"的"一"。每一事物的功能,只是"一"的发显。"一"是体,事物的各不相同的功能是"一"之用。如果只是着眼于"用",而不知存"体",只想显现功能,而不知守"一",这无异于断本根而求枝叶华矣。王弼注:"用一以致清耳,非用清以清也。守一则清不失,用清则恐裂也。故为功之母不可舍也。是以皆无用其功,恐丧其本也。"道是"为功之母",是万物之功能的本源。"用一以致清",即是守道则物之功能不失;"用清以清",即是用其功而丧其本,最终导致功能衰竭。在老子看来,道是万物存在的根据,它赋予了万物的本质和功能。因此,万物只有"守一",即持守大道,才能保持自身的存在,实现自身的本质,显现自身的功能;倘若离失大道,万物则会失去自身存在的内在根据,导致功能的丧失而不复存在。

"侯王"作为社会的统治者,也应持守大道,抱朴守一,才能发挥其安定天下的作用。上面所说的"天""地""神""谷"等,实际上都是在为"侯王"的出场而作铺垫。张舜徽说:"所以衬托下文,而归其意于'侯王得一以为天下正'也。"先陈说"道"之法则的普遍有效性,从而为"侯王"的行为立一"范式",这才是老子的主意所在。"故贵以贱为本,高以下为基。"侯王若想保持其道所赋予的"高贵"本质,发挥其安定天下的功能,也必须得"守一",持守大道。侯王"守一"的具体表现,即是处下谦卑,以"贱下"为本。也就是说,侯王若想实现其"高贵"的本质,必须不执守"高贵"而不自高、不自贵。"自高自贵",即是如王弼所说的"用其功";不自高自贵而处下谦卑,即是如王弼所说的"守母抱本"。在老子那里,"贱下""雌柔""谦卑""守弱"等等都是"道"的特有性征,下文的"孤寡不穀"亦然,因此侯王有自卑自谦的表现，即意味着他是守道的，是因循着大道而行事的。

　　道是万物存在的根据，贱下是实现高贵的根基。因此，老子劝诫统治者要处下谦卑，不要像美玉那般光彩耀人，而要像石头那般纯朴质实。因为在老子看来，过多地追求美誉，反而是得不到美誉的；返回厚实的"道"，守住真朴的"一"，则不求美誉而美誉自来。"万物莫不尊道而贵德。道之尊，德之贵，夫莫之命而常自然"（第五十一章），最高的美誉是"常自然"的，是无可称誉的。"至誉无誉"，此语虽不尽同《老子》原文，却也颇合老子意旨。

第四十章

【原文】

反①者，道之动②；弱③者，道之用④。天下万物生于有⑤，有生于无⑥。

【注释】

① 反：借为"返"，复也。返本复原之义。简本正作"返"。

② 动：运作。《说文》："动，作也。"

③ 弱：柔弱。

④ 用：作用，功用。

⑤ 有：本根。指万物之母，一章"有，名万物之母"。

⑥ 无：始原。指万物之始，一章"无，名天地之始"。

【品鉴】

本章语句不多，但内涵丰富，是理解老子思想很重要的一章。

《老子》辩证思维最著名的一个命题，就是本章提出的"反者，道之动"，它可以说是老子辩证思维的核心。"反者，道之动"。"反"，通常有两种讲法：一是作相反、对反讲；一是作返回、复返讲。但在老子哲学中，这两种意义都被蕴涵了，它蕴涵了两个观念：相反对立与循环往复。这两个观念在老子哲学中都是很重视的。在老子哲学中，既讲到事物的对立面及其相反相成的作用，也讲到循环往复的规律性。但本章之"反"，更侧重于"复返"之义，《老子》竹简本作"返也者，道动也"，正作"返"字。可知在最古早的《老子》文本中，是用的"返"字。其实，"反者，道之动"和"返者，道之动"，含义是不矛盾的。第一，在古汉语中，"返"本是"反"中之一义，古今学者对《老子》的注解，也都不离这两种相关的意义。第二，"返者，道之动"突出了大道终而复始、循环往复的运动形式，是对大道的运动的直观描述，似乎可以说，对于"道"的运动，人们首先观察到的是较为直观的"返"，而不是较为抽象的"反"。第三，"返"是相对于"往"而言的，先是有"往"，然后才会有与"往"对反的、相对于"往"为反向运动的"返"，因而"返"中原本也蕴涵了"反"之义，而这个含义更为抽象、更为丰富的"反"，正可以提取出来作为一种普遍的方法，"对反""用反"即由此而来。因而，由"返者，道之动"到"反者，道之动"，是人们关于"道"的认识的合乎规律的推进和发展。由于本章的"反"主要侧重于"复返"之义，所以道之相反相成的规律且待他章再作详谈，在此先说说老子关于道之循环运动的思想。

"反"若作"返"讲，则"反者，道之动"即是说："道"的运动是周而复始、循环不已的；循环运动是"道"所表现的一种规律。关于"道"的循环运动，老子说："有物混成，先天地生。寂兮寥兮，独立不改，周行而不殆，可以为天下母。吾不知其名，字之曰道，强为之名曰大。大曰逝，逝曰远，远曰反"（第二十五章）；"致虚极，守静笃。万物并作，吾以观复。夫物芸芸，各复归其根。归根曰静，是谓复命。复命曰常，知常曰明。不知常，妄作凶"（第十六章）。老子形容"道"时，说到"道"是"周行而不殆"的。"周"是一个圆圈,是循环的意思,"周行"即是循环运动。"周行而不殆"是说"道"的循环运动永不停息。"强为之名曰大,大曰逝,逝曰远,远曰反",就是对"周行而不殆"的解释,它是说,"道"是广大无边的,万物都由它产生;万物从"道"分离出来以后,周流不息地运动着,万物的运行越来越远离了"道",离"道"遥远,剥极必复,又回复到原点。这样,一"逝"一"反",就是一个"周行"。第十六章所说的"复",也是"周行"的意思。老子从万物的蓬勃生长中,看出了往复循环的道理。他认为,纷纷纭纭的万物,最后终归要各自返回到它们的本根。万物的本根,是一种虚静的状态。在老子看来,万物返本复根以获得新生,虚静的状态是合乎自然大道的。"道"创生万物以后,万物的运动发展就越来越远离"道"了,离"道"越远就越是不合乎自然,万物的烦扰纷争都是不合自然的表现。所以,只有返回到本根,持守虚静,才合于自然,才不起纷争。老子极为重视返本复原的思想,在他看来,万物无不遵循着返回原点的规律,万物在回到出发点的循环运动中更生不已。这是世界的一个总的规律,实际上就是"道"的运动规律。

"弱者,道之用",是"反者,道之动"的实际应用。老子揭示"反者,道之动"的命题含义,目的是通过对这一规律的认识和把握,引出贵柔、守雌的"弱用"之道,并以之作为指导人们行为的原则和处理问题的方法。老子说:"弱者,道之用",又说:"绵绵若存,用之不勤"(第六章)。这个"弱"字,点出了大道化生万物的状态。"道"的化生作用虽然是柔弱的,却能绵延不绝,作用无穷。"道"在化生过程中所表现的柔弱情况,正是"无为"状态的一种呈现。正由于"道"所表现的柔弱,使万物并不感到是被强力塑造的,而是自生自长的。柔弱的作用,运用到社会人生层面,即是老子认为的:"柔弱胜刚强"(第三十六章）。因为柔弱是"道"的作用和表现，所以柔弱具有生的特性和不可估量的威力。"人之生也柔弱，其死也坚强。故坚强者死之徒，柔弱者生之徒"（第七十六章）。"天下莫柔弱于水，而攻坚强者莫之能胜"（第七十八章）。老子认为，凡是柔弱的东西都是充满生机的和具有发展前途的，凡是刚强的东西都是快要走下坡路的。因此，老子教导世人不要争雄逞强，而要守柔用弱。"守柔用弱"的方法，含藏着深刻的哲理和高超的智慧。从思维方式上来讲，"守柔用弱"属于辩证思维中的逆向思维，它与"反者，道之动"的思想是一致的。

"天下万物生于有，有生于无"。这里的"有"和第一章中"有，名万物之母"的"有"相同，指作为万物之本根的"道"。它和第二章的"有无相生"及第十一章的"有之以为利"的"有"不同。第二章与第十一章中的"有"，指的是现象界的具体存在物；而本章的"有"是意指形而上之"道"的实存性。这里的"无"也同于第一章中"无，名天地之始"的"无"，指作为万物之始原的"道"。这里的关键是如何理解"有生于无"。有人认为，"有生于无"的"有"是可以感知的具体的存在，而"无"是感觉不到的存在，即绝对的存在，它是不存在的存在。这种看法是似是而非的。因为"感觉不到的存在"并不等于"不存在的存在"，感觉不到并不意味着不存在。还有人认为，这句话说明老子主张"无中生有"，万物都是从虚无中产生的，这种看法是仅从字面上来理解老子的这句话。魏晋玄学家王弼根据"有生于无"的命题，提出"以无为本"的贵无论，把"道"与万物的关系视为一种母子、本末、体用的关系，遂凸显了道体之"无"，但略去了道体之"有"，甚至将"有"降至万物的层面。许多学者受王弼解《老子》的影响，把"无"等同于"道"，而把"有"等同于万物，这样就把"无"和"有"分为了两部分。

在我们看来，老子哲学中的"有"和"无"，都是指称"道"的，

"道"既是"有",又是"无","有"和"无"都是"道"的别名。从"道"生万物的功用来看,它是天地万有之有;从"道"之形而上的实体来说,它是无形无名之无。说它是"无",是因为它无法感知和表述;说它是"有",是因为它含藏着无限未显现的生机,蕴涵着无限之"有"。陈鼓应说:"'无''有'都是用来指称'道'的,是用来表现'道'一层层地由无形质落实到有形质的一个先后而具持续性的活动过程。""天下万物生于有,有生于无",就是以反溯方式追问天地万物的本原,万物产生于不可名状的道。道既是万物的本根,又是万物的始原。《庄子·知北游》曾借仲尼之口说:"有先天地生者物邪?物物者非物,物出不得先物也,犹其有物也。犹其有物也,无已。""物物者",即指化生万物的"道"。"道"具有不同于具体事物的形而上的特性,所以说它是"非物";道不是有形的具体的事物,但它"不得先物,犹其有物",所以仍是"物"也。"无"之道,仍是"有"。天下的万物,就生于这既"有"又"无"的"道","道"是天下万物的本原。因"道"是"有",故可生物;因"道"是"无",故可生万物。这恐怕是简本《老子》作"天下万物生于有,生于无"的原因吧。

第四十一章

【原文】

　　上士闻道，勤而行之①；中士闻道，若存若亡②；下士闻道，大笑之③，不笑不足以为道。故建言④有之：明道若昧⑤，进道若退，夷道若颣⑥，上德若谷⑦，大白若辱⑧，广德若不足，建德若偷⑨。质真若渝⑩。大方无隅⑪，大器晚成⑫，大音希声⑬，大象无形。道隐无名⑭。夫唯道，善贷且成⑮。

【注释】

　　① 勤而行之：意谓志行于道而不懈。

　　② 若存若亡：指对于道将信将疑。

　　③ 大笑之：意谓下士看见道与世俗相反，认道为愚，故横加嘲笑。

　　④ 建言：立言。林希逸说："建言者，立言也，言自古立言之士有此数语。"

　　⑤ 昧：昏暗。

　　⑥ 夷道若颣：平坦之道好像不平。夷，平。颣（lèi），《说文》："颣，丝节也。"丝有节则不平，因此引申为不平的意思。《左传·昭

公十六年》:"刑之颇颣。"服虔注:"颣,不平也。"

⑦ 上德若谷:上德笃实,却像虚谷。

⑧ 大白若辱:纯白的德好似含垢。辱,为"黸"之假。范应元说:"黸,黑垢也。"

⑨ 建德若偷:刚健的德好似懈怠的样子。建,通"健",刚健。偷,偷惰。

⑩ 渝:指变坏。《说文》:"渝,变污也。"

⑪ 隅:角。

⑫ 晚成:"晚",为"免"之假,不可、不要之义。"成",《广韵·清韵》:"毕也。"定形、已成之义。简本作"曼成","曼",犹无也,与"免"义近。免成,不可定形之意。

⑬ 希声:无声。第十四章"听之不闻名曰希。"

⑭ 道隐无名:道无声无形,幽隐难知,不为人的感官所把握,所以无以名称。帛书乙本作"道襃无名","襃",盛大之义。道虽盛大,却无名可称。严遵《道德指归》释此句云:"是知道盛无号,德丰无谥。"可知,严遵所见经文应作"襃",与帛书乙本同。"道襃无名",其句型与"大方无隅""大音希声""大象无形"一律。"方",当有"隅",而大方无隅;"音",当有"声",而大音希声;"象",当有"形",而大象无形。"襃",当有"名",而"道襃无名。"帛书本句型一律,文义较佳。

⑮ 善贷且成:"贷",施与,辅助。道,善于辅助万物,而且善于成就万物。罗振玉说:"敦煌本'贷'作'始'。"帛书乙本正作"善始且善成",意谓:道,善于创生万物,而且善于长成万物。帛书本文义较顺。

【品鉴】

本章主要说明大道的微妙难识,常与世知俗见相反。

老子在本章开始用"上士""中士""下士"闻道之后的不同态度和反应,说明"道"的幽隐深奥,难为世人所知。这里是按其对道的认知态度而分为上士、中士、下士,并不是指实际的社会等级阶层。"上士闻道,勤而行之;中士闻道,若存若亡;下士闻道,大笑之。不笑不足以为道。"张舜徽说:"此处所言上士、中士、下士,乃谓识道深浅不同之人。识之深者,行之笃;识之浅者,或行或不行;全不识者,惟相与非笑而已。其意以为至道赜奥,本非人人所易喻,不为不识道者所笑,不足以见道之尊。故此处着重指出,以见理解之难。"道,微妙难识,它所表现出来的性状特征,看起来总是与世知俗见相反。这在一些浅薄无知的人看来,自然就觉得十分可笑;但在老子看来,"道"在这些人看来是可笑的,这正说明道之所以为道。在老子看来,俗人闻道而不大笑,这才是不正常的,或者他本不是俗人,或者道并不是真正的道。因为"玄德深矣,远矣,与物反矣"(第六十五章),"与物反"就是与世知俗见相反,《老子》第七十八章将此概括为"正言若反"。

为什么大道、玄德看起来总是与世俗相反呢?这里边固然有"道""德"因本身具有形而上特点,所以幽隐难知这一认知层面的原因,但更主要的是,道德践履与世俗知行在价值取向上相反。道"与物反",在指导人的行为价值取向方面表现得最为明显。在老子看来,守道之人,淡泊名利,谦下处卑,少私寡欲,自然纯朴;而世俗之人,争名逐利,逞强争雄,贪享多欲,智巧奸伪。河上公注:"上士闻道,自勤苦竭力而行之。中士闻道,治身以常存,治国以太平,欣然而存之。退见财色荣誉,惑于情欲,而复亡之也。下士贪狠多欲,见道柔弱,谓之恐惧;见道质朴,谓之鄙陋,故大笑之。"世俗之人囿于名利,惑于俗见,而认定守道者是胆小怕事、愚陋可鄙的人。可见，态度认知的背后是行为价值取向的问题。老子之道似乎非常玄妙，有不易被理解和实践的一面。老子追求的是人生的自然、自适、自足，向往的是社会的自然有序和自然和谐。这在很多人看来，这是不可能实现的目标，因为大多数人相信，没有强权就没有秩序，没有争竞就没有富足。但在老子看来，强权、争竞只会给人和社会的自然状态带来破坏，是有害无益的。"道"的难知难行，关键原因在于人们习惯于世俗的价值观念，在世俗的攀比争胜的价值体系中不能自拔，在名利场中争竞奔逐而不知自反。

老子认为，常道、玄德总是以与世俗相反的面貌展现出来，"明道若昧，进道若退，夷道若颣，上德若谷，大白若辱，广德若不足，建德若偷，质真若渝"，这些都是以反面形式出现的正面，都是以否定的面貌表现的肯定。这里说到的"上德""广德""建德"，代表了老子的基本价值取向。刘笑敢说："这些高于凡俗的德性都有'大正若反'的特点，都是正面的形态容纳了或表现了某种相反的因素。"崇高的德好似虚谷，纯白的德好似含垢，广大的德好似不足，刚健的德好似偷惰，质性纯真好似变坏。"这些都是正而若反的现象，但正而若反并不是真的反，也不是正反不辨，正反相混，反而是更高的正，更真实的正。"接下来的"大方无隅，大器晚成，大音希声，大象无形，道褒无名"也是此理，所有这些伟大之物都表现出超俗、异俗、反俗的特征。这是老子"大正若反"的智慧。

第四十二章

【原文】

道生一①，一生二②，二生三③，三生万物。万物负阴而抱阳④，冲气以为和⑤。人之所恶⑥，唯孤寡不穀，而王公以为称⑦。故物，或损⑧之而益⑨，或益之而损。人之所教，我亦教之。强梁⑩者不得其死，吾将以为教父⑪。

【注释】

① 一：指未分的混沌。

② 二：指阴阳二气。

③ 三：指阴阳二气交感而生和气。

④ 负阴而抱阳：背阴而向阳。吕吉甫说："凡幽而不测者，阴也；明而可见者，阳也。有生者，莫不背于幽而不测之阴，向于明而可见之阳，故曰：万物负阴而抱阳。负则背之，抱则向之也。"

⑤ 冲气以为和：阴阳二气交冲而成和气。

⑥ 恶：厌恶。

⑦ 称：自称。

⑧ 损：减损。

⑨ 益：增益。

⑩ 强梁：在神化或宗教系统中，"强梁"是对"虎"的称呼。《山海经·大荒北经》："有神衔蛇，其状虎首人身，四蹄长肘，名曰强良。""强良"，即"强梁"，凶猛多力之义。用"强梁"喻人，意指强暴蛮横。

⑪ 教父："父"，犹始也，本也。"教父"，即教之父，施教之本也。或"父"指"道"。第二十一章"以阅众甫"，"众甫"即"众父"，亦指道言。道称"父"，本根之谓也。"教父"，意即教之道，教之本。

【品鉴】

本章上半段从"道生一"到"冲气以为和"，是讲老子的宇宙生成论；下半段从"人之所恶"到"吾将以为教父"，是提醒人不可逞强，应谦下守弱。

老子把"道"作为宇宙的本原，那么"道"是如何化生天地万物的呢？老子认为，"道"化生万物不是一下子完成的，而是经历了一步步展开、一层层向下落实的过程，本章将这一过程描述为："道生一，一生二，二生三，三生万物。"下面我们对"道生万物"的全过程进行逐步的分析。"道生一"是这个演化过程的第一个阶段。这里的"道生一"，不应理解为"道"首先生出个"一"，事实上，这个"一"乃是对道体本身的描述。"道"是一个绝对的、独立的存在，具体的事物都是有待的、有偶的，"道"却是无待的、无偶的。按照老子的描述，"道"是一个"混而为一"（第十四章）的、混沌未分的"混成"之物，其中涵蕴着一切的可能。有人把"一"解释为"气"，认为"道生一"就是"道生气"，这是析"道"与"气"为二，认定在"气"之上、之外还有个"道"。其实在老子那里，"道""气""一"是一个东西，因而不能说是"道生气"。那么，既然"道"就是"一"，为什么还要说"道生一"呢？我们认为，一来这是为了行文的需要，以便和下文的几个"生"字相一致，二来是为了给无形质的"道"化生出有形质的万物做个过渡和铺垫。

"一生二"是这个演化过程的第二个阶段，也是至关重要的阶段。因为"道"如果只是停留在混沌不分的"一"的状态，就无法创生万物。于是老子又说："万物负阴而抱阳，冲气以为和。"有人怀疑此句是释文误入经文，是把用阴阳观念解释"一二三"的话掺入了本章。此句虽然显得突兀，在《老子》中也仅见此一处运用阴阳观念来阐发思想的做法，但就目前所见《老子》文本尚无法断定此句就是释文。姑且就以阴阳观念来解释吧，这倒是无关宏旨，因为这只是表示"道"化分出对立矛盾的两个方面，并且通过这两个方面的激荡冲和来产生万物的过程。按照此处的阴阳观念，"道"在自身中早已潜在地蕴涵有阴和阳两种相反相成的要素或性质，由于这种内在矛盾机制的作用，"道"在"周行而不殆"的运动中便分离为阴阳二气。相对于阴阳二气，那阴阳未分的原始状态的气，也就是"道"，便是"一"了。由"道"化分为阴阳二气，标志着抽象的、无形质的"道"演化为具体的、有形质的万物的开始。

"二生三"是演化过程的第三个阶段。阴阳二气产生了之后，并不是互不相干的，它们是相互作用的。阴阳交感、二气和合、天地氤氲，预示着衍生出万物的无限生机。这里的"三"，从动态上来看，是指的阴阳两种对立力量的相互作用；从静态上来看，指的是阴阳二气相互作用所产生的和合之气。这种和合之气还不是"道"创生的具体事物，它只标示着"道"孕育着万物的一种饱满充和的状态，万物在"道"的母体中可以说已是呼之即出了。

"三生万物"是演化过程的最后一个阶段。阴阳二气交感氤氲的和合之气所含的能量释放，其结果便是万物的生成。万物都是阴阳二气相互作用的结果，因而都具有阴阳两种属性，都是阴阳两种性质的统一体。至此，"道生万物"的逻辑过程已完全展开，"道"经过了一层层的落实，终于完成了创生万物的过程。"道生万物"的过程，是一个由抽象到具体、由形而上到形而下、由少到多、由简单到复杂的过程。老子"道生万物"的思想，在历史上产生了深远的影响，成为中国古人对于万物生成的一般看法。

本章上半段，可视作老子的宇宙生成论，是说的天地万物的生成。它与下半段的文义并不相属，疑是他章错简。蒋锡昌《校诂》已疑"上下文辞似若不接"。高亨、陈柱等疑为第三十九章文字移入。从本章下半段的内容来看，主要是提醒世人，尤其是王公、侯王等统治者要谦下处卑，不可骄矜自恃。"人之所恶，唯孤寡不穀，而王公以为称"。河上公注："不祥之名，而王公以为称者，处谦卑，法虚空和柔。"马其昶说："称孤寡不穀，无损于王公；强梁者，求益而反损。"老子劝诫统治者要柔弱退守，不要逞强。"强梁者不得其死"，这对于横暴恣睢的统治者来说，无异于一种强烈的警告。而老子说"吾将以为教父"，是说要把守柔谦退作为施教的根本、处世的法则。因为在老子看来，贵柔弱、不逞强才是合乎大道的行为和态度。

第四十三章

【原文】

天下之至柔①，驰骋②天下之至坚③。无有入无间④，吾是以知无为⑤之有益⑥。不言之教，无为之益，天下希⑦及之。

【注释】

① 至柔：最柔弱之物。

② 驰骋：纵马疾驰，这里引申为胜过、驾驭。

③ 至坚：最坚强之物。

④ 无有入无间："无有"，无形无象的东西，指道。"无间"，没有间隙，言其不可入之义。"无有入无间"，意谓：道却能入于不可入之中，指道无处不在，无所不至。

⑤ 无为：以无为之。指"至柔""无有"之为。

⑥ 有益：实有益处。指"驰骋至坚""入无间"。

⑦ 希：少。

【品鉴】

本章通过"至柔"可以驰骋于天下之"至坚"之中，说明"无为"

的作用。

"至柔",指最柔弱的东西;"至坚",指最坚强的东西。天下最柔弱的东西却能在最坚强的东西之中自由驰骋,这仍是在申说"柔弱胜刚强"的道理。"天下莫柔弱于水,而攻坚强者莫之能胜"(第七十八章),以自然事物为例,至柔之物可以水为代表,至坚之物可以石为代表。滴水穿石,这是人人可见、人人皆知的自然现象。至柔可以克服至坚,这是老子从自然现象说明"柔弱"的巨大作用。"无有入无间",无有者,至柔之谓也;无间者,至坚之谓也。柔至无有,坚至无间,仍是"无有"穿破"无间"。再比如"无有"之物可以空气为代表,"无间"之物可以钢铁为例,空气仍是能透入钢铁之中。当然,这只是举例而已,钢铁并非"无间"之物,空气亦非是"无有"。老子在这里,只是想说明一个道理:柔弱是优于刚强的。

为什么老子认为"柔弱胜刚强"呢?在老子看来,"柔弱"是万物具有生命力的表现,是真正有力量的象征,因为柔弱是"道"的表现和作用。老子这里的"无有",是指的"道",严遵注:"夫道以无有之有,通无间。"道无形无象,无所不至,所以可以破入无空隙的东西之内。王淮说:"谓虚无柔弱之道,无往不利,无物不克,天道人事,两在不爽。""道"无所不至、无功不成的作用,无论是在自然界、还是在人类社会中,都是被验证过的无争的事实。但老子的用意显然不是探讨自然现象的规律,而是用"天道"以证"人事"。物理现象只是用来比喻,其思想的重心却在社会人事。

把"柔弱胜刚强"的道理应用到社会人事上,就是要知"无为之益"、行"不言之教"。世人皆见"水滴石穿",却不知在行为处事中"守柔用弱",统治者更是强令施为,自恃骄人,所以老子说"天下希及之"。老子申明"无为"的作用和益处,主要是面向统治者说的,劝导他们实行"无为之治""不言之教"。无为之治、不言之教也就是"辅万物之自然"的社会治理方法，万物各得其所，天下自然太平。这就是"无为之益"。在老子看来，遵循自然之道，实行无为之治，一切的社会问题、人事纷争都可迎刃而解。《庄子·养生主》所说的"庖丁解牛"的故事，就很形象地说明了"无有入无间"的道理。庖丁"依乎天理""因其固然"的解牛，也就是他因循牛身之"自然"，不触筋骨之"无为"，所以才能做到"恢恢乎其于游刃必有余地矣"。"游刃有余"的感觉，大体相当于本章所言至柔"驰骋"于至坚、"无有入无间"的境况。唯有技进于"道"，无为而自然，才能无坚不克、无往不利、无功不成。刘笑敢说："自然的价值原则和无为的行事方法就是至柔、无有之道，困难复杂的社会矛盾冲突就是至坚、无间之事，只有自然无为之道可以从根本上化解人世之纠纷，积极有为之压制虽可奏一时之效，却无法取得长治久安的效果。"真可谓一语中的！

第四十四章

【原文】

名与身孰亲①？身与货孰多②？得与亡孰病③？是故甚爱④必大费⑤，多藏⑥必厚亡⑦。知足不辱⑧，知止不殆⑨，可以长久。

【注释】

① 名与身孰亲：名誉与身体，何者更密切？名，名誉。身，身体，指生命。亲，亲密，密切。

② 身与货孰多：身体与财货，哪个更贵重？多，贵重之义，《说文》："多，重也。"

③ 得与亡孰病：得到名利与丧失身体，哪样更有害？得，名利之得。亡，身之亡。病，有害之谓。

④ 甚爱：指过分好名。

⑤ 大费：指过度地损精耗神。费，损耗。第五十九章"治人事天，莫若啬。""费"，"啬"之反。

⑥ 多藏：指过多地积藏货财。

⑦ 厚亡：指惨重的损失。厚，多。亡，丧失。

⑧ 辱：困辱。

⑨ 殆：危险。

【品鉴】

本章反映了老子的"贵身"思想。这里的"身",是指人的生命。

老子开篇即提出了一个严肃的问题:"名声和生命比起来哪一样更亲近?生命和货利比起来哪一样更贵重?得到名利和丧失生命哪一样更有害?"老子对这个问题虽然没有正面回答,但其中隐藏的答案显然是"身"比"名"亲、"身"比"货"重,生命对于人来说才是最亲近、最重要的。薛蕙说:"世之人不知贵己贱物之道,而危身弃生以殉物。老子闵而教之曰:名之与身,何者其亲乎?何为外身而内名也?身之与货,何者其重乎?何为贱身而贵货也?或得名货而亡身,或得身而亡名货,何者其病乎?何为得名货而亡其身也?"老子在"贵身"问题上,严格地区分了"内"和"外"。在老子看来,只有生命才是真正属于自己的,功名利禄、声色厚味等等都是身外之物。这些问题人们并未曾认真思考过,世俗之人最容易在这些问题上犯糊涂,往往轻身以殉名利,贪得而不顾危亡。《庄子·盗跖》篇:"小人殉财,君子殉名。"所谓"殉"者,即是以生命从外物之谓也。小人追求财物,君子追求名声,都是因为分不清内外轻重,结果以身殉物而丧失了生命。王淮说:"名与货既是身外之物,皆无益于生。岂只无益于生,甚且为生之累而有害于生。"世俗之人由于分不清内外,抵制不住身外之物的诱惑,而一味地追求感官的刺激和物质的享受,无节制地放纵自己的欲望,他们以为这样对身体有益,结果反而是残害了身体,损伤了生命。老子说:"五色令人目盲,五音令人耳聋,五味令人口爽,驰骋畋猎令人心发狂,难得之货令人行妨。"贪享纵欲只会给生命带来损害。有识于此,老子于是唤醒世人要分清内外,珍重生命,不可为争名逐利而奋不顾身。

"甚爱必大费，多藏必厚亡"。范应元说："甚爱名者，则必大费精神。多藏货者，则必重失身命。""甚""多"，都是贪得无厌的表现。越是贪得名利，对生命构成的威胁越大，生命的损失也越是严重。"知足不辱，知止不殆，可以长久。"老子认为，贪欲是人生的祸源，一味地追求名誉、富贵，必然身遭困辱和危险。因此，只有知足而无求，知止而不为，才不致困辱危殆而可得全生永年。薛蕙说："知足者，乐今有之已多，盖自得而无求者也，岂有无求而有辱乎？知止者，惧后进之有损，盖知几而固守者也，岂有知几而至于危殆乎？之二者可以全生可以尽年之道也。""知足""知止"，即是不贪欲、不强求，少私寡欲，节制欲望的意思。老子认为，只有减少私欲，恬淡素朴，才能真正护养自己的生命，使之免受身外之物的拖累和残害。老子主张"知足""知止"，"少私寡欲"，减少和节制自己的欲望，这样生命才可保持长久。值得注意的是，老子的"少私寡欲"并不是要灭绝欲望，而是主张恬淡为上，把私欲控制在一定的限度之内，使心灵保持相对的虚静状态，不使私欲泛滥，凡事适可而止，这便是"知足""知止"。可见，老子并不是禁欲主义者。人生而有欲，这是不可消除的。老子只是要人们抑制贪欲，节制私欲，对生命采取自然的态度，以全生养身。贪得无厌，纵欲奢享，厚养自奉，这些做法从表面上看好像是对身体关爱有加，而实际上是破坏了生命的自然状态，是对生命的损伤和戕害，而不是顺遂了生命的自然。因为在老子看来，人之生命的自然状态是虚静的、恬淡的、质朴的、和柔的，而不是躁动的、贪欲的、奢华的、竞逐的。老子重视的是人的自然的内在生命，而不是向外逐求的名利之身。

老子提出的"少私寡欲""知足""知止"，这是对当时权势贵族的无餍欲求的一个强烈的抗议；但对一般人来说，宣传这种清心寡欲、知足常乐的思想，很容易叫人走到消极保守的道路上去。不过，老子这种具有普遍性的思想，如能正确理解，适当运用，是极富有智慧和启发意义的。我们可以把"长久"的意涵扩展，不仅限于生命的"长生久视"，也指人在处世行为方面立于不败之地。王淮说："知足，是主观上之知止；知止，是客观上之知足。"知足是心理上的一种节制，知止是行为上的一种节制。主观心理上有节制，所以没有烦恼和窘困；客观行为上有节制，所以不会遭受挫折和打击。可见，心理和行为上的节制，对一个人的生命健康和事业成功是至关重要的。我们也可以说"知足"是治本，"知止"是治标；标本兼治，才可保持生命长久和事业成功。"知足""知止"，标本兼治，这也给我们今天的廉政建设提供了许多有益的启示。清正廉明，是古往今来每一个执政者都必须面对和实践的永恒命题。开展廉政建设，推进反腐败斗争，事关领导者的政治生命。老子告诫统治者贪图财利越多，败亡就越快；唯有"知足""知止"，抑制贪欲，节制私欲，才可以保持生命机体的健康。老子"知足""知止"的思想，对于领导者加强自身的道德修养，正确认识身外的名利财富，把握正确的权力观和利益观，都具有极为深刻的借鉴意义。

第四十五章

【原文】

大成若缺①，其用不弊②。大盈若冲③，其用不穷④。大直若屈⑤，大巧若拙⑥，大辩若讷⑦。躁胜寒，静胜热⑧，清静⑨为天下正⑩。

【注释】

① 大成若缺：最完满的东西好像有欠缺一样。成，完成、完满。缺，欠缺、亏缺。

② 弊：坏，败。指作用的衰竭。

③ 大盈若冲：最充盈的东西好像是空虚一样。盈，器满，指充盈。冲，器虚，指空虚。

④ 穷：尽。指作用的穷尽。

⑤ 屈：曲，弯曲。

⑥ 拙：笨，笨拙。

⑦ 大辩若讷：最卓越的辩才好像是口讷一样。辩，指辩才。讷（nè），指言语迟钝。《说文》："讷，难言也。"

⑧ 躁胜寒，静胜热：疾动可以战胜寒冷，安静可以克服炎热。高明说："'躁'乃疾急扰动，正与'静'字相对。'躁'与'静'是指人

之体魄在不同环境下而表现的不同情绪或状态。肢体运动则生暖，暖而胜寒；心宁体静则自爽，爽而胜热。"

⑨ 清静：清明虚静。

⑩ 正：定，安。简本作"清静为天下定。"

【品鉴】

本章要注意老子讲的"大"。所谓"大"，表示极致之义。极致，就是超出经验常识的范围，进入了高一层的境地的意思。超出经验、进入高一层，也就是说它与"道"联系了起来。

"大成若缺，其用不弊；大盈若冲，其用不穷"。这是说明"道"之体、用，道体是冲虚的，而它的作用却是永有不竭的。"道"，无所不包，其大无外，"独立不改"，无匹无对，所以说它是"大成"，是最大最完满的东西。但这个"大成"又好像是有欠缺一样，"寂兮寥兮""惟恍惟惚""绵绵若存"。这个好像有欠缺的"大成"却是"疏而不漏"，它化生、养育，成就了天下万物，"夫唯道，善始且善成"（第四十一章），它的作用是常用常新、永不败坏的。也可以把"道"形容为一个大的容器，它是中空的，天下之物出于其中而不见尽时，这是最大最完满的容器，可容纳天下万物而不流溢；而能容不溢，正是因为它是冲虚的。这就是"大盈若冲，其用不穷"，第四章也说："道冲而用之或不盈"。这里的"大成""大盈"，都是指"道"而言的，"若缺""若冲"，是形容道之体是冲虚的；"其用不弊""其用不穷"，是说道之用是永有的。正因为道的作用是永有不竭的，所以才称之为"大"，但"大"的道又好像是虚弱的、空虚的东西；也可以说，正是因为"大"的道好像是虚弱空虚之物，它的作用才是无穷无尽的，"弱者，道之用"（第四十章）。

道，体虚而用有，用弱而成大。老子认为，这是一个带有普遍性意义的命题。所以人们的言行只有效法大道，循道而行，才能取得成功。只有效法"道"之如何"大"，才能成就"人"之"大"。所以老子接着说："大直若屈，大巧若拙，大辩若讷。"显然，"大直""大巧""大辩"都是指人的言行。"直"要超出自身而成为"大直"，就必须"若屈"，"若屈"就是使主体执于"直"的这个行为心态"弱"化，然后再用这个"弱"实现自身的超越，而达至"大直"。"大巧""大辩"也是这样的道理。人的"巧""辩"，要成就其"大"，必须学会弱化自己已有的成就，使之变得不再是"巧""辩"，而是"拙""讷"，这样再用这个"弱"来实现超越，趋向更高的"巧"和"辩"。人的更高价值成就的取得，源于向"道"的学习、仿效，懂得守柔、用弱的道理。

这也反映了老子的辩证法思想。刘笑敢把此章的老子辩证思维方法概括为"以反彰正"的方法。他说："本章所说大成、大盈、大直、大巧、大辩都不是一般的成、盈、直、巧、辩，而是更为完满的成、盈、直、巧、辩，它们之所以完满而不弊不穷，之所以未走向反面，就是因为它们若缺、若冲、若屈、若拙、若讷，也就是说，它们包含了反面的因素，呈现了反面的姿态，因此成为更为圆满的、更为正面的状态或价值。"老子把这种正而若反和以反彰正的态度、方法或原则看作是来源于道的最高德性，也就是"生而不有，为而不恃，长而不宰"的"玄德"。这种"玄德"，是"常德""大德"，是超出常识的，超越经验的，看起来总是与世俗相反，"与物反矣，然后乃至大顺"（第六十五章）。"大顺"是期待最高的价值，而最有价值的思想言行总是与俗情相反，因此在行为中却要守住它的反面，"与物反矣"，也就是以它的反面的姿态出现，以常人所不喜欢的特点来鞭策自己，这样才可取得最高的成就。刘笑敢说："这当然不是要人虚伪，而是要防止志得意满，沾沾自喜，更要防止得意忘形。这虽然有自我保护的目的和效果，但却绝不止于此，因为这种常德更可以提高一个人的精神境界,道德修养,从而维护和谐的人际关系,进而建立和谐的社会秩序。"

这一章老子要说明的重点,不仅仅是事物相反相成性质的关系问题,更主要的是让人们以"道"为法,开阔视野,提高境界,从总体上去把握事物,不要像常人那样陷在局部里跳不出来。"躁胜寒,静胜热,清静为天下正"。身动则暖,可以胜寒;心静则凉,可以胜热。这是人人皆知的常识常理。但如果我们从这个常理常识中跳出来,以"道"观之,就会发现终归是"清静为天下正"。这里的"清静",就是指超越了"动""静"的相待、相胜,而达到的"大静"。《吕氏春秋·审分览·君守》:"得道者必静,静者无知。……有准不以平,有绳不以正,天之大静。既静而又宁,可以为天下正。""清静"即"大静",是始源性的、本质性的"静",而不是与"动"相对之"静"。与"动"相对的"静",还是可以被战胜的,还不是"大静";唯有"大静",才是真正的安定。这种"清静""大静",即是合于"道"的虚静。总之,老子认为,世间的一切唯有以道为尊、以德为贵,才能取得最高的价值和最大的成就,而这最高的价值和最高的成就总是通过与世俗世情貌似相反的方式而取得的。

第四十六章

【原文】

天下有道，却①走马以粪②；天下无道，戎马③生于郊④。祸⑤莫大于不知足，咎⑥莫大于欲得⑦。故知足之足⑧，常足矣。

【注释】

① 却：退回。吴澄说："却，退也。"

② 粪：耕种。高亨说："此言天下有道，干戈不兴，走马不用于军而用于田也。粪，治田之义。"

③ 戎马：战马。

④ 生于郊：意谓怀胎的母马也得上战场，以致在战地郊野生下小马驹。

⑤ 祸：祸患。

⑥ 咎：灾殃。《说文》："咎，灾也。"

⑦ 欲得：贪得无厌。

⑧ 知足之足：知足之为足，把"知道满足"作为满足。

【品鉴】

本章讲战争和欲望的问题，反映了老子的反战思想，说明了"知足常足"的道理。

春秋时代，诸侯争霸，兼并和掠夺战争连年不断，给社会生产和人民群众的生活造成了深重的灾难。"天下无道，戎马生于郊"。由于连年的战争，征用的马匹太多，公马不够用，连怀胎的母马也被拉上战场，以致母马在战场上生产小马驹。战争是多么的无道呀！与此相反，假如没有这残酷惨烈的战争的戕害，天下有道太平无事，就会把马从战场上撤回，用来种田耕地，人民自然是安居乐业。老子对当时春秋列国各贵族领主集团间频繁的兼并战争和掠夺战争提出了强烈的抗议，斥责他们所发动的战争是无道的，致使生灵涂炭，民不聊生。这反映了老子的反战思想，及其思想中具有的和平主义的人道精神。

王淮说："凡道家皆为天生之和平主义者，此实缘于其自然主义之基本立场与无为而治之政治哲学。何以言之？盖宗'自然'则必主'无为'而反'有为'，有为之大且甚者，莫过于战争，故凡道家必反对'战争'而崇尚'和平'也。"王淮指出了道家反战主张的思想根源，道家的这种和平主义的立场是值得现代人深入思考的。现代战争的威胁和灾难，又是老子时代所不能想象的。

老子不仅对当时连年的战争提出了强烈抗议，而且分析了战争的起因，那就是统治者的贪欲太强，战争的背后是贪欲。"祸莫大于不知足，咎莫大于欲得"，祸患灾难缘于统治者的"不知足""欲得"。严遵注："威势尊崇穷极民上，名号显荣覆盖天下，而不知足者，猎祸之具而危亡之大数也。故不在于道也，利心常起，贪人坏土，欲人财宝，兼并不休，增加不已者，追患之大数而得咎之至要也。"老子认为，统治者个人的贪欲是战争的一个重要根源，统治者为了满足自己个人的野心而不惜穷兵黩武，残生害民。统治者的贪得、不知止足，给人们的生命和生活带来了巨大的灾难。那么解决战争问题的办法，在老子看来，就是要求统治者"知足","故知足之足,常足矣。"老子认为战争是由统治者贪心重、不知足引起的,只要是能知足、不贪求,自然就不会发生战争了。老子希望通过使统治者寡欲、去贪,从而在根本上消除战争的隐忧。王淮说:"无论就任何观点而言,在人类之社会中战争永远是一种文化现象之病态。老子首先诊断病理,认为病因在于为政者主观心理之'多欲'、'不知足'与'欲得'。是故釜底抽薪之道,厥为消灭一切可能战争的动机。而老子的处方,则为'知足常足'。"老子希望通过节制欲望来消除战争的思想,是值得我们深思的。

老子的"知足",首先是对贪欲的抑制、对私欲的节制,即第十九章"少私寡欲"的意思。胡寄窗说:"寡欲的具体表现是'知足'。老子学派把知足看得非常重要,以为知足可以决定人们的荣辱、生存、祸福。寡欲与知足是不可分割的。未有能寡欲而不知足者,亦未有不寡欲而能知足者。"其次,"知足"也可以看作是一种生活态度和行为价值准则。"知足",更多是从抑制贪欲的角度说的;而"知足之足",主要是从人生态度的角度说的。刘笑敢说:"'知足之为足'说的是以'知足'为足,提出了'足'的一个新定义,即以个人的具体的满足为'足'的普遍标准。"但是,"个人的具体的满足"又是很难确定的。奚侗说:"足与不足,因意念而生差别,无限量也。知足之足,泊然无营,又安有不足之时邪?"不生贪念,无私无营,淡泊自然,也就是十九章"见素抱朴"的意思。"见素抱朴,少私寡欲"的人生,即是"知足常足"的人生,也即是体"道"、行"道"的人生。因为,"道"即是"自然"的"无名之朴"。知道满足于"知足"的人,是知于"道"、足于"道"、止于"道"、行于"道"的人,也就是"常足"的人。在老子看来,"知足常足"的普遍标准,在于"道"呀!

第四十七章

【原文】

不出户，知天下；不窥牖①，见天道②。其出弥③远，其知弥少。是以圣人不行而知，不见而名④，不为⑤而成。

【注释】

① 窥牖：透过窗户去看。"窥"，透过缝隙察看。"牖"，（yǒu），窗户。

② 天道：指自然的规律。

③ 弥：更加。范应元注："弥，益也。"

④ 名：古通"明"，明晓、明了。《韩非子·喻老》篇引作"明"。

⑤ 不为："无为"之义。河上公本作"无为"。

【品鉴】

本章是讲对"道"的体认，不能依靠感觉经验和理性思维。这是直觉主义的认识方法。

"知天下""见天道"，都是指对"道"的认知。"道"是天下万物之总根源和总根据，是自然运行的规律法则。因此，体认了大道，掌握了自然规律，就可以洞察天下的万事万物，而不必向外逐求借助感觉经验。老子特别重视内在的直观自省。他认为，人们的心智活动如果向外驰求，将会使思虑纷杂，精神散乱。这样一种轻浮躁动的心灵，自然无法明澈地透视事物的本来面目和本质规律，所以他说："其出弥远，其知弥少。"在老子看来，世界上的一切事物都依循着某种规律运行，掌握了这种规律，便可洞察事物的真情实况，而"天道"或"大道"就是事物运动的总规律。王弼说："事有宗而物有主，途虽殊而同归也，虑虽百其致一也。道有大常，理有大致，执古之道可以御今，虽处于今可以知古始，故不出户窥牖而可知也。""大道"或"天道"无须向外驰求，而只能是反身内求，使心灵达到某种不受任何外界干扰的特定状态，这样便可获得"大道"。老子认为通过自我修养的工夫，作内观反照，清除心灵的障碍，就可达到这种特定的状态。"致虚极，守静笃"，用本明的智慧、虚静的心境，去览照外物，去了解外物运行的规律。掌握了天地万物运行的规律，洞察了万物万事的本质，就可以"不行而知，不见而名，不为而成"。

老子的这种直觉主义的认识方法，其基本特点就是既不需要经验观察，又不经过理性思考，这是中国哲学中常见的直觉主义的认识原则和修养方法。道家认为，"道"作为天地宇宙万物的总根源和总根据，也是一切知识的渊薮和代表，因此认识了"道"以后，就可以下推广到天下的具体性知识中来。道家强调对宇宙、世界、人生的总体把握，因而重视最高的直觉体认。老子的理论所强调的主要不是感觉经验，也不是理性思维，而是直觉的体会。老子所建构的理论形态强调了直觉的价值，而且把感觉经验和理性推理的过程推到了意识活动的背后。刘笑敢对老子这种基于直觉的体认方式，进行了深入的分析。他说："老子所强调的'不行而知、不见而名'的直觉性知识虽不是任何具体的做事原则和方法，却对一切具体知识和活动有着根本性的指导意义。这种最高的直觉的智慧不是天生的，也不是短期内可以学到的，但也不是完全脱离实际的空想，它应该是大量经验性观察、理性思考和直觉体悟相结合之后的结果。换言之，'不出户，知天下。不窥牖，知天道'在特定的情况下是可以实现的。……一般认为，老子之道是主观亲证的产物，其他人要认识道，也只有通过个人的直觉体认。这样说固然不错。但是，这种说法容易让人忽略老子哲学中的理性思考的一面。事实上，仅靠直觉体认是不能得出这样的概念的。'道可道，非常道；名可名，非常名'，这是深刻的思辨；'反者道之动，弱者道之用'，这是理性的抽象；'功成、名遂、身退，天之道'，这是经验的概括。这些关于道的说明显然不是来自直觉的。在强调老子哲学的直觉特点的同时，忽略和否定老子哲学的理性思考和经验积累的一面，显然不符合老子哲学的实际，因而是不妥当的。"此分析是非常全面深刻且符合老子思想实际的。

老子对于"道"的体认，强调了直觉直观，而把经验的积累和理性的思考放到了思维意识的背后，作为知识储备和思考背景而隐藏了起来。这种直觉直观的思考背景是"天地一体""道贯万物"。严遵说："天地之间、虚廓之中，辽远广大，物类相应不失毫厘者，同体故也。……天下为家，万物为体；视彼如己，视己如彼。稽之天地，验之古今，动之不违，以知天地之道毕于我也。故家者，知人之本根也；身者，知天之渊泉也。观天不由身，观人不由家，小近大远，小知大迷。去家出户，不见天下；去身窥牖，不知天道；其出愈远，其知益少；周流四海，其迷益甚；求之益大，功名益小。不视不听，求知于己，天人之际，大道毕矣。……审内以知外，原小以知大，因我以然彼，明近以喻远也！故圣人之为君也，犹心之于我、我之于身也。不知以因道，不欲以应天，无为以道世，无事以养民。玄玄默默，使化自得，上与神明同意，下与万物同心。动与之反,静与之存,空虚寂泊,使物自然。"就严遵的解释来说,天地万物皆为"道"所生所养,在本性上并没有什么实质性的差别。因此,以"道"观之,万物一体,天下的事物都承载并体现着"道"的本质性能。既然天地一体,彼此无别,所以"我"即体现着宇宙万物本有的一切,"我"即是个"小宇宙"。通过"我"这个"小宇宙",足可认识全部的宇宙真理、大道理则,"天人之际,大道毕"于"我"矣。因此,人们认识世界、把握真理,就不必舍近求远,舍己求外,舍身求物,只要自省反观"我"即可。但认识"我",是认识"道"在"我"身上的纯客观的显现,也就是说,认识"我"是为了认识"道",认识大道自然发生的过程。因此,认识"我"的过程,是无"我"的过程,是去除"我"之可能的私欲私意的过程,直至"我"无知无欲、无为无事而因"道"应"天"。因此,"我"之虚静的心灵便与"天道"合一,"与神明同意","与万物同心","道""我""物"泯然无别,一任自然矣。可见,认识天道与自我修养是同一个过程。

道家所揭示的以直观把握整体,以主客同一解释世界的思维方式,并不是与科学发展的思维趋势相背离的,相反,它与二十世纪以来的科学思维的方法有相当接近的一面。刘笑敢说:"老子之道是从整体的动态的角度来概括世界的统一性的,老子之道没有结构的观念,没有固定不变的基质,没有主观与客观的对立和分离。总起来看,至少我们可以说,老子之道所体现的精神或方向与最新的科学趋势不但没有必然的冲突,反而有许多相通、相似或相容之处。"

第四十八章

【原文】

为学①日益②，为道③日损④。损之又损，以至于无为⑤，无为而无不为⑥。取天下⑦常以无事⑧，及其有事⑨，不足以取天下。

【注释】

① 为学：从事于学，指学习礼俗。河上公注："'学'谓政教礼乐之学也；'日益'者，情欲文饰，日以益多。"蒋锡昌说："'为学者日益'，言俗主为有为之学者，以情欲日益为目的；情欲日益，天下所以生事多扰也。"

② 日益：指私意私欲日有增加。

③ 为道：从事于道，指修道进德。

④ 日损：指私意私欲日有减损。

⑤ 无为：无以为，不强为。

⑥ 无不为：无一不自为，无一不自成。

⑦ 取天下：治理天下。取，河上公注："取，治也。"

⑧ 无事：不生事，不干扰。

⑨ 有事：烦劳之意。指施政令，行教化。

【品鉴】

本章老子揭示了两种不同层次的认识对象："学"与"道"，并由此两种不同层次的认识对象之获得，而有两种不同乃至相反的认识途径与方法："为学"与"为道"。

"为学"是指探求外物的普通的求知活动；"为道"是指通过玄思或体验去领悟和把握最高的"大道"。"为学"所追求的是关于形而下的具体事物的知识，这种知识通过感觉经验即可获得，它贵在增益，日积月累，积少成多，所以说"日益"。"为道"则不同，首先，"道"是形而上的，它"视之不见""听之不闻""搏之不得"，超感觉、超经验，用认识具体事物的方法是不可获得的，经验知识的积累不仅无助于"为道"，而且还易于产生成见、偏见甚至欲望、智巧，反而会妨碍对大道的认识。其次，"道"是一种精神境界，一种生活的态度和原则，人类的自然真朴之性本是最符合大道的，但人类过多的和不适当的行为却破坏了这种自然的状态，徒增了许多的私欲、偏见和机巧，以至于离大道越来越远，因而人要"为道"，要仿效"道"的样子生活，要复归于自然，就必须排除这些多余的东西，排除得越彻底越好。因而"为道"贵在减损，"损之又损，以至于无为"，即损到无可再损的地步，所以说"日损"。多余的、不自然的东西损尽之日，就是体认把握"大道"之时，这就是"无为而无不为"。

老子的这段话极易引起误解，我们应细心谨慎地加以理解。有些学者认为，在老子那里"为学"与"为道"是互相排斥的，"为学"就无法"为道"，"为道"就必须放弃"为学"。这是一种误解，是由于仅从字面上孤立地理解这句话，而没能将它同老子的一贯思想联系起来加以理解造成的。实际上，老子并未把"为学"与"为道"截然对立起来。因为老子这里所要"益"和"损"的对象是不同的，"日益"的是经验知识，

"日损"的却是私欲、偏见、智巧等。冯友兰说:"为道所得的是一种精神境界,为学所得的是知识的积累,这是两回事。一个很有学问的人,他的精神境界可能还是像小孩子一样的天真烂漫。"所以,一个人应该日益其知,成为一个知识渊博的有学之人,同时又应该日损其欲,成为一个境界高尚的有道之人,使"为学"与"为道"相育并进。

这是就"为学"与"为道"的普遍意义和理想状态来说的,老子并未把"为道"和普遍意义的"为学"对立起来,老子并没有否定经验知识,而是在提醒人们,认识不应只停留在经验的层面上,还应以大道为更高的追求。在认识大道的途径和方法上,必须要认识到感觉经验的不足和私欲偏见的障碍。因此,"为道"却又是与增益私欲、增加偏见的"为学"是截然对立的。"为道"虽不必然反对"为学",但必然是反对私欲偏见,也因此必然反对那样的增长私欲偏见的"为学"。本章中的"为学"之学,显然是有所定指的,河上公注:"学,谓政教礼乐之学也;日益者,情欲文饰日以益多。道,谓自然之道也;日损者,情欲文饰日益消损。"这个注释颇得老子意旨,确实揭示了"学"与"道"的实质。在老子看来,政教礼乐的世俗之学恰恰是煽情勾欲、增益智巧的东西。这样,"为学"与"为道",就在欲望的问题上有了现实的可比性。无论是在"为"的途径、方法上,还是在"为"的态度和目的上都是相对立的,才能凸显"为学""为道"对举,"益""损"并列的现实意义和思想价值。"为道"须损欲,而俗学益欲,故"为道"者须"绝学",方可"无忧"矣。老子并不反对普遍意义上的"为学",老子本人即是一位博学多识的人。但在认识"道"的问题上,老子指出了感觉经验的局限性,指出了"为道"与"为学"在认识途径和方法上的不同;"为道"者必须"涤除玄鉴""致虚守静",才能体认"大道",而私欲、偏见足以搅扰虚静的心灵,它们对体认"大道"是有害的,是应该"涤除"的,也因此老子反对世俗之学，因为正是世俗之学助长了这种私欲和偏见。"绝学"正是为了"损欲"，"损欲"正是为了"虚静"，"虚静"正是为了"体道"，"体道"正是为了"无为而无不为"。

"无为""无事"，就是没有私欲私意、没有偏见成见地去"为"去"事"，也就是因循自然的"大道"去做事。这样地去做事，哪会有不成事的道理？治理天下也是这样，只要因循大道，无为无事，则无物不成，万物自然，天下得治。这就是"无为而无不为"。"无为"是思想、态度、原则、方法，"无不为"是表现、成效、结果、目的。"无不为"是通过"无为""无事"，且只有通过"无为""无事"才能实现和达到的，"及其有事，不足以取天下"。

第四十九章

【原文】

圣人无常心①,以百姓心为心。善者,吾善之;不善者,吾亦善之,德善②。信者,吾信之;不信者,吾亦信之,德信也。圣人在天下歙歙③,为天下浑其心④。百姓皆注其耳目⑤,圣人皆孩之⑥。

【注释】

① 无常心:王弼本作"无常心",张纯一说:"当作'常无心'。"河上公注:"圣人重改更,贵因循,若自'无心'。"严遵曰:"'无心'之心,心之主也。"帛书乙本作"恒无心"。"常无心",永远没有私意私心。

② 德善:得善。德,假借为"得"。

③ 歙歙:指收敛私心。歙(xī),收敛。

④ 浑其心:使人心归于浑朴。

⑤ 注其耳目:专注于他们的耳、目等感官。注,专注。王弼注:"各用聪明。"

⑥ 孩之:使之孩,使他们复归于婴儿。王弼注:"皆使和而无欲如婴儿也。"

【品鉴】

本章言"圣人"应无心去私，顺应民意，使百姓自然。

老子对人民的苦难予以深深的同情，在他的政治思想中，"民""百姓"占有很重要的地位。他告诫统治者要以民为本，"故贵以贱为本，高以下为基。是以侯王自谓孤寡不穀，此非以贱为本邪？"（第三十九章）民众虽然卑贱，但却是高贵的王侯赖以存在的根本，也是一个国家的根基，没有了民众这个根基，建筑于其上的国家政权便无法存在，这是治国的王侯们时刻不该忘记的。因而，老子指出："圣人无常心，以百姓心为心。"圣明的君主治理天下，应没有自己的私心私意，而以百姓的意愿为自己的意愿，根据百姓的需要和心意来施政。

老子强调以民心为社会治理者的行动依归，这一思想与儒家传统是相当一致的。《尚书·皋陶谟》说过"天聪明，自我民聪明"。孟子也曾引《尚书·泰誓》之言："天视自我民视，天听自我民听。"（《孟子·万章上》）所谓"天"，是儒家传统中最高原则和意志的代表，是圣人治理天下的行动依归，而天以民之耳目为耳目，可见民意在儒家传统中是相当重要的。刘笑敢说："儒家传统和道家传统都重视民意，这是二者在基础层面上的一致，是山脉蜿蜒相连的一面，是儒道相通的一面。但是从较高层面上看，儒道显然是不同的，二者所设最高价值不同，最高的理想目标不同。儒家以仁义或天理为最高价值，以道德原则为个人生命的意义所在和社会安定的命脉；道家则以个人的自由以及在此基础上的社会和谐为最高价值，以自然而然的和谐为理想的社会状态。……道家思想毕竟是中国本土文化中最有利接引民主政治的思想学说，一切真诚地追求民主政治的人都可以而且应该从道家思想中汲取本土的精神资源，创造中国人喜闻乐见的民主思想和民主形式，从而推动真的民主制的实现。总之，道家思想在现代社会的积极意义是一种可能性，是值得认真对待的一种可能性。"

圣人"以百姓心为心",不存私意,所以"善者,吾善之;不善者,吾亦善之,德善。信者,吾信之;不信者,吾亦信之,德信"。河上公注:"百姓为善,圣人因而善之;百姓虽有不善者,圣人化之使善也。百姓德化,圣人为善。"蒋锡昌亦曰:"此言民之善与不善,圣人一律待之以善,而任其自化,则其结果皆得善矣。""信"也是这样。诚信的百姓,我以诚信待之;不诚信的百姓,我也坦诚相待,感化他使之诚信。如此的结果,方是真正得到了信。理想的治者,浑厚真朴,以善心去对待任何人,无论善与不善;以诚心去对待所有的人,无论守信与不守信。这和"常善救人,故无弃人;常善救物,故无弃物"(第二十七章)的思想是一致的。由此可见,老子并非不要"善""信",他反对的是统治阶级强行划分的善恶标准,只是体现着统治阶级私人意志的"善"和"信"。老子追求是"大善""大信",使天下之人皆善皆信,这样才算是真正得到了"善"和"信"。张松如说:"今之读者,往往有一种误解,因为老子反对'仁义',绝弃'仁义',便认为他是反伦理主义者。其实不然。……老子只是张扬人民性的伦理,反对封建统治者的伦理罢了。"

那老子为什么主张对百姓不分善与不善、信与不信,都一视同仁地待之以善信呢?这是因为老子的最高原则是"道法自然"。这一原则希望万物中的个体都能保持其自然的本性,自然地发展自身的潜能,从而自然地完成自身的生长历程。所以从道的原则看来,社会强行划分善恶标准就是强不齐以为齐,造成对人的自然状态的割裂和破坏。"善者,吾善之;不善者,吾亦善之,德善。信者,吾信之;不信者,吾亦信之,德信也"。看似大善大信,实际上是无所谓善信,各随其自得耳;"圣人不仁,以百姓为刍狗",看似不仁不义,实际上是无所谓仁义,各任其自生耳。这都是说的同一个意思,只不过是一个从正面说,一个从反面说而已。老子主张圣人要顺应自然，不违背百姓的自然本性，使百姓自长自成，自足自安。所以圣人在天下的作用，就是"歙歙为天下浑其心"，既要去除自己的私心，不以私意害天下，同时又要使天下之人都能保持浑朴纯真的心灵。百姓不免属意于自己的耳目感官，行私用智，这时圣人就要使他们"复归于婴儿"（第二十八章），"皆孩之"，都使他们回复到婴孩般纯真的状态。怎样使百姓"皆孩之"呢？这就是第三十七章所说的"化而欲作，吾将镇之以无名之朴"，用"道"的原则使百姓返本复原，回复自然纯朴的本性。这样，天下也就回复了自然安定的状态。在老子看来，圣人对百姓"镇之以无名之朴"，是使百姓恢复他们的自然本性，而不是违背或破坏百姓的自然状态，因此圣人的这种"镇"的行为，是不违自然、顺其自然的行为，是"为无为"（第六十三章）。

第五十章

【原文】

出生入死①。生之徒②，十有三③；死之徒，十有三；人之生动之死地④，亦十有三。夫何故？以其生生之厚⑤。盖闻善摄生⑥者，陆行不遇兕⑦虎，入军不被⑧甲兵。兕无所投其角，虎无所措其爪，兵无所容其刃。夫何故？以其无死地⑨。

【注释】

① 出生入死：人出于生，而入于死。此句通常有两种解释：一、人离开生路，就走进了死路。王弼注："出生地，入死地。"二、人始于生而终于死。吴澄说："出则生，入则死。出谓自无而见于有，入谓自有而归于无。"又如蒋锡昌说："此言人出于世为生，入于地为死。"

② 生之徒：属于长命的。"徒"，类，属。

③ 十有三：十分中有三分，即十分之三。王弼注："'十有三'，犹云十分有三分。"

④ 人之生动之死地：王弼本作"人之生动之死地"，疑此处脱一"生"字。帛书本作："而民生生，动皆之死地之"，又下文有"以其

生生之厚",所以此句应作:"人之生生,动之死地。""生生"是一个动宾结构的短语,意谓"过分地奉养生命"。老子认为,过分地奉生即是妄动,反而走向死路。

⑤ 生生之厚:厚自奉养以求生,指过度地物欲享受。

⑥ 摄生:养生。摄,调摄,养护。

⑦ 兕(sì):犀牛。

⑧ 被:遭遇、遭受。《广雅·释诂二上》:"被,加也。"。

⑨ 无死地:没有死地,即"不入死地"之意,不进入可以致死的境地。

【品鉴】

此章是讲老子的养生之道。"善摄生"就是善于养生。善于养生的人并不是求生太过的人,锦衣玉食、贪餍好得反而会损伤身体;善于养生的人是少私寡欲、素朴自然而不入死地的人。老子提醒世人,不要因为益生反而害生。

人生在世,大约有十分之三是长寿的,十分之三是短命的,这些都是属于正常的死亡。另有十分之三的人,本来可以活得长久,但是贪餍好得,伤残身体,反而自己糟蹋了生命。只有极少的人,善于护养自己的生命,能做到少私寡欲,过着清静自然的生活。在老子看来,人们的出生都是相同的,都是从母体呱呱坠地。但是,出生以后的状况却大有差异:有些人身体健康,寿比彭祖;有些人羸弱多病,早亡夭折;有些人萎靡不振,未老先衰;有些人诸病不侵,百岁矍铄。那么,既然人们的出生在同一起跑线上,为什么却会有不同的结果呢?这是由于他们对待生命的态度和护养生命的方法不同,而导致生命的长短厚薄各有不同。

王弼注:"取其生道,全生之极。"什么是"生道"呢?吴澄说:"凡不以忧思嗜欲损寿，不以风寒暑湿致疾，能远刑诛兵争压溺之祸者，生之徒也。"对于生命来说，懂得保持健康体魄的重要性，避免这些外在伤病的侵害，当然是很重要的。但在老子看来，那十分之三自寻短命的人，主要不是由于兵刑、疾病而致死，而是死于"生生之厚"。高亨说："生生之厚者，逞欲于声色等，是自伤其生而动之死地矣。"高延第说："'生生之厚'，谓富贵之人，厚自奉养，服食药饵，以求长生，适自蹈于死地，此即动之于死地者之端。缘世人但知戕贼为伤生，而以厚自奉养为能养生，不知其取死者同也，故申言之。"可见，"生生之厚"就是指尽量满足自己的物欲享受，贪生纵欲。世俗之人把注重享受、满足欲求当成了"养生"。而在老子看来，这种贪图享受、放纵欲望的做法，不但不能增益生命力，反而会损害生命，招致灾殃，不仅不是养生，反而是害生。正是由于这种"生生之厚"的行为，才使得近三分之一的人自己走向了死路。

老子的养生之道与世俗之人截然不同。在老子及其道家学派看来，人的生命也是一个自然体，对待生命也应该本着因任自然的原则。《庄子·德充符》曰："当因其自然而不益生。"人的生命是一个自然的状态和过程，不能人为地搅扰和破坏，即使是抱着增加生命力的良好愿望去"益生""厚生"，结果也会适得其反，因为这种"益生""厚生"的行为本身就已经破坏了人之生命的自然。所以老子说："益生曰祥"（第五十五章），人为地妄加增益生命，这种"益生"的行为是不祥的，其结果只会使生命夭折。贪生太过，纵欲伤身，不仅没有好处，反而导致害生。《老子》第十二章说："五色令人目盲，五音令人耳聋，五味令人口爽，驰骋畋猎令人心发狂，难得之货令人行妨。"不会养生的人，或是过度地追求名利，或是过分地贪图享受，都同样的因为违背了生命的自然而过早死亡了。老子对这种"益生""厚生"的行为是贬斥的，他追求的是"无死地"的"善摄生"。"善摄生"之人,对生命采取自然的态度,恬淡寡欲、清静质朴、因顺自然,当然也就不会与人争名逐利、争强斗狠,也就不会步入"死地"了。下文"陆行不遇兕虎,入军不被甲兵。兕无所投其角,虎无所措其爪,兵无所容其刃",就是用形象的比喻来说明"善摄生"之人的所行所为,一任自然,不与人争,顺物之性,根本就不接近死地。高延第说:"真善摄生者,安时处顺,虚己游世,无害物之心者,物亦不得而害之,故无死地。"这里所作的兵不杀、虎不咬等描写,并不是说"善摄生"之人有什么特异功能,有什么特殊的技巧本领,而是说他的无心无为,顺应自然,因此也就没人仇视他,没物忌恨他,也就是俗语所云"人无害虎心,虎无伤人意"。这样的人,才是最善于养生的人;这样的人,才可以全生保身,颐养天年。

养生之道对于我们每个人来说都是重要的,尤其是对于领导者,就显得更为重要。领导干部是国家的决策者、组织的管理者,他们身上担负的责任应该说重于普通人,其生死健康直接关系到一个组织的生存和发展。老子强调"养生"的重要性,但是却不提倡那种"生生之厚"的养生行为,反对贪婪好得、厚养自奉以求生。老子认为,只有循道而行,顺应自然,于人于物皆无损伤,才能做到养性摄生,使自己的生命得以长久。因此,我们的领导者要引以为鉴,节制私欲,戒除贪念,做到"少私寡欲","后其身而身先""外其身而身存",把自身的利益放在人民之后,这样才能获得人民的支持和拥护。

第五十一章

【原文】

道生之，德畜①之，物形之，势②成之，是以万物莫不尊道而贵德③。道之尊，德之贵，夫莫之命而常自然④。故道生之，德畜之，长之育之，亭之毒之⑤，养之覆⑥之。生而不有，为而不恃，长而不宰，是谓玄德⑦。

【注释】

① 畜：养育。《诗·小雅》："尔不我畜，复我邦家。""畜"即是养育之义。

② 势：指自然运行的必然性。河上公注："万物作，寒暑之势以成之。"《庄子·天道》篇："天道运而无所积，故万物成。"又"势成之"，帛书甲、乙本均作"器成之"。高明说："按物先有形而后成器，《老子》第二十九章'天下神器'，王弼注：'器，合成也。无形以合，故谓之神器也。'可见，今本中之'势'应假借为'器'，当从帛书甲、乙本作'器成之'。夫物生而后则畜，畜而后形，形成而为器。其所由生者道也，所畜者德也，所形者物也，所成者器也。"帛书本文义较佳。

③ 万物莫不尊道而贵德：万物没有不尊贵道德的。

④ 莫之命而常自然：没有谁给下命令，而是自然如此。

⑤ 亭之毒之：有两种解释，一、作"安""定"讲。《仓颉篇》："亭，定也。"《广雅·释诂一上》："毒，安也。""亭之毒之"，即是定之安之。二、作"成""熟"讲。河上公本和其他古本"亭之毒之"多作"成之熟之"。高亨说："'亭'当读为'成'，'毒'当读为'熟'，皆音同通用。""亭之毒之"，即是成之熟之。

⑥ 覆：覆育，庇护。《庄子·天地》篇："夫道，覆载万物者也。"言道如天地覆载化育万物。

⑦ 生而不有，为而不恃，长而不宰，是谓玄德：这四句重见于第十章。

【品鉴】

本章重点说明"道""德"之功用，老子阐发了"道"以自然的方式生养万物的思想。

"道生之，德畜之，物形之，器成之"，这说明了万物生成的过程：一、万物由"道"产生；二、道生万物之后，又内在于万物，成为万物各自的本性，即"德"；三、万物依据各自的本性而赋形，成为个别的存在体，即"物"；四、有形之物发展成型而为"器"。万物的生成过程，即是"道"由无形质向有形质落实显现的过程。"道"是万物由以生成者，"德"是道分化于万物者，是一物由以存在者。张岱年说："一物由道而生，由德而育，由已有之物而受形，由环境之情势而铸成。道与德乃一物之发生与发展之基本根据。《庄子·天地》说：'物得以生谓之德'，德是一物所得于道者。德是分，道是全。一物所得于道以成其体者为德。德实即是一物之本性。"落实、体现于万物之中并作为万物存在根据的"道",老子称之为"德"。万物所得之"道"就是"德","德"是"道"在具体事物中的体现,是事物所以如此的根据。因此也可以说,"德"就是存在于万物之中的"道",就万物的生成来讲是"道",就万物的存在来讲是"德","道"与"德"是不可分离的二位一体。

冯友兰说:"老子认为,万物的形成和发展,有四个阶段。首先,万物都由'道'所构成,依靠'道'才能生出来('道生之')。其次,生出来以后,万物各得到自己的本性,依靠自己的本性以维持自己的存在('德畜之')。有了自己的本性以后,再有一定的形体,才能成为物('物形之')。最后,物的形成和发展还要受周围环境的培养和限制('势成之')。在这些阶段中,'道'和'德'是基本的。没有'道',万物无所从出;没有'德',万物就没有自己的本性;所以说:'万物莫不尊道而贵德。'""德"又是"道"的体现和作用,"物""器"更是"道"的进一步形象化、具体化。"道""德""物""器"四者反映了"道"逐步地从抽象到具体、从无形质到有形质的落实和显现。虽然说是"道生之""德畜之""物形之""器成之",但归根结底都是"道"的作用,是道生出和畜养万物,使万物生长成熟并得以保护。总括起来说,这些都是"道"作为万物之本原的作用或表现。

在万物的生长过程中,"道"和"德"是基本的。没有"道",万物就失去了存在的本原;没有"德",万物就失去了存在的根据;"是以万物莫不尊道而贵德"。蒋锡昌说:"道之所以尊,德之所以贵,即在于不命令或干涉万物,而任其自化自成也。"张岱年说:"万物皆由道生成,而道之生万物,亦是无为而自然的。万物之遵循于道,亦是自然的。在老子的宇宙论中,帝神都无位置。"陈鼓应说:"道对万物不加以干涉,而让万物顺任自然。"这种解释是,道对万物不下命令,而让万物自生自长,万物自然地尊崇道德。帛书本此处"命"作"爵","道之尊德之贵也，夫莫之爵而恒自然也"。成玄英注："世上尊荣必须品秩，所以非久；而道德尊贵无关爵命，故常自然。"此句意为：道德的尊贵地位，并不是被封授的，而是自然如此的。此种解释更为顺畅。这两种解释都通，都是强调"道""德"的自然品性。道德的崇高地位是自然而然的，不是任何东西赐予的。道德的尊贵，并非是有谁对它们加以封爵，其被万物所尊崇是自然而然的。这也就是说，道的生养万物，与万物依靠道而生长发展，都是自然如此的，并没有任何主宰的神秘力量。冯友兰说："这些论点表明，万物的形成和变化不是受超自然的意志支配的，也不是有某种预定的目的。这是一种唯物主义和无神论的思想。它不仅否定了上帝创世说和目的论，而且表明了'道'不是精神性的实体。"

因为道的创造万物并不含有意识性，也不带有目的性，更不含丝毫占有性，所以说是"生而不有，为而不恃，长而不宰，是谓玄德"。陈鼓应说："'道德'的尊贵，在于不干涉万物的成长活动，而顺任各物自我化育，自我完成，丝毫不加以外力的限制与干扰。'生''为''长'都是说明道的创造功能，'不有''不恃''不宰'都是说明道的不具占有意欲。在整个道的创造过程中，完全是自然的，各物的成长活动亦完全是自由的。"本章讲的是"道"之自然，但落脚点却是"玄德"。"玄德"，既是最高之道本身的性能的体现，又是体现着道之品性的圣人之德。刘笑敢说："老子的自然的核心意义在于人世。"本章则为人类社会的自然无为的原则提供了形而上的根据，那就是"道"本身所体现的自然的原则和价值。

老子"尊道贵德"思想，给我们的领导行为提供了有益的借鉴。我们的领导工作要遵循自然的价值原则，通过"尊道贵德"而达到"生而不有，为而不恃，长而不宰"的"玄德"。领导者位高权重，拥有很多下属所没有的各种权力。权力是把"双刃剑"，既可以给领导者的有效领导和管理提供有力的工具和手段，也可以滋生领导者的骄纵情绪与独断作风。老子意识到了统治权力可能造成的负面影响，所以警示那些高高在上的统治者要效法大道，具备"生而不有，为而不恃，长而不宰"的玄德。拿到今天来说，就是要求领导者要帮助下属获得成功而不阻碍其发展，要懂得提拔自己的下属但不与他们争夺功劳，要鼓励和培养自己的下属但不任意地主宰他们，这便是领导者需要具备的"玄德"，也是领导者在领导工作中所应遵循的真理和规律。

第五十二章

【原文】

天下有始①，以为天下母②。既得其母，以知其子③；既知其子，复守其母，没身不殆④。塞其兑，闭其门⑤，终身不勤⑥。开其兑，济其事，终身不救⑦。见小曰明⑧，守柔曰强⑨。用其光，复归其明⑩，无遗身殃⑪，是为习常⑫。

【注释】

① 始：始原、本原，指道。张岱年说："在老子以前，似乎无人注意到宇宙始终问题；到老子乃认为宇宙有始，是一切之所本。"

② 天下母：天下，指天下万物；母，母体、本根，指道。道是无和有的统一，既是万物存在的本原，又是万物生长的本根。第一章："无，名天地之始；有，名万物之母。"因为无中潜存着有，且能出有，所以道既可以为万物之始，又可以为万物之母。

③ 子：指万物。物为道所生，子为母所生，所以得道便可以知万物，得母便可以知子。

④ 没身不殆：终身都没有危险。没（mò），《国语·晋语五》："没，终也。"殆，危险。子由母生，子由母存，背离了母，子便不能

生存。因此，子为母生之后，还必须"复守其母"，才能终身不出危险。

⑤ 塞其兑，闭其门：塞住嗜欲的孔窍，闭起嗜欲的门径。兑（duì），奚侗说："《易·说卦》：'兑为口。'引申凡有孔窍者可云'兑'。……塞兑，闭门，使民无知无欲。"高延第说："'兑'，口也，口为言所从出，门为人所由行，塞之闭之，不贵多言，不为异行。"王弼说："'兑'，事欲之所由生；'门'，事欲之所由从也。"

⑥ 勤：劳。《说文》："勤，劳也。"河上公注："终身不勤苦。"王弼注："无事永逸，故终身不勤也。"

⑦ 开其兑，济其事，终身不救：打开嗜欲的孔窍，增添纷杂的事件，终身都不可救治。济，补益、增添。救，挽救、救治。

⑧ 见小曰明：能察见微小的，才是"明"。这里的"小"，指道。道言为"小"，是指其超形象、超感觉的特点而言。认识了道，才叫作明。张尔岐说："视之而不可见者小也，能见此不可见者是明。"

⑨ 守柔曰强：能持守柔弱的，才是"强"。此处的"强"，陈鼓应释作"健"，自强不息的"强"。卢育三说："'守柔曰强'之强，与强梁者之强是不同的。前者是柔而不折，柔中之强；后者之强，是刚愎自用，外强中干，包含有走向败亡的因素。"

⑩ 用其光，复归其明：运用智慧的光，返回内在的明。魏源说："光者明之用，明者光之体。"陈鼓应说："'光'是向外照耀，'明'是向内透亮。"光由明生，用其光，而又复归于道之明。

⑪ 无遗身殃：不给自己留下祸殃。遗，遗留。光芒耀人，为人所嫉；"光而不耀"，则不会留下祸殃。

⑫ 习常：通行本作"习常"，傅奕本、苏辙本、林希逸本、吴澄本及帛书甲本均作"袭常"。马叙伦说："'袭''习'古通。《周礼·胥师》

注曰：'故书袭为习。'是其例证。""袭常"，即是因循常道的意思，《广雅·释诂四下》："袭，因也。"

【品鉴】

本章主旨在于说明"得母知子""知子守母""守母存子"的道理。老子从生命存在的本原处，揭示了人的立身处世之道。

在老子看来，天下万物的生长和发展有一个总的根源，因此人们要从万物万象中作追根溯源的思考。老子认为，万物都是由"道"化生出来的，天下万物有一个总根源作为产生自己的母体，这个本原就是"道"。大道与万物的关系，就如同母子，万物就像是从大道母亲中生养出来的。奚侗说："道先天地而生，即为天下万物之母。道为母，万物为子，既因物之所从生以得其母，亦因道之所以生以知其子。万物为道之子，道以无为使各遂其生。"因为万物都是由"道"化生出来的，所以"既得其母，以知其子"，真正知道了自己的生命是来源于永恒的大道，那就明知了生命存在的本然。"既知其子，复守其母"，既然已经从母体那里得到了自己的生命，就应该了解自己是大道母亲之子，因此应该回去持守住自己生命的本源。"复守其母"，即是持守大道；持守大道，才能"没身不殆"。守住生命的本根，才能永葆生机。这就是"守母存子"。老子从生命存在的本原处来说明人的生存之道，"守母"以"存子"。人们只有持守住了"道"，才能把握住天地万物生命的根源，才能抓住宇宙万象生命的本质。"母"，即是生命存在的本原，"得母"才能"知子"，"守母"才能"存子"，否则就会失去生命的本根、本原。"母"与"子"只是比喻道与万物的关系，这里把"道"比作"母"，只是一种比喻的说法而已，"母"只是一个喻体。那"守母"，要守住的是什么呢？就是要守住大道赋予每一生命个体的自然本性。

要守住生命的本然，老子告诫人们不可一味地奔逐物欲。肆意奔逐的结果，必将离失自我。老子认为，人们要循道而行，守住本根，关键是能堵住自己嗜欲的通道。"塞其兑，闭其门，终身不勤。开其兑，济其事，终身不救"，一旦放开欲望的闸门，放纵贪欲，就会被私欲所蒙蔽，就会被贪心所牵引，终身无可救药；相反，只有去除私欲，摒除纷扰，回归生命的清静澄明，终身就不会劳苦。摒除私欲纷扰，是为了用虚静的心灵体认大道，体认了"大道"，才叫作"明"。此章的"见小曰明"与第十六章"知常曰明"都是指对"道"的体认。体认了大道，认识了道的冲虚，就不会再争强逞意、光耀炫人，而是持守柔弱，无为不争，"用其光，复归其明。"光亮来源于明物，物不明则光不亮，"用光复明"亦是"守母存子"之道。"守母""复明""见小""守柔"，都是指要守住"道"之"体"，其"用"才得以发显。守道而行道，即是"袭常"。因循常道，从道而行，自然不会留下祸殃。"守母""袭常"，是老子教导世人的立身处世之道。

老子"守母存子""用光复明"的思想，对于我们的领导工作来说具有极大的启发意义。这就要求我们在领导工作中，要注意把握住事物之间的本末关系。领导工作千头万绪、纷繁复杂，要善于找到问题的根源，把握本末关系，先解决重点的工作，再解决次要的工作。首先找到问题的根源所在，抓住引起问题的根本原因，这样才能对症下药，针对不同的原因，实施不同的措施，根除领导工作中存在的问题。领导者一旦抓住了根本问题和重点矛盾，工作起来就会事半功倍，那些次要问题也会迎刃而解。那种不分本末、不知轻重、大事小事一起抓的领导行为，是不会取得好的效果的。另外，老子也告诫人们不要贪欲，要知道堵住自己的欲望之门，这对于领导者来说更显得重要。领导者要想领导好、管理好，就要节制自己的贪欲，洁身自爱，廉洁自律，全心全意地为百姓谋利益。此外，领导者要懂得"见小曰明，守柔曰强"的道理，注意对细微之物的观察，事物的发展趋势总是由小到大、由弱到强，所以要做到见微知著，从细微的工作做起，防患于未然。领导者还要注意持守柔弱，"光而不耀"（第五十八章），有意识地减弱自己的占有欲和支配欲，这样就可以避免或消解工作中的一些不必要的矛盾，顺利地开展领导工作。

第五十三章

【原文】

使我①介然有知②,行于大道,唯施③是畏。大道甚夷④,而民好径⑤。朝甚除⑥,田甚芜,仓甚虚。服文采,带利剑,厌⑦饮食,财货有余,是谓盗夸⑧。非道也哉!

【注释】

① 我:指有道的君主。范应元说:"使我者,老子托言也。"

② 介然有知:介,有两种解释:一为微,成玄英疏:"介然,微小也。"焦竑说:"介然有知,犹言微有知也。"二为确,"介然,坚固貌。"《周易·豫卦》:"介于石,不终日。"马恒君说:"'介然'是独立不拔的样子,'介'是能独立行动,不受牵制。'知'是过问、管的意思。'有知'是有管理的权力,即能主宰。"河上公注:"老子疾时王不行大道,故设此言。使我介然有知于政事,我则行于大道,躬无为之化。"河上公的解释较为恰当。

③ 施:有两种解释,一是施为,河上公注:"唯,独也。独畏有所施为失道,意欲赏善,恐伪善生;欲信忠,恐诈忠起。"二是邪行,王念孙说:"'施'读为'迤'。迤,邪也。言行于大道之中,惟惧其入

于邪道也。下文云'大道甚夷，而民好径。'河上公注：'径，邪不正也。'是其证矣。"王说是。

④ 夷：平，平坦。

⑤ 径：小路，邪路。

⑥ 朝甚除：朝廷非常败坏。"除"，有几种解释：一、（宫殿）整洁；如王弼注："'朝'，宫室也。'除'，洁好也。"河上公注："高台榭，宫室修。"二、废弛、颓败；严灵峰说："'除'，犹废也。言朝政不举而废弛也。"马叙伦说："'除'借为'污'。"后者较为恰当。

⑦ 厌：饱足。敦煌本"厌"作"饜"，"厌"，假借为"饜"。

⑧ 盗夸：大盗。"盗夸"，《韩非子·解老》篇作"盗竽"。韩非说："'竽'也者，五音之长也者。故竽先，则钟瑟皆随；竽唱，则诸乐皆和。今大奸作则俗之民唱；俗之民唱则小盗必和。故服文采，带利剑，厌饮食，而资货有余者，是之谓'盗竽'矣。"高亨说："'夸'、'竽'同声系，古通用。据韩说，'盗竽'犹今言盗魁也。'竽'以乐喻，魁以斗喻，其例正同。"严灵峰说："'夸'，奢也；从大，亏声；犹'大'也。'盗夸'，大盗也；犹'盗魁'也。"

【品鉴】

本章尖锐地揭露了当时政风的败坏，描述了当时社会的黑暗和统治者给人民带来的深重灾难。老子给无道的执政者作了画像：他们凭借权势和武力，对百姓恣意横行，搜刮榨取，终日荒淫奢侈，过着腐朽糜烂的生活，而下层民众却陷于饥饿状况，农田荒芜、仓库空虚。面对这种景况，无怪乎老子把当时的统治者叫作"盗夸"，气愤地斥骂他们为"强盗头子"。

在本章的开始，老子即表达自己的政治理想："行于大道。"大道的本义是平坦之途，比喻为理想的社会原则和行事原则。在老子看来，理想的治者应遵循自然的大道，实行无为而治，让百姓过上自然、舒适、安足、幸福的生活。所以老子说："假若我能职掌政事，一定行于平坦的大道，时刻提醒自己不要误入歧途邪路。"大道是平夷的，依循着人的自然本性而健康发展；但是人们却偏偏不走大道，甚好邪曲不平的小径。为何如此？见小利以争捷径也。好小道，走捷径，可以取巧占利、营己行私呀！严遵注："大道甚夷，其化无形，若远而近，若晦而明。平夷而无秽，要约而易行。无为而功成，无事而福盈。天地由之，万物以生。而民背之：用其聪明，任伪废道，反地逆天，尊知贵巧。"无形的大道，看起来幽远深晦，实际上是很切近简明的，只要保持住那一颗虚静、纯朴、自然的心灵就够了。可是，就这"方寸"一点最难保持。人们总是被聪明智巧、声名利欲等占据束缚着心灵，从而使它变得躁动、奸伪、浮华。在这样的纷攘之心的支使下，人们总想挑便宜、图省事、重己不顾人，抄小路、寻私利去了。老子在这里揭露了常人易于营私贪利的弱点，但主要的矛头是指向统治者的，或者说正是统治者的贪婪奢华而逼迫、诱导和助长了社会民众的巧取、贪利、邪曲之风。

"服文采，带利剑，厌饮食，财货有余"，这显然是对统治阶层的炫耀奢华行径的描写。统治阶级侈靡的生活，是建立在广大劳动人民受冻挨饿的困窘生活之上的。这从"朝甚除，田甚芜，仓甚虚"可以看得出来，"朝政是那么的腐败，农田是那么的荒芜，仓库是那么的空虚"，人们的生活是那么的困苦，而这些身为社会治理者的统治阶级却只知榨取，不顾民生，竟然衣着锦绣，招摇过市，身挎宝剑，傲气凌人，不以强盗的行径为耻，反以强盗的嘴脸自夸，这样的生活反差，这样的社会矛盾，必定会激起民众的愤恨和反抗。杨兴顺说："'盗夸'之人过着奢侈生活，而人民却在挨饿。按照老子的学说，这类不正常的情况是不会永远存在下去的，人类社会迟早会回复它自己最初的'天之道'。老子警告那些自私的统治者，他们永远渴望着财货有余，这就给自己伏下极大的危机。'祸莫大于不知足，咎莫大于欲得'（第四十六章）。这样，他们违背了'天之道'的法则，而'不道早已'（第三十章）。让早已忘却先王的金科玉律的自私的统治者不要这样设想，以为他们的力量是不可摧毁的。这样的日子是会来临的：统治者将因自己的一切恶行而受到惩罚，因为在世界上，'柔弱胜刚强'。老子对于压迫者的炽烈仇恨，对于灾难深重的人民的真挚同情，以及对于压迫人民、掠夺人民的社会政治制度必然崩溃的深刻信念——这些都是老子社会伦理学说中的主要特点。"从社会安定和个人安足的角度，对执政者的贪婪奢侈进行揭露抨击，对处于社会下层的人民予以深深的同情，这也是老子开创的道家学派最为可贵的观点。老子把这些贪婪奢华的统治者斥为"盗夸"，庄子说："窃钩者诛，窃国者为诸侯，诸侯之门而仁义存焉"，"圣人不死，大盗不止"（《庄子·胠箧》），对统治者假借仁义之名欺世弄权的虚伪嘴脸予以无情地揭露。无道的统治者，只想着自己搜刮榨取，假公肥私，而完全不顾下层民众的死活，老庄把他们斥为"强盗头子""窃国大盗"，这真切地表达了被压迫者的愤怒心声。

张舜徽说："此数句言人主多欲，修其宫庭，美其服饰，以致田野荒芜，仓廪空虚，而国家倾覆随之，此由违乎无为之道而然也。"照此看来，本章主旨仍是归于无为之道，借痛言统治者有为纵欲之害，以明大道自然无为之益。刘笑敢说："本章没有一字讲到自然、无为，但是背后所隐含的道理还是社会秩序的自然和谐，社会治理者的无为而治，百姓的朴实无华、自足自乐"。可谓善解矣。

第五十四章

【原文】

　　善建者不拔，善抱者不脱，子孙以祭祀不辍①。修之于身，其德乃真；修之于家，其德乃余②；修之于乡，其德乃长③；修之于国，其德乃丰④；修之于天下，其德乃普⑤。故以身观⑥身，以家观家，以乡观乡，以国观国，以天下观天下。吾何以知天下然哉？以此。

【注释】

　　① 辍：断绝。

　　② 余：饶余。

　　③ 长：盛大。

　　④ 丰：丰厚。

　　⑤ 普：周普。

　　⑥ 观：体察，这里指用类推的方法来认识。

【品鉴】

　　本章讲修道进德的重要性，说明了把道德推行天下的方法。

老子说："善建者不拔，善抱者不脱。"善于建树的，以"道"为根，谁能拔除？善于抱持的，抱"德"不离，怎能脱落？老子认为，天地万物皆由道生，道是宇宙的始源本原，是万物生存的形上根据，也是人的安身立命的根本。所以善于建树者，就是以形上之道为生命的根源，这样就没有谁能拔除这永恒的大道而得以永葆生机和活力。善于抱持的人，就是"抱一""抱朴"，"常德不离"，保持纯朴的自然本性而不使之散失脱落。抱"德"，即是守"道"，"德"是"道"落实到万物中形成的内在本性，两者是二而一的。所以，这个"善建""善抱"的原则，就是道的原则，修道而进德的原则。

在老子看来，"道""德"是人生的根本，修道进德是子孙得以祭祀不绝的根基。道的原则不仅是一个人立身处世的根本，也是家国、社会、天下得以治理的普遍性法则。"修之于身，其德乃真；修之于家，其德乃余；修之于乡，其德乃长；修之于国，其德乃丰；修之于天下，其德乃普。"这里的"之"，均指"道"而言。修道于身，即以道治身，则一身之德真朴；以道治家，则一家之德有余；以道治乡，则一乡之德盛大；以道治国，则一国之德丰裕；以道治天下，则天下之德周普。"道"的体现和落实，即是"德"；"修道"，即是"进德"。"道""德"圆满，广大周全，只要修道进德则自得受用，无有亏欠。由身而家、而乡、而国、而天下，随着修道范围的扩展，德性也愈发显得广大，由"真"而"余"、而"长"、而"丰"、而"普"，受益的百姓自然也越来越众多，国家天下可得长治久安矣。张舜徽说："言道之为用，小至一身，大至天下，得之则存，失之则亡，不可须臾离也。"在老子看来，身、家、乡、国、天下能得治长存，都遵循着同一个原则，那就是道德的原则。建道抱德，则祭祀不绝；背道离德，则身死国灭。由身而天下，皆以修道进德为根本。

老子从修身讲起，然后把道德一直扩充到家、乡、国乃至天下，这很容易使我们想起《礼记·大学》中的说法："身修而后家齐，家齐而后国治，国治而后天下平。自天子以至于庶人，壹是皆以修身为本，其本乱而末治者否矣。"儒家与道家都很重视自身的品德修养，又将个人的品德修养看作家族、社会、邦国以及天下太平的根基，都将个人的修养问题与国家、天下的治理直接联系了起来。在都重视道德修养这方面，儒、道两家是相通一致的。但在具体的道德修养的内容、方法、目的上却是很不同的。儒家以仁义或天理为最高价值，以道德原则为个人生命的意义所在和社会安定的命脉；道家则以生命的自然为最高价值，以自然而然的和谐为理想的社会状态。可见，儒家和道家虽然都讲"道德"，但两家所讲的"道德"是有很大不同的。

我之一身、一家、一乡、一国、一天下是这样，类而观之，他身、他家、他乡、他国、他天下，亦是如此。道德的原则是普遍性法则，天下万物莫不遵循，无有例外。"修之身""修之家""修之乡""修之国""修之天下"，是推而广之；"以身观身，以家观家，以乡观乡，以国观国，以天下观天下"，是类而推之。老子正是用这种"推而广之""类而推之"的方法，体察天下之理的。这种类比推理的方法，是基于天下一体这个思想前提的。在老子的思想世界中，天下万物都有同一个本原，都遵循同一个规律，那就是"道"，所以根据"道"的原则，是可以类而推之、推而广之的，以己知彼，以身知天下。严遵注："我身者，彼身之尺寸也；我家者，彼家之权衡也；我乡，彼乡之规矩也；我国，彼国之准绳也。……故可以知我者，无所不知；可以治我者，无所不治；便于我者，无所不可；利于我者，无所不宜。不可于我而可于彼者，天下无之。"从本质而言，万物彼我之不同只在于形貌体质，之不异却是内在的本根。

所以，以类观之，即是以道观之；以道观之，则天下万物为一体。在老子看来，天下万物归于大道，大道显现莫近于身，故可以身体道、以道观天下矣。

第五十五章

【原文】

含德之厚，比于赤子①。蜂虿②虺③蛇不螫④，猛兽不据⑤，攫⑥鸟不搏⑦，骨弱筋柔而握固。未知牝牡之合而全⑧作，精之至也。终日号而不嗄⑨，和之至也。知和曰常，知常曰明，益生曰祥⑩，心使气曰强⑪。物壮⑫则老，谓之不道，不道早已。

【注释】

① 赤子：新生的婴儿。

② 虿（chài）：古书上说的蝎子一类的毒虫。

③ 虺（huǐ）：古书上说的一种毒蛇。

④ 螫（shì）：与"蜇"同义，毒虫叮刺。

⑤ 据：兽类用爪抓物。

⑥ 攫（jué）：鸟类用爪取物。

⑦ 搏：捕捉。

⑧ 全：王弼本作"全"，傅奕本、范应元本、帛书乙本（甲本缺）均作"朘"。易顺鼎说："朘、全音近，故或假'全'为之。"朘（zuī），《玉堂字汇》："朘，赤子阴也。"

⑨ 嗄（shà）：嗓音嘶哑。

⑩ 益生曰祥：纵欲贪生就会有灾殃。益生，纵欲贪生的意思。祥，此处作不祥、妖祥解。林希逸说："祥，妖也。"易顺鼎说："按'祥'即不祥。"

⑪ 强：逞强、强暴的意思，它与第五十二章"守柔曰强"之"强"，字义不同。老子反对兴暴逞强，他倡导的是守柔而强。

⑫ 壮：过壮的意思。这里的"壮"与上句的"强"同义，第三十章王弼注："'壮'，武力兴暴。"

【品鉴】

"婴儿"是《老子》中常讲到的一种形象化的比喻和象征。在《老子》书中，婴儿的状态代表着一种极高的精神境界，或者说是一种自然纯朴的境界。老子在本章中用婴儿的状态来形容含德纯厚的人，有深厚的道德修养境界的人，能返回到婴儿般的纯朴状态，无欲无知，柔和恬静，知常守和。

第二十八章说："为天下谿，常德不离，复归于婴儿。"王弼注："谿不求物，而物自归之。"含德深厚的有道之人也是无欲无求，而能使天下众物归之，其内心就如同婴儿般纯真淳朴，保持真朴之德而不失。第十章说："专气致柔，能婴儿乎？""专气致柔"，即是说结聚精气到最柔和的境地，达到心灵的虚静状态，也就是所谓"心平气和"的状态。心平气和则内无杂念，外无欲求，如王弼所说："任自然之气，致至柔之和，若婴儿之无欲乎？"本章所说："终日号而不嗄，和之至也"，也是说婴儿无所用心，他整日啼号不存喜怒，所以和气不散。声音不嘶哑，也是至柔之和的表现。可见，婴儿的境界是无欲至柔的境界。

婴儿的境界也是纯朴无知的境界。奚侗说："婴儿天理浑然，无分别智故，含德最厚。"婴儿浑然无知，不知分别彼此，没有智巧心机。在老子看来，婴儿的境界要高于世俗的境界，所以有道之人不同于众人。"众人熙熙，如享太牢，如春登台。我独泊兮其未兆，如婴儿之未孩。"（第二十章）众人熙熙攘攘，纵情贪享；而有道之人，淡泊宁静，混沌无知，对名利厚味无动于衷，但求精神境界的提升，就好像一个无思无虑、无喜无怒、浑朴无知的婴儿。"无知"的人，也是"无欲"的人。严遵注："及其有知也，去一而之二，去晦而之明。身日饰而德日消，智逾多而迷益深。故重天下而轻其神，贵名势而贱其身；深思远虑，离散精神；背柔弃弱，力进坚刚；陷于欲得，溺于求生；开于危殆，塞于万全。"有知，则知争名逐利、知损人利己。无知，则无欲无求、纯真自然。婴儿的状态，是无欲无知、至柔至纯的状态。老子认为，这种状态正是人心的本然的、自然的状态，是合于"无名之朴"的"道"的状态。所以，婴儿的状态即是同于常道、合于常德的状态。"婴儿"，是有道之人的象征。

"婴儿"的无知无欲、至柔至弱，并不意味着"婴儿"的无能无用。相反，"弱者，道之用"，柔弱恰是大道体现其功用的方式。"蜂虿虺蛇不螫，猛兽不据，攫鸟不搏"，是形象地比喻有道之人顺任自然，不为外物侵扰，足以全生养身。"骨弱筋柔而握固。未知牝牡之合而全作，精之至也。终日号而不嗄，和之至也"，是形象地说明有道之人虽然无欲无知，却是至精至和，精神饱满，心气和柔，力量充足，充满生机与活力，富于生命力。"为天下豁，常德不离，复归于婴儿"，更是说有道之人自然纯朴，谦下涵容，常为天下之人所归往。可见，修道进德达于"婴儿"的境界，可免于危殆，全生养身，涵容天下。

保有"婴儿"境界的有道之人，是"知常守和"的人。"知常"，即是"守和"，因为至柔至和是自然的常态，所以知道"持守柔和"的常态，也就是"知常"了。张舜徽说："言人能知和柔为养生治国之常理者，斯谓之明达也。""知常守和"的人，知道保持人心的自然纯真状态，而不去人为地干扰、破坏生命的自然，即便是"益生"的行为，也是对生命的自然状态的搅扰，也会适得其反。王弼注："生不可益，益之则夭。"高延第说："益生者如揠苗助长，强为增益，不得其助，适得其殃也。""益生"的行为，是对生命之自然的强为增益，是"强"的行为；"心使气"，争勇斗狠，意气用事，也是"强"的行为。"弱者，道之用"。使气争强、自逞强壮，在老子看来，这是不合常道的，所以就必然早衰、早亡。魏源说："夫物壮则老，为其强梁而违道也。苟知和守柔，常如赤子，则既不壮，恶乎老；既不老，恶乎已。"可见，在老子心目中，有道之人是常如"赤子"，不"壮"、不"老"、不"已"的。这当然是一种形象的比喻说法而已，常如"赤子"，亦不过是抱道守德以全生养身之谓也。人的精神境界可常如"赤子"，但身体形质能不衰老乎？身衰而老而死，亦是人生所必经的一个自然阶段。老子并不是反对人的自然的衰老和死亡，而是反对由于人的强行强为所导致的不自然、非正常的衰亡和夭折。有道之人自然地对待生，亦自然地对待死，生死自然，即如《庄子·养生主》篇所云："适来，夫子时也；适去，夫子顺也。安时而处顺，哀乐不能入也。"庄子此言，自又是接着老子说的了。

第五十六章

【原文】

知者不言，言者不知①。塞其兑，闭其门②，挫其锐，解其分③，和其光，同其尘，是谓玄同④。故不可得而亲，不可得而疏；不可得而利，不可得而害；不可得而贵，不可得而贱⑤，故为天下贵⑥。

【注释】

① 知者不言，言者不知：真知"道"的，不言说；而言说"道"的，实不知。卢育三说："知与不知都是对道而言的。'道可道，非常道'，道不可言说，故知道者不言，言者不知道。"帛书本作"知之者弗言，言之者弗知"，此两"之"字，皆指代"道"。

② 塞其兑，闭其门：这二句已见于第五十二章，参看该章注。

③ 挫其锐，解其分，和其光，同其尘：不露锋芒，消解纷扰，含敛光耀，混同俗尘。分，王弼本作"分"，诸本多作"纷"，纷扰之意，据改。这四句重见于第四章。

④ 玄同：浑然与"道"同一。陈鼓应说："玄同是玄妙齐同的境界，即道的境界。"

⑤ 不可得而亲，不可得而疏；不可得而利，不可得而害；不可得而

贵，不可得而贱：指"玄同"的境界超出了亲疏、利害、贵贱的区别。林希逸说："言其超出于亲疏利害贵贱之外也。"

⑥贵：尊贵，宝贵。此"贵"，不是与"贱"相对的"贵"，而是指"玄同"的至贵。

【品鉴】

这章主旨是"玄同"。"玄同"，是老子理想的人生境界。处于"玄同"境界的理想人格形态，泯除了一切分别，浑然与"道"同一。"玄同"的境界，即是"道"的境界。

老子说："知者不言，言者不知。"知"道"的不说，说的不知"道"。因为道是"混成"之物，无形无名，所以不可感知，不可分析，也不可以名言说之。"道可道，非常道"，常道是不可言说的，是超越名言的，是不在概念范畴之内的。老子已经意识到了名词概念对道本身的无能为力，庄子则详细阐发了老子的这一思想。《庄子·知北游》篇借无始之口说："道不可闻，闻而非也；道不可见，见而非也；道不可言，言而非也。知形形之不形乎！道不当名。"道，无形无名，只可意会而不可言诠也。道之所以不可言说，是因为它是浑然一体，不可分别的。因为"道"不可以名言说之，所以真正体道的人是"不言"的。"不言"，亦是达到"玄同"境界的途径和表现之一。

"塞其兑，闭其门，挫其锐，解其纷，和其光，同其尘，是谓玄同。"塞住嗜欲的孔窍，闭起嗜欲的门径，不露锋芒，消解纷扰，含敛光耀，混同俗尘，这就是"玄同"的人生境界。"玄同"，首先要抑制私欲，"塞其兑，闭其门"是也；其次要减弱私意，"挫其锐""和其光"是也；再次要入世同尘，"解其纷""同其尘"是也。可见，处于"玄同"境界的人，是无欲无求，心灵无纷扰，同尘不绝世的人。这里的"不绝世""同其尘",是指不刻意地标新立异,以使自己有别于尘世。刻意地标新立异,仍是有所欲求,追求新异本身即是一欲求;与尘世有别,仍不是"玄同","玄同"是与尘世不离不隔,浑然无别的。可见,老子的理想人格形态,并不同于庄子所描述的"神人":"藐姑射之山,有神人居焉,肌肤若冰雪,淖约若处子。不食五谷,吸风饮露,乘云气,御飞龙,而游乎四海之外"。(《庄子·逍遥游》)庄子的"神人",是超越尘世的,是不食人间烟火的;而老子的"玄同",是混同尘世的,是与人间世不离不弃的。

老子的"玄同",不离于人世,与尘世不强分别,但"玄同"的境界不等于世俗境界。两者决不可混为一谈。"玄同"的境界是高于世俗境界的。"神人"的境界也是高于世俗境界的。高于世俗境界的境界,不等于就一定要与尘世相脱离、相隔绝。与尘世相脱离、相隔绝而达到的"神人"的境界,虽然是高于世俗境界的,但还是与尘世有对待的;有对待,即是有分别,所以"神人"的境界还不是浑然无别的"玄同"境界。"玄同"的境界高于世俗境界,但不与尘世强作分别,可以说,"玄同"的境界是涵容尘世的。涵容尘世,就是以涵容的方式超越了世俗境界,既超越之,又包容之。因为超越之,所以"玄同"的境界高于世俗境界;因为包容之,所以"玄同"的境界又不离于尘世。"玄同"的境界,是天下混同,万物一体的境界。这个境界,即是"道"的境界,与"道"合一、与"道"同体的境界。"道"自然无为,无所不包,独立不改;"玄同"的境界无欲无求,万物一体,浑然无别。达于"玄同"境界的人,即是得道者。

得道者,达于"玄同"之境的人,泯除了一切差别,而与天地万物同一。高亨说:"如是,天下已致玄妙齐同之境,故曰'是谓玄同'。"范应元说:"玄者,深远而不可分别之义。"奚侗说:"玄,《说文》:'幽远也.'幽远不可见,混沌之象。玄同,犹云混同。"达于"玄同"境界者,混同于物、与道合一,他超越一切对立,超越了一切世俗价值的判断。因为人世间所作的一切价值判断,都是建立在分别、对立的基础之上的。"故不可得而亲,不可得而疏;不可得而利,不可得而害;不可得而贵,不可得而贱",亲疏、贵贱、利害、得失等等这些人为地强作分别而设立的一切价值判断,在他的身上都失去了作用和意义。超越了世俗价值的判断,也不等于说他脱离了世俗;只是说,世俗的一切价值观念都不再适用于他,他是无所谓亲疏、无所谓贵贱、无所谓利害的。也正因为一切的世俗价值观念都不能再强加于他,王弼注:"无物可以加之也",所以"为天下贵"。这个"贵",就不再是与"贱"相对待的那个"贵",而是天下的至贵,是"道之尊,德之贵"(第五十一章)的"贵"。这个"贵"是自然的"贵",因为他是同于"道"的。"道"是自然尊贵的,"玄同"者同于道,也是自然尊贵的。自然尊贵的,才是天下的至贵。人生在此"玄同"的境界中,实现了生命终极的、永恒的意义和价值。

第五十七章

【原文】

以正①治国,以奇②用兵,以无事取天下③。吾何以知其然哉?以此。天下多忌讳,而民弥贫④;民多利器⑤,国家滋昏⑥;人多伎巧⑦,奇物⑧滋起;法令滋彰⑨,盗贼多有。故圣人云:我无为而民自化⑩,我好静而民自正,我无事而民自富,我无欲而民自朴。

【注释】

① 正:正道,这里指清静无为之道。释德清说:"天下国家者,当以清静无欲为正。"

② 奇(jī):与"正"相对,有奇异、诡变的意思。帛书本"奇"作"畸"。

③ 取天下:治理天下。河上公注:"取,治也。"

④ 天下多忌讳,而民弥贫:天下的忌讳愈多,而民众就愈加贫困。"忌讳",禁忌避讳之事;"弥"(mí),更加。"贫",简本作"畔",同"叛",意为:天下的忌讳越多,民众越是叛离。亦可通。

⑤ 利器:锐利的武器。一说喻权谋,王纯甫说:"利器,即国之利器,智慧权谋之类也。"

⑥ 滋昏：更加混乱。滋，《国语·晋语六》韦昭注："滋，益也"，更加的意思。昏，混乱。

⑦ 伎巧：技巧，有智巧、机诈的意思。

⑧ 奇物：邪事。范应元本作"衺事"，范说："'衺'与'邪'同。不正之事。"

⑨ 法令滋彰：法律条令越是繁多森严。河上公本、帛书本及简本皆作"法物滋彰"，河上公注："'法物'，好物也。珍好之物滋生彰者，则农事废，饥寒并至，故盗贼多有也。"

⑩ 自化：自己化育。

【品鉴】

本章通过指陈"有事"之政所带来的社会混乱的严重后果，来反证实行"无为"之治的必要性和优越性。章末老子托圣人之言，表达了"无为而治"的社会理想。

老子"无为而治"的社会理想，直接针对着当时统治者的"有事"之政："多忌讳""多利器""多伎巧""法令滋彰"。忌讳繁多、利器示人、尔虞我诈、法令森严，人们稍有不慎，非死即伤。这是一个令人手足无措且人的生存状态受到严重威胁的社会境况。统治者密结社会管制之网，目的是想强固自身的统治，但造成的社会后果却是适得其反。统治者越是加强压制，社会越是混乱；统治者越是"有事"，民众越是反逆。结果使整个社会状况陷入一团糟，而统治者的地位也是岌岌可危。"天下多忌讳，而民弥贫；民多利器，国家滋昏；人多伎巧，奇物滋起；法令滋彰，盗贼多有。"在老子看来，人民是不能压制的，压制得越强，反抗得越烈。统治者的"有事"之政，是违背人民的自然本性的，所以必然会造成越来越糟糕的后果。既然社会混乱的局面是统治者的"有事"造成的，那么，要使社会秩序安定、人民生活安足，唯一的方法就是从"有事"之政反转回来，实行"无为"之治，"以无事取天下"。在老子看来，只有"无为""无事"，才能治理好天下，使人们过上自然、安足、宁静、淳朴的幸福生活。

"我无为而民自化，我好静而民自正，我无事而民自富，我无欲而民自朴"。这里的"我"，即是指实行"无为"之治的圣人治者。"好静""无事""无欲"都是"无为"思想的写状，都是"无为"的内涵。"好静"是针对统治者的骚乱搅扰而提出的，"无事"是针对统治者的烦苛政举而提出的，"无欲"是针对统治者的贪得无厌而提出的。老子认为，如果统治者为政能够做到"无为"，让人民自我化育，自我发展，自我完成，那么人民自然就能够安平富足，社会自然就能够和谐安稳，这也就是"无不为"了。反之，如果统治者不能"无为"，而是"有事"，不断地扩张自己的私欲，不停地滋事搅扰，不仅不会收到良好的社会效果，而且会陷入社会混乱的恶性循环。

老子"无为而治"的社会理想，是大道"无为而无不为"的原则在社会政治领域的落实和体现。老子以"自然无为"的大道，给人间的"无为"之治提供了形而上的根据和理想的保证。在老子看来，只要统治者能够做到不扰民，给人民提供一个自遂其生的社会环境，那么，人民自会妥善地处理好、建立起自己的幸福生活。老子相信人民身上有自生、自长、自成的自然能力，这是与他的"道"的形而上的世界分不开的。道赋予了天下万物以生命，而它又是"生而不有，为而不恃，长而不宰"（第五十一章），所以天下万物就都具有了根据自身的自然本性而生长、发展的能力。这个能力是"道"赋予的，是内在于本性的，是自然而然的，是不可压制、更不可剥夺的。无论是谁，若是试图压制、违反或剥夺这种自生自长自成的自然能力，就是背离了"道"的原则，违反了"自然"的规律，必将受到惩罚。人亦是万物中一物，所以"道"的原则、"自然"的规律也是适用于社会政治领域的。所以老子在本章结尾托圣人之言，真切地表达了"无为而治"的社会理想，同时也反映了他的民生、民本思想。陈鼓应说："为政者常自以为是社会中的特殊角色，而依一己的心意擅自厘定出种种标准，肆意作为，强意推行。老子的不干涉主义与放任思想是在这种情境中产生的，当时'无为'思想的提出，一方面要消解统治集团的强制性，另方面激励人民的自发性。"春秋时代的老子已经有了民生、民本的主张，但还不是现代意义上的民主思想。老子只是在"道"的思想世界中，给了人民以自然生长的能力，但把这种自然的能力变为现实的权利，还是要走很长的路的。路是一步一步地走的，思想的道路也是这样，所以我们也就不该太苛求古人了。

第五十八章

【原文】

其政闷闷①,其民淳淳②;其政察察③,其民缺缺④。祸兮福之所倚⑤,福兮祸之所伏⑥。孰知其极?其无正⑦?正复为奇,善复为妖⑧。人之迷,其日固久⑨。是以圣人方而不割⑩,廉而不刿⑪,直而不肆⑫,光而不耀⑬。

【注释】

① 闷闷:昏昏昧昧,有宽厚的意思。

② 淳淳:纯朴淳厚的意思。高亨说:"淳借为惇,《说文》:'惇,厚也。'"

③ 察察:严明苛细的意思。林希逸说:"察察者,烦碎也。"

④ 缺缺:狡狯机诈的意思。蒋锡昌说:"'缺缺',机诈满面貌。"高亨说:"'缺'借为'狯',《说文》:'狯,狡狯也。'狯狯,诈也。"

⑤ 倚:依傍。《说文》:"倚,依也。"

⑥ 伏:隐伏。

⑦ 其无正:河上公本如王弼本作"其无正。"范应元本、傅奕本作"其无正邪?"帛书乙本(甲本缺)作"其无正也?""邪""也"表疑

问可通用。正，正则、定准。范应元说："无正，犹言不定也。"这句意为：难道就没有定准吗？

⑧ 正复为奇，善复为妖：正再转变为邪，善再转变为恶。严灵峰说："'奇'，邪也。'妖'，不善、恶也。言正复转为邪，善复转为恶。祸去福来，祸、福又转相乘也。"

⑨ 人之迷，其日固久：人们的迷惑，为时已经很久了。严灵峰说："言人之迷惑于祸、福之门，而不知其循环相生之理者，其为时日必已久矣。"

⑩ 方而不割：方正而不割伤人。这里的"方"，不是一般的方，而是圣人的大方。第四十一章"大方无隅"，因为大方没有棱角，所以不会割伤人。

⑪ 廉而不刿：锐利而不伤害人。"廉"，锐利。"刿"（guì），割伤。

⑫ 直而不肆：正直而不放肆。帛书乙本（甲本缺）作"直而不绁"："绁"（xiè），《说文》："绁，系也。"《玉篇》："马缰也。凡系缧牛马皆曰绁。"此句意为：正直而不牵制人。帛书本文义较佳。

⑬ 光而不耀：光亮而不刺耀人。吴澄说："光者不能韬晦，炫耀其行，以暴己之长。圣人则不耀。"

【品鉴】

本章的主题是探究为政之正，也就是为政治统治行为寻找一个标准和准则。老子此章虽然没有给出确定性的答案，但我们可以从章末的为政之方有所启悟。本章行文宛转，曲径通幽，一问一叹，发人深思。

老子说："其政闷闷，其民淳淳；其政察察，其民缺缺。""闷闷"，是指国家的政治混混沌沌，不辨善恶，不用赏罚，不施政令。"淳淳"，是形容民众的质实厚朴。"察察"，是指国家的政治严明苛细，苛察明辨，条分缕析。"缺缺"，是形容民众的奸猾狡诈。我们可以把"闷闷"之政称之为"混浊"之政，把"察察"之政称之为"清明"之政。实际上一般的统治者和普通民众也是这样认为的：严明法令、整齐制度、明辨善恶、细察是非就是统治者所当为、行政所当作的，这样的政治就是清明的善政；相反，不辨善恶、不分是非、不施教令、不立制度就是混浊的不善之政。但老子却透过社会的表层现象提出了一个深刻的问题：为什么所谓清明的善政带来的却是民风的狡诈，而被认为是混浊的不善之政带来的却是民风的淳厚？善政为什么会有恶果，不善之政为什么却有良效？

要回答这些问题，关键是要弄清"闷闷""察察"之政的实指是什么，以及它所要传达的政治思想意涵是什么。王弼注："言善治政者，无形无名无事无政可举，闷闷然卒至于大治，故曰其政闷闷也。其民无所争竞，宽大淳淳，故曰其民淳淳也。立刑名，明赏罚，以检奸伪，故曰察察也。殊类分析，民怀争竞，故曰其民缺缺。"应当说，王弼的解释是比较符合历史和老子思想实际的。《左传·桓公二年》记载有晋国大夫师服对当时周代政治制度的分析："夫名以制义，义以出礼，礼以体政，政以正民。是以政成而民听，易则生乱。"老子所谓的"察察"之政，即是指周代的名、义、礼之政。名、义、礼之政的特点就是辨名析理，以名定制，这也与《说文》注"察"作"明明斤斤"之义相符。可见，所谓"其政察察"，乃是老子对当时社会的政治统治模式的批判。在一般人看来，为政理应立刑名、定礼义、明赏罚、辨奸伪，"察察"之政即是善政，"易则生乱"，如师服所言；但在老子看来，这恰是"人之迷"的表现，"察察"之政不会带来善治，相反，倒会导致淳朴民风的缺失。老子这里对"察察"之政的政治批判，是在揭示传统政治思维模式的"迷"。

在政治批判的思想背景下，我们再看第二句"祸兮福之所倚，福兮祸之所伏"，就会明白此句在本章中的作用。此句并非专门讲祸福的问题，只是起着加强、引申"为政"主题的作用。第一句是批判把"察察"之政即视为"善政"且认定"善政"必得善果的俗知定见，第二句则以祸福倚伏相生的道理来颠覆这种俗知定见。薛蕙说："祸兮福所倚，指'其政闷闷，其民淳淳'而言；福兮祸所伏，指'其政察察，其民缺缺'而言。此二者，或始若为祸，孰知其终为福；或始为福，孰知其终为祸。"这样，就把祸福转化与"闷闷""察察"之政联系了起来。所谓祸的，却为福所因倚；所谓福的，却有祸所藏伏。在"无政可举"的"闷闷"之政下，民风淳朴；而在被认作"善政"的"察察"之政下，却民风狡薄，未召福来，却致恶果。可见，祸福句仍是在言"政"。至于《淮南子·人间训》据此演义的"塞翁失马"故事，乃祸福相因的一趣解矣，未必合老旨。

老子行文至此，必有第三句之问："孰知其极？其无正也？"王弼注："言谁知善治之极乎？唯无政可举，无形可名，闷闷然而天下大化，是其极也。"王注已明"政"之主题。被认作善政者不得善治，就像祸福倚伏一样；那有谁知道在"政"之极处，究竟有没有一个"正"呀？"政者，正也"（《论语·颜渊》），然而，为政之"正"应到哪里去寻求，是在清浊善恶正反交变的极点吗？话说到这，显示出了《老子》追根问底的哲学本色。老子要探究政治现象背后的终极原因，为政治统治行为探寻一个终极的根据和准则。蒋锡昌云："盖老子之意，以为理想之人君，有'正'而无'政'，以清静无为，根本不认有'政'之一事。世俗之人君，有'政'而无'正'，以多欲有为，根本不识有'正'之妙道也。"此章即是为"政"寻"正"之妙道者，探究"政"何以"正"。"孰知其极"，是探究"政"之极;"其无正也",是寻求"政"之正。

第四句"正复为奇,善复为妖",则进一步指出:即使找到那样一个"正",如果把它看作定则而推至极端的话,"正"亦可复化为"奇","善"亦可复化为"妖",跳不出对反交变的迷圈。换句话说,就是没有一个定在的"正",可以作为"政"之终极法则,"物极必反"。这反映了老子深刻的辩证法思想。是以"人之迷,其日固久"。为政者以"察察"之政为定则,条分缕析,辨名析理,严明苛细,号令科条。然而,这种政治统治模式所导致的社会后果,却与为政者的初衷相反,并未带来善治,倒使民风日趋狡薄。这种政治悖反现象,就像祸福、正奇、善妖一样难以把握。这使为政者迷惑不解,但他们又跳不出传统政治思维模式的框框,是以"察察"之迷"固"且"久"矣,成了长期困扰为政者的谜题。

老子通过对"察察"之政的批判,揭示出传统政治行为和政治思维模式只是"政之迷"。政之迷已被戳穿,既有政治模式已被颠覆,那何是政之"正"?其实老子在首句即已点明,无政可举的"闷闷"之政才是政之"正"。所以,老子在此章结尾,就进一步指出"闷闷"之政的一般为政方法,"是以方而不割,廉而不刿,直而不绁,光而不耀。"王本在"是以"下添"圣人"二字,认为此句是描写圣人之德,谬矣。高明说:"经文所谓'割'、'刺'、'肆'、'耀'者,非刀伤刃刺,皆比喻之言。从而可见,帛书乙本无'圣人'二字,似与经文内容更为贴切。今本多出'圣人'二字,释义颇多牵强,当据帛书经文订正。"此句是用比兴手法喻说为政之方。所谓"方而不割,廉而不刿",是用木器作比,喻为政虽方廉,但不以边角伤民;所谓"直而不绁",是以缰绳作比,"绁"乃系犬之绳也,"直而不绁"意谓:政以直行,却不似系犬之绳牵民以走也;

"光而不耀",是以光亮作比,意谓:为政有光,足以泽民,但不致耀目刺眼,使民不敢目视。"方而不割,廉而不刿,直而不绁,光而不耀",即意味着政治统治的行为要把握一个限度,掌握一个火候,不致走向极端而陷入对反交变。具体来说,就是以"方廉直光"作为正面政策,而避免其"割刿绁耀"的反面危害。

老子在本章没有明确地指出政治行为的标准和准则究竟是什么,只是让我们从"闷闷"之政的具体行政方法中去领悟。我们可参照《老子》的其他章次,来寻求答案。"方而无割"者,唯有"大方","大方无隅";"廉而不刿"者,唯有"大制","大制无割";"直而不绁"者,唯有"大直","大直若曲";"光而不耀"者,唯有"和其光","和其光"则"同其尘"。此"大方""大制""大直""和光"者谁,唯得道者。"惟道是从"(第二十一章),自然无为,才能从祸福、正奇、善妖的对反交变中挣脱出来,达于为政之正。这个"正",就不再是与"奇"相对反的"正",而是若反之"大正",是包含了反面且不会走向反面的"正"。这个大正若反的"无政之政",即"闷闷"之政也。循道而行的"无政之政",无为无事,因顺自然。"因顺自然"即是一个限度,"道"的原则即是一个标准。所以,遵循自然的大道,就是老子为政治统治行为所提出的终极准则。遵循自然的尺度,按照万物的自然本性去行事,当然就不致走向极端而转向反面了。"因顺自然",既是根本的限度,也是最大的自由。

本章主题是"政",祸福、正奇、善妖皆指"政"而言,其思想矛头指向既有的政治统治方式,通过对"察察"之"迷"的政治批判,颠覆了既有的政治统治模式,探究了为政之正。老子从政治的悖反现象说起,对为政者迷于"察察"之政的政治现实和政治观念提出批判,言明为政之道并不是一般人所认定的刑名赏罚、名义礼制，既有的政治思维模式恰是"人之迷"。在老子看来，"闷闷"之政是大正之政，"道"是为政之原则，"自然"是为政之标准。全章以"政何以正"为线，从现象言起，以疑问求解，用比兴作答，一贯而下，主题鲜明。

第五十九章

【原文】

治人事天①,莫若啬②。夫唯啬,是谓早服③;早服谓之重积德④;重积德则无不克⑤;无不克则莫知其极;莫知其极可以有国;有国之母⑥,可以长久。是谓深根固柢⑦,长生久视⑧之道。

【注释】

① 治人事天:治人,指为政;事天,指治身,王纯甫说:"事天,谓全其天之所赋,即修身之谓也。"奚侗说:"啬以治人,则民不劳;啬以治身,则精不亏。"

② 啬(sè):爱惜,保养。高亨说:"'啬'本收藏之义,衍为爱而不用之义。此'啬'字谓收藏其神形而不用,以归无为也。"

③ 早服:早作准备。任继愈说:"'服',通'备',准备。"简本"早服"正作"早备"。

④ 重积德:不断地积蓄"德"。"重",多、厚,不断增加的意思。"德",指啬"德"。

⑤ 无不克:无不胜,没有不可胜过的。

⑥ 有国之母:"有国",保有国家。"母",譬喻保国的根本之道。

⑦ 深根固柢：稳固根基，使不动摇。"柢"（dǐ），树根，这里喻指根基。

⑧ 长生久视：长久生存。"视"，存活，《吕氏春秋·重己》篇："莫不欲长生久视。"高诱注："视，活也。"久视，与"长生"同义。

【品鉴】

本章重点在于讲"啬"，"啬"是"长生久视之道"。治国者如此，养生者亦如此。养生而能啬，则可以长生；治国而能啬，则可以长久。

寡欲知足，去奢崇俭，是老子所期望于体"道"的君主应具备的品德。"治人事天，莫若啬"，"啬"有俭朴之义。老子把"俭"作为"三宝"之一，"俭，故能广"（第六十七章）；如果舍弃俭朴，只求广大，则会陷入危境。因为能俭啬敛藏，所以能早备、重积；早备、重积，则无虞无患，立于不败；立于不败，积德不懈，则可以长久地保有国家。所以，"啬"是治国保国的根本。

陈鼓应说："老子提出'啬'这个观念，并非专指财物上的，乃是特重精神上的。'啬'即是培蓄能量，厚藏根基，充实生命力。"这是符合老旨的。《韩非子·解老》篇说："啬之者，爱其精神，啬其智识也。"财物上的俭约，是外在行为上的"啬"；精神上的敛藏，是内在心灵的"啬"。精神内敛、含藏深厚之人，其行为表现一定是简易俭朴的；而行为放荡、浮华侈靡之人，其内心世界必然是躁动外驰的。二者是一致的，行为上的俭朴源自精神上的敛藏。爱惜精神，厚蓄能量，这是"深根固柢"，可以使人的生命"长生久视"。所以，"啬"也是养生治身的根本。

"啬"之所以能成为养生、治国的根本，是因为它符合"道"的精神原则。道，含藏天地而虚静渊深，生养万物而自然无为，"生而不有，为而不恃，长而不宰"（第十章）。"不有""不恃""不宰"，即可以看作是道之"啬","道"主动地收敛自己的占有心、意志力和支配欲。得"道"之圣人"自知不自见,自爱不自贵"(第七十二章),自知自爱而不自我炫耀,这也是"啬"的德性表现。可以说,"啬"是"道"的一种品性特征。值得说明的是,老子这里的"啬",并不是通常意义上的"吝啬""悭吝"的意思,老子并不是教导世人都来做吝啬鬼、守财奴。老子不是在贬义上用"啬"这个概念,而是针对世人心意外驰、争名逐利、纵情贪享而不知收敛私欲、绝弃智巧、爱惜精神、涵养生命,所以从正面提出"啬"的观念,以警喻世人要含藏内敛,养精蓄德,这才是"长生久视之道"。"啬",所重者在精神的充实,所轻者为物欲的追求。"啬"的价值取向,是要人返回内心的素朴,保本固原,亦是"守道""抱朴"之谓也。

"啬",在行为表现上是"收敛",但并不意味着这是一种消极、退守的主张。"啬",恰恰体现了道"无为而无不为"的精神实质。张松如说:"'道'的这一原则,在提倡'啬'这一问题上算是得到了充分证明。早服——重积德——无不克——莫知其极——可以有国——可以长久,这岂不都是道之积极地运用吗?""啬"似乎是属于"弱"的表现,但"弱者,道之用",它却是"长生久视之道"。怎么能把它看作是消极、退守呢?庄子说:"水之积也不厚,则其负大舟也无力;风之积也不厚,则其负大翼也无力"(《庄子·逍遥游》);荀子说:"不积跬步,无以至千里;不积小流,无以成江海"(《荀子·劝学》)。这都强调了"积"的重要性。老子的"啬",也是要"积",积德蓄德,深根固柢,以涵养生命、充实生命、保全生命。厚积,才可薄发。此言不虚!要厚积,依老子言,从"啬"做起。

第六十章

【原文】

治大国，若烹小鲜①。以道莅②天下，其鬼不神③；非④其鬼不神，其神不伤人；非其神不伤人，圣人亦不伤人。夫两不相伤⑤，故德交归焉⑥。

【注释】

① 治大国，若烹小鲜：治理大国，好像是煎小鱼。"小鲜"，小鱼。河上公注："鲜，鱼也。烹小鱼，不去肠，不去鳞，不敢挠，恐其糜也。"傅山说："不多事琐碎也。"

② 莅（lì）：莅临。莅天下，治理天下的意思。

③ 其鬼不神：那鬼就不起作用了。神，灵。不神，不灵，不起作用。

④ 非：高亨说："'非'，'不唯'二字之合音。""不唯"，不仅、不但的意思。

⑤ 两不相伤：指鬼神与圣人都不伤害人。

⑥ 德交归焉："交"，俱。"归"，合并。因为鬼神与圣人都不伤害人，所以两者的恩德都会归于民。

【品鉴】

本章讲治国要清静无为，不要生事扰民，妨害百姓自然地生活。

"治大国，若烹小鲜"。老子这里把治理大国看作是烹煎小鱼，并不是说治理大国是件非常简单的事情，无足轻重，可等闲视之；相反，老子的意思是说治国是关乎民生的大事，所以执政者要谨慎敬重，清静无为，使民自然。老子从来也不曾把治国理民看作儿戏。他反对轻躁浮动的执政行为，批评执政者"奈何万乘之主，而以身轻天下？轻则失本，躁则失君"（第二十六章），清静慎重才可持国安民。他主张要临事而敬，慎言谨行，"豫焉若冬涉川，犹兮若畏四邻，俨兮其若客"（第十五章），而且警示世人：事情总是在快要成功的时候，才会由于自己的骄傲大意而最终归于失败，所以"慎终如始，则无败事"（第六十四章）。可见，老子是主张以慎重的态度对待治国这件事情的，这也是他行为处事的一贯风格。"烹小鲜"，即是对以这种静重的态度来治理国家的形象的比喻。

对于"治大国"句，河上公注："烹小鱼，不去肠，不去鳞，不敢挠，恐其糜也。"王弼注："不扰也。躁则多害，静则全真。"《诗经·桧风·匪风》毛传："亨鱼烦则碎，治民烦则散，知亨鱼则知治民矣。"蒋锡昌说："夫烹小鱼者，不可扰，扰之则鱼碎；治大国者，当无为，为之则民伤。"可见，老子这里以"烹小鲜"喻"治大国"，是说明治理国家要清静无为，不要干扰和破坏人们的自然生活。"不扰""不挠""不烦"，都是指"无为"；"糜""碎""散"，都是"有为"造成的后果。统治者以强权苛令为手段，反复折腾老百姓，忽而叫嚣乎东西，忽而隳突乎南北，使人们无措手足，难以安生。老子反对这种"有为""有事"的统治行为，主张实行"无为"之治，使天下百姓安然自足。陈鼓应说："'治大国，若烹小鲜'这个警句，在传统中国的政治思想上产生了重大的影响。它喻示着为政之要在安静无扰，扰则害民。虐政害民，灾祸就要来临。若能'清静无为',则人人可各遂其生而相安无事。"

统治者实行清静自然的无为之治,即是"以道莅天下",依循"道"的原则治理天下。这样,国家可得安定、人民可得富足、社会自然和谐、万物各遂其生,阴阳和顺而鬼神不伤。鬼神不作祟,是不以其妖术伤人;圣人不扰民,是不以其智术伤人。鬼神、圣人都不会再伤害人,那么对于老百姓来说,就是得到双倍的德惠了。鬼神兴妖作怪,在很大程度上也是被当权者的"有为""有事"所搅扰的,是对这种妄生事端的造作行为发泄不满。"祸福无门,惟人自召",祸患灾异全在人为,人为得当,祸患则无由降生。在老子看来,以"道"的自然无为来治理国家,这是神、人都赞许的;相反,统治者多事扰民,残生害物,这是神、人都厌弃的。"道"的原则,是天、地、人、神、鬼、万物都愿意遵循的,因为它是不扰的、顺遂的、自然的。鬼神和圣人都是依循自然的"道"而行事做事的,这就把"道"的原则放在了第一位,而把鬼神、圣人的作用降到了第二位。

这里就涉及老子哲学是有神论还是无神论的问题。学术界和思想界对这一问题曾有过比较激烈的争论。刘笑敢深入地对《老子》中涉及上帝、神灵、鬼神的章节进行了分析,他得出的结论是:"老子既不是彻底的有神论者,也不是彻底的无神论者,老子的思想更接近或更同情无神论"。这个看法是比较客观的。《老子》中"帝"字仅一见,第四章"吾不知谁之子,象帝之先"。老子在这里虽然没有从根本上否定上帝的存在,但是把"道"放在了"帝之先"的位置。《老子》中有四章讲到"神"字。第六章"谷神",第二十九章"神器",刘笑敢说:"这都未必是传统的神灵之神";作为神灵的神字见于第三十九章"神得一以灵"和本章"其鬼不神","鬼"字也仅见于本章。一方面,神的存在和作用,需要借助于"道"才得实现;另一方面,以"道"莅临天下,鬼神就不再作祟了。可见，鬼神是宾服于"道"的，鬼神的作用是在"道"的控制范围之内的。刘笑敢说："老子的确没有完全否定上帝的存在和鬼神的作用，因此，似乎不宜简单地说老子就是一个无神论者。但是，老子不断以上帝、鬼神来反衬道之自然的根源性和有效性，从思想的方向性来看，他是在把上帝和鬼神的作用推到了边缘或次要、从属的地位。就发展的趋势来说，老子当然不同于一般的有神论者，他是在走向无神论、同情无神论的。"

第六十一章

【原文】

大国者下流①。天下之交,天下之牝②。牝常以静胜牡③,以静为下④。故大国以下⑤小国,则取⑥小国。小国以下大国,则取大国⑦。故或下以取,或下而取。大国不过欲兼畜人⑧,小国不过欲入事人⑨,夫两者各得其所欲,大者宜为下⑩。

【注释】

① 下流:下游,水流奔赴之处。这里指大国应当如江河之下游。王弼注:"江海居大而处下,则百川流之。大国居大而处下,则天下流之。故大国下流也。"

② 天下之交,天下之牝:天下交汇的地方,是天下雌性所在之处。"交",汇,百川汇合的意思。"牝",雌性的鸟或兽,这里用雌性比喻大国应处的地位。

③ 牡:雄性的鸟或兽,与"牝"相对。

④ 以静为下:因为它静定,所以常居下位。帛书本作:"为其静也,故宜为下"。

⑤ 下:谦下。

⑥ 取：借为"聚"。

⑦ 取大国：蒋锡昌说："本章四'取'，皆为'聚'字之借。惟此文上'取'与下'取'用法不同。上'取'，主事之辞，聚也；下'取'，受事之辞，聚于也。此言大国以下小国，则聚小国；小国以下大国，则见聚或聚于大国。"帛书本正作"取于大国"。

⑧ 兼畜人：把人聚在一起加以养护。"兼"，聚集、并蓄。"畜"，饲养、养护。

⑨ 入事人：进献事奉人。

⑩ 大者宜为下：大国尤其应当注重谦下。

【品鉴】

本章是讲老子面对春秋末期的列国纷争指出，国与国之间进行交往，应该以谦让处下为指导思想，尤其是大国更应该静下宽容，这样诸国之间才有望长久和平。

老子生活的春秋末年，虽然名义上仍是遵循着周朝旧制，但实际上政治已经失序，"礼坏乐崩"。周天子的权威下降，政权下移，诸侯争霸的局面形成。一些强大的诸侯国，其经济军事力量超过了周天子，他们不再把周天子放在眼里，不断地为扩张自己的势力而发动战争。那些二三等的诸侯国为了自保，不得不转而依附于某一大国，成为大国的附庸。列国林立，诸侯争霸，如何能在动荡的政治局面中图存求强，如何能使混乱的社会状态趋于稳定，即是本章言说的时代背景。

"大国者下流"。身为大国，应该像江海那样居于百川的下游，这样天下的诸侯国才能交汇归附。张舜徽说："老子所云'大邦者下流'，乃取譬于江海。江海处下，故百川纳之；大邦处下，则天下归之。"身为大国，也应该像雌性那样守柔持弱，居静不争，这样才能以静下胜雄强。

大国和小国都应该采取谦下的态度来处理诸国关系。大国用谦下的态度对待小国，就能得到小国的信任而会聚小国；小国用谦下的态度对待大国，就能得到大国的认同而会聚于大国。吴澄说："大国不恃其尊，谦降以下小国，则能致小国之乐附；小国自甘处卑，俯伏以下大国，则能得大国之见容。"所以，它们或是因为谦下而会聚小国，或是因为谦下而见容于大国，这些都是谦下之德的效用。苏辙说："大国能下，则小国附之；小国能下，则大国纳之。大国下而取人，小国下而取于人。"大国不过是要聚养小国，小国不过是要求见容于大国。这样，由于谦下之德，大国、小国都达到了各自的愿望。尤其是大国，更应当注重谦下。吴澄说："大国下小国者，欲兼畜小国而已；小国下大国者，欲入事大国而已。两者皆能下，则大小各得其所欲。然小者素在人下，不患乎不能下；大者非在人下，或恐其不能下，故曰大者宜为下。"

老子有感于当时各国诸侯以力相争，妄动干戈，因而呼吁国与国之间要谦让并容。特别是大国，更要谦下不争，居静宽容，不可自恃强大而凌越弱小，这样才能赢得小国的信服并归附，天下才能有望和平稳定。否则，大国若以力争霸，以强凌弱，天下将陷入战乱纷争之中而永无宁日。老子的良苦用心是符合当时人们希望天下安定的愿望的。老子把天下和平、社会安定的希望更多地寄托在大国的身上，这也反映了霸政时代的格局和特点。春秋时代，大国有实力者为霸主，以维持国与国之间的安定和平，禁止国与国的攻伐与兼并。而小国除了依附大国谋求自保，使自己免受侵凌之外，是无力安定天下的。因此，老子把和平的希望放到大国的身上，是有时代的客观原因的。这就是老子为解决当时大小国家之间的纷争，而开出的互利互惠的药方。"谦下处卑"这剂药方，亦可看作是"守柔用弱"之道在各诸侯国之间事务上的具体运用。

在本章中，老子从安定天下的立场出发，主张大小国各得其所，和睦共处。他更关切的是大国、小国各得其欲的自然的、和平的关系和秩序，而不是强权压制下的秩序。老子显然是反对大国恃武力之强而征服小国、统一天下的。老子并不反对大国"兼畜"小国的欲望，只是主张大国应以雌柔谦下之道以实现此愿望。刘笑敢说："与春秋战国时期的历史史实相对照，老子的理论似乎是不顾事实的一厢情愿，但从人类的共同利益和共同理想来看，暴力征服毕竟不是最佳选择。大国与小国之间、强国与弱国之间，一切国家、种族之间的自然的、和平的、和谐的世界秩序，毕竟是永远值得向往和追求的。"和平与发展，是我们时代的两大主题，是人类共同的愿望。老子提倡的这种"谦下"外交思想，与我们遵循的"和平共处五项原则"在内在精神上，可以说是一致的。这就是以和平为目标，平等地看待别的国家，谦下地处理国际关系，反对恃强凌弱的霸权主义和以大欺小的强权政治。但在和平发展的时代背景下，当今的国际局势更加复杂多变，我们应审慎视之，沉着应对，选择更为合理有效的战略策略，以便在激烈的国际竞争中把握国家民族的利益，进而维护世界的和平与进步。

第六十二章

【原文】

　　道者，万物之奥①。善人之宝，不善人之所保②。美言可以市尊，美行可以加人③。人之不善，何弃之有？故立天子，置三公④，虽有拱璧以先驷马⑤，不如坐进此道⑥。古之所以贵此道者何？不曰以求得⑦，有罪以免邪⑧？故为天下贵。

【注释】

① 奥：藏，含有庇荫的意思。河上公注："'奥'，藏也。"帛书甲、乙本"奥"作"注"。注读为主，《礼记·礼运》："故人以为奥也"，注："奥犹主。"

② 不善人之所保：指不善的人为道所保护，取其庇荫之义。

③ 美言可以市，尊行可以加人：嘉美的言辞可以用作社交，可贵的行为可以见重于人。"市"，指交易的行为，王弼注："美言之，则可以夺众货之贾，故曰美言可以市也。""加"，施；"加人"，对人施加影响。吴澄说："申言善人之宝。善人以道取重于人，嘉言可爱，如美物之可以鬻卖；卓行可宗，高出众人之上。"

④ 三公：指太师、太傅、太保。

⑤ 拱璧以先驷马："拱璧"在先，"驷马"在后，这是古时献奉的礼仪。蒋锡昌说："古之献物，轻物在先，重物在后。'拱璧以先驷马'，谓之拱璧为驷马之先也。"

⑥ 不如坐进此道：不如用这个道来进献。

⑦ 以求得：河上公本如王弼本作："以求得"，傅奕本、范应元本、帛书甲、乙本均作："求以得"。俞樾说："'求以得'正与'有罪以免'相对成文，当从之。"俞说是，据改。求以得：有求就可得到。

⑧ 有罪以免邪：这句正是前面"不善人之所保"一句的说明。意为：有罪的人得到道可以免除罪，所以不善的人是为道所庇护的。

【品鉴】

本章在于阐扬"道"的重要性。

老子说："道者，万物之奥。"道，含藏万物，育养万物，庇荫万物，是"善人之宝，不善人之所保"。道是善人的珍宝，也是不善之人的保障。张舜徽说："善人以道为宝，持之勿失；不善人亦假此，以自全其身也。"美言嘉行尚可影响于人，作为"万物之奥"的"道"，足以保育养成天下万物，使万物各得自然。对于不善之人，"道"亦能使之改过迁善，哪能就把他抛弃不顾呢？道对于天下万物是一视同仁的，对于不善之人，亦无遗弃之理。河上公注："人虽不善，常以道化之。盖三皇之前，无有弃民，德化淳也。"这就是说，大道的德化作用可以使不善之人弃恶从善，这就是他不应被遗弃的原因。第二十七章"圣人常善救人，故无弃人；常善救物，故无弃物"，得道的圣人亦能使人尽其才、物尽其用，天下万物尽得自然。

在老子看来，"道"对众生万物不做分别，"不善者，吾亦善之""不信者，吾亦信之"（第四十九章）。老子反对社会上强辨善恶，把人们强行划类分等，甚至将一部分人视为可弃的对象，他强调不以"善、不善""信、不信"来区分百姓。这种态度背后似乎隐含着众生天然平等并值得同样尊重的思想。"道法自然"，道的原则是希望万物中的个体都能自生、自长、自成，都能实现自身的潜能而成就自己。自然的价值原则，是高于社会上所谓的明辨是非、强分善恶的世俗道德规范的。老子不可能完全不讲是非善恶，他有自己的是非善恶观念，但是在老子的思想体系中，还有更高的、更重要的价值原则，那就是"道"的自然原则。社会上过分强调是非善恶的原则就可能招致压制异端、激化矛盾、分裂人群、摧残人性的现象发生。比如，宋明理学把社会的道德规范"天理"化，造成了"以理杀人"的糟糕后果。刘笑敢说："老子主张不辨是非、和光同尘在常识的层次上似乎不当，但是在更高的层次上是深刻的，是不能忽视的。"在"道"的更高层次上，以"道"观之，人的自然本性即是可贵的，它天生就是值得尊重、保护和发展的。

老子认为，自然的价值最值得尊重，道的原则最值得宝贵。"故立天子，置三公，虽有拱璧以先驷马，不如坐进此道。"制度创施，立天子、置三公，于是就有了朝聘之礼。在老子看来，即便是拱璧在先、驷马在后的进献礼物，礼不可谓不恭、币不可谓不重，但仍然不如进献此"道"尊贵。老子的言外之意是，"道"对于治国安民来说才是最为宝贵、最为重要的。因为在"道"的无为之治下，天下自然安定和谐，百姓皆能自善其身。"不曰求以得，有罪以免邪？故为天下贵"。善人化于道，则求善得善；有罪者化于道，则去恶从善。这就是"道"之所以为天下的人所尊贵的原因。陈鼓应说："本章所说的'道'，就是指清静无为之'道'。天子三公，拥有拱璧驷马，但仍不如守道为要。本章的目的，在于晓谕人君行'无为'之政。"此解切合老子意旨。

第六十三章

【原文】

　　为无为①，事无事②，味无味③。大小多少④，抱怨以德⑤。图难于其易，为大于其细。天下难事必作于易，天下大事必作于细⑥，是以圣人终不为大⑦，故能成其大。夫轻诺必寡信，多易必多难，是以圣人犹难之，故终无难⑧矣。

【注释】

　　① 为无为：以不施为的态度去作为。

　　② 事无事：以不生事的方式去做事。

　　③ 味无味：以恬淡寡味当作味道。

　　④ 大小多少：大生于小，多起于少。

　　⑤ 报怨以德：用德来报答怨恨。这句和上下文似不相关联。

　　⑥ 必作于细：一定要从细小的地方做起。作，《说文》："作，起也。"细，细小、细微的意思。

　　⑦ 不为大：不自以为大。

　　⑧ 犹难之，故终无难：仍然把容易的事情看得艰难，因此最终没有困难。前一"难"（nàn）作动词用，视之为难的意思。

【品鉴】

本章旨在阐发"无为而无不为"的道理。

老子的"无为",并非是无所作为,而是以"无为"的态度和方式去作为,这就是"为无为"。"事无事""味无味",也是同一个意思,均属于"为无为"的内涵,是"为无为"的引申和阐发。老子理想中的"圣人"对待天下万物,都是持"无为"的态度,即是顺应自然的规律去"为",不宜主观强制地强作妄为,所以叫"为无为"。把这个道理推及至人类社会的一般事务,就是要以"无事"的态度去办事。因此,所谓"无事",就是依循客观事物的自然情状去做事,顺其自然,水到渠成,事情也就做成了。这里,老子不主张统治者任凭主观意志发号施令,强制推行什么事情,以搅扰人们自然生活的状态。"味无味"是用生活中的常情做比喻,是指以恬淡寡味作为味道,不贪享餍食,不纵情声色的意思。"为无为""事无事""味无味",都体现了"道"的原则。奚侗说:"道至虚无为,能致虚极,是为无为也;道至静无事,能守静笃,是事无事也;道至淡无味,能安淡泊,是味无味也。"

"为无为",很重要的一个方面就是要洞察几微,作于细小。老子认为,大生于细小,多起于微少。处理艰难的事情一定要从容易处着手,处理大问题一定要从细小处开始。天下的重大之事、远大之业,莫不起于细小。从细小处做起,才能成就大事。"是以圣人终不为大,故能成其大",即使已经有了一定的成绩,也要自始至终地保持一种"不为大"的谦逊精神,这样才能成就更伟大的事业。圣人不为"大",亦不轻"易"。老子说,那些轻易许诺的人,必定会失信于人,因为他们总是把事情看得太容易,这样一定会遭受更多的困难,以致不能实现诺言。"是以圣人犹难之,故终无难矣",圣人总是把容易的事情也看得艰难一些,周密考虑,充分估计,多作准备,所以他最终也就没有困难。从积极的方面说,要从几微细小之处做起，不为大，不轻易，可最终成就大事，顺遂大业。从消极的方面说，对于细小的隐忧隐患，也不能掉以轻心。老子提醒人们，小的隐疾可以引起大的祸乱，要预见到事物的未来，先行一步，把祸乱消灭于萌芽状态，在问题还很容易解决的时候就把它解决了，从而防患于未然，避免事情向不利的方向转化。大细难易问题，也和处事者态度有密切关系。"终不为大""犹难之"，都是表明一种谦虚慎重的态度，遇事慎之重之，而不视之太易，细心而为，谨密周思。老子这里从正反两方面揭示了"易""细"的重要性。老子之观点，套用现代的时髦话来说，即是细节决定成败，态度改变一切。

作于易细，正是以求"无为"。吴澄说："所以得遂其无为者，能图其难于易之时，为其大于细之时也。天下之事，始易而终难，始细而终大。终之难起于始之易，终之大起于始之细。故图之为之于其易细之始，则其终不可至于难，可驯至于大，而不劳心劳力，所以能无为也。若不早图之，急为之于其始，则其终也，易者渐难，细者渐大，心力俱困，无为其可得乎？"这就是说，作于易细之始则不必劳心费神，无为无事而功成事遂；若待其终成大难，即便是有为有事，损精耗神，也恐怕是于事无补，功败垂成。作于易细，是"为无为"；"为无为"是求其"无不为"。作于"细"，即是"终不为大"，"终不为大，故能成其大"；作于"易"，即是"犹难之"，"犹难之，故终无难"。这是老子用日常生活中的经验事实，来说明"无为而无不为"的道理。小中可见大矣！

第六十四章

【原文】

其安易持①,其未兆易谋②。其脆易泮③,其微④易散。为之于未有,治之于未乱。合抱之木,生于毫末⑤;九层之台,起于累土⑥;千里之行,始于足下。为者败之,执者失之。是以圣人无为故无败,无执故无失。民之从事,常于幾成而败之。慎终如始,则无败事。是以圣人欲不欲⑦,不贵难得之货;学不学⑧,复众人之所过⑨,以辅⑩万物之自然而不敢为。

【注释】

① 其安易持:局面安稳时容易持守。安,安定、稳定;持,把持、持守。

② 其未兆易谋:事情没有迹象时容易谋划。兆,征兆、迹象;谋,谋划。

③ 泮(pàn):分散、破裂。"泮""判"古通用,《说文》:"判,分也。"

④ 微:细微。简本作"幾",《说文》:"幾,微也。"

⑤ 毫末:指树木的细小萌芽。

⑥累土：累，是盛土的用具，高亨说："累，当读为'蔂'，土笼也。"累土，犹今一筐土。

⑦欲不欲：以不欲为欲，意指求人所不欲求的。

⑧学不学：简本作"教不教"，以不教为教，即行不言之教。

⑨复众人之所过：回复到众人所曾经过的处所，即返璞归真之义。

⑩辅：辅助。

【品鉴】

本章主要是讲无为之益。

"无为"的一个重要方法，是"为之于未有，治之于未乱"。在事情没有发生以前就早作准备，在祸乱没有产生之前就处理妥当。慎于事先，作于事始，则成事易而无败失。若大难至而图之，则多败；已殆危而持之，则多失。老子说："其安易持，其未兆易谋。其脆易泮，其微易散"，局面安稳时容易持守，事情没有迹象时容易谋划，事物脆弱时容易破裂，事物微细时容易散失。奚侗注："凡事豫则立，持危定倾当及国家安宁，祸乱当无征兆之时，其成功也至易。譬之物脆弱微细者，吾欲分解而离析之，事至易也；至于坚实盛壮，则难矣。"在老子看来，事物在起始萌芽阶段最容易处理，成事也最简易；若不为之于事先物始而任凭事态蔓延自流，那么必然积重难返，酿成大祸而难以收拾。老子看到了事物的发展有一个由积累而发生质变的过程，"合抱之木，生于毫末；九层之台，起于累土；千里之行，始于足下"。这些思想表明，老子已经直观地、初步地接触到或猜测到了量变和质变的辩证关系。祸乱的发生，也不例外于这个"积"的法则。事物向反面的转化也不是一下子就发生突变的，也需要经历一个不断积累的过程。所以，要防止酿成事变，最好的方法就是为之于未有，治之于未然，把祸乱消灭于萌芽状态。老子通过日常经验中积微末以至高厚，自细小以成巨大的事实，来说明慎始、预先的重要性。老子同时提醒人们，要想事情获得最终的成功，也要"慎终""善后"。"民之从事，常于几成而败之，慎终如始，则无败事"。人们做事情，常常是在快要成功的时候就失败了；事情要完成的时候，也要像刚开始的时候一样的谨慎，那就不会败事了。高延第说："事当垂成，人情易放，精力多疲，稍有疏忽，必至危殆，弃其前功。患怠于有成，病加于小愈，祸生于懈惰，比比然也。当加意保持，勿至几成而败。"老子对于人情世心是观察得非常仔细、分析得非常深刻的。他把日常生活的经验教训上升为一个行为法则：要想成功，必须时刻保持谦虚谨慎的态度，慎始且慎终，预先且善后。这样去做事情，恐怕就没有什么失败的事了。

慎始慎终，预先善后，即是为之于"未有"，以求其"无为而无不为"。在老子看来，事物的发展既然有一个积少成多、积事成乱的自然的规律，那么就应该掌握并利用这一自然的规律，以取得成功而防止失败。依循自然的规律行事做事，不违自然、顺其自然地去"为"，这也就是"无为"了。"为之于未有，治之于未乱"，即是看到了事物发展的自然趋势的不可逆反性而主动采取积极防御的行为，是不违自然的"无为"。"合抱之木，生于毫末；九层之台，起于累土；千里之行，始于足下"，如果我们把"大木""高台""远行"看作是正面的事功而不是负面的祸乱的话，那么毫末之生、累土之积、足下之行的行为，即是顺其自然的"无为"。天地之生大木，工匠之造高台，足行而致千里，亦是自然而已。

看到事态发展的糟糕结局而主动预防之，是利用自然，不违自然，是"无为"；看到事物发展的良好趋势而主动促进之，亦是利用自然，顺其自然，亦是"无为"。"无为"，即是依循自然的规律去"因为"，而不是违背自然的规律去"妄为"。"因为",是按照事物本身固有的客观规律去作为,是顺其自然,因物而为;"妄为",是不顾客观事物的自然本性,只凭主观的意志强行作为,是违背自然,先物而为。《淮南子·原道训》:"所谓无为者,不先物为也;所谓无不为者,因物之所为也。"因物而为,顺其自然,则会成功;先物而为,违背自然,必定失败。老子说:"为者败之,执者失之。是以圣人无为故无败,无执故无失。"执于主观偏见而强作妄为,必遭失败;顺任万物之自然而无为无执,则无败失。"无败""无失",也就是无事不成、无功不就,也就是"无不为"。因任自然不妄为,则万物各得自然,诸事顺遂,这即是"无为而无不为"。刘笑敢说:"自然是老子哲学的中心价值和根本理想,无为则是实现这一理想和价值的原则性方法。无为的根本意义就在于维护了事物的自然发展。'无为故无败'是从消极的方面说的,即通过'无为'而避免有害的结局;'无为而无不为'是从积极的方面说的,即通过'无为'实现'无不为'的目的。"

把自然无为的原则运用到社会政治领域,这就要求体道的圣人实行"欲不欲""教不教""辅万物之自然"的治理方略。圣人实行"无为"之治,不以难得之货为贵而尊道贵德,行不言之教而使百姓复归于纯朴,不撄人心、不逆物情而辅相万物之自然。其大要亦是归于绝巧弃利、绝学弃智,以至于无为而无不为耳。

第六十五章

【原文】

古之善为道者，非以明①民，将以愚②之。民之难治，以其智多③。故以智治国，国之贼；不以智治国，国之福。知此两者④，亦稽式⑤。常知稽式，是谓玄德。玄德深矣，远矣，与物⑥反矣，然后乃至大顺⑦。

【注释】

① 明：精明。王弼注："'明'谓多见巧诈，蔽其朴也。"河上公注："明，知巧诈也。"

② 愚：淳朴，朴实。王弼注："'愚'谓无知，守其真，顺自然也。"河上公注："使朴质不诈伪也。"范应元说："'将以愚之'使淳朴不散，智诈不生也。所谓'愚之'者，非欺也，但因其自然不以穿凿私意导之也。"

③ 智多：多智巧伪诈。范应元说："不循自然，而以私意穿凿为明者，此世俗之所谓智也。"

④ 两者：指上文"以智治国，国之贼；不以智治国，国之福"而言。

⑤ 稽式：法式、法则。

⑥ 物：指众人、世俗。

⑦ 大顺：大治，指自然的秩序。林希逸说："大顺即自然也。"

【品鉴】

本章强调为政在于真朴。

"古之善为道者，非以明民，将以愚之"。这里的"明"，是智巧、诈伪的意思；"愚"与"明"相对，是纯真质朴的意思。老子在本章提出的是一种返璞归真的政治主张。老子认为，人民之所以难以治理，乃是由于他们有太多的智巧心机。所以统治者用智巧去治理国家，只会刺激和助长人民的智巧心机，这是国家的不幸；反之，如果不用智巧去治理国家，人心就会逐渐返归真朴，这是国家的福音。老子始终认为人民的所以坏，都是因为受了统治者的坏影响；人民的智多，也是受了统治者的坏影响，"民之难治，以其上之有为，是以难治"（第七十五章）。在老子看来，上行必下效，人民的智巧心机，归根到底还是来自社会上层的"有为"。统治者的用私智、多贪欲，必然使社会趋于纷扰争夺、尔虞我诈，互相陷于危险。统治者若是真诚朴质，就能引导良好的政风和民风，有了良好的政风和民风，社会自然就会趋于安宁；如果统治者机巧狡黠，就会产生败坏的政风和民风，政风和民风的败坏就使得人们互相伪诈，彼此贼害，社会就将无有宁日了。因此，一个国家政治的好坏，常系于统治者的心思和做法。所以，老子劝诫统治者不要"以智治国"，为政在于真朴。

本章"以智治国"，即是第五十八章"其政察察"之义。统治者以智治国，行"察察"之政，社会上明明斤斤、工于心计、精于算计，其结果是"其民缺缺"，民风浇薄，人民狡诈。王弼注："以智术动民，邪心既动，复以巧术防民之伪；民指其术，随防而避之，思惟密巧，奸伪日滋。故曰'以智治国，国之贼'。"这就是说，统治者用智术防范人民，人民则用智逃避防范，防范的智术越密巧，人民对付的办法也越多。用智是为了治国，但却走向了反面，乱了国。统治者运用智术权谋，或许可以一时欺骗百姓，使社会统治暂时得以维持；但很快就会出现道高一尺、魔高一丈的局面，统治者不得不以更精巧细密的手段去欺骗人民，从而陷入了无休止的恶性循环。在老子看来，这种上下相欺、以奸诈伪、人人自危的社会局面，都是由于统治者的"以智治国"造成的。所以，老子主张"不以智治国"，即是行"闷闷"之政，统治者不用智术去欺骗和防范人民，人民也无须再用智术相欺而逃避防范，社会自然趋于安定，民风自然趋于淳朴，"其政闷闷，其民淳淳"。这就叫作"不以智治国，国之福"。

老子生于乱世，看到当时世态智巧日生，诈伪百出，感于世乱的根源莫过于人们彼此攻心斗智，竞相伪饰，所以才提出了尚愚的主张。他劝诫统治者实行"闷闷"之政，使人们绝弃智巧，而返归真朴。老子的尚愚思想，是针对时弊而作出的愤世矫俗的主张。老子的这一思想，常被人们指责为主张愚民的政策。然而在我们看来，老子的尚愚主张与通常所谓的愚民政策有着重大的区别。愚民政策是统治者以智术权谋来愚弄、欺骗百姓，以达到维持和巩固其统治地位的目的。老子却从不主张统治者行使智术，玩弄权谋，以欺骗愚弄百姓；相反，他认为作为统治者之标准、楷模的"圣人"是以"百姓心为心"（第四十九章），"使夫智者不敢为"（第三章），"欲不欲""教不教"（第六十四章），而且圣人本人亦"我愚人之心也哉"。可见，老子是主张人们放弃诈伪之心和投机取巧的行为，保持纯真的自然本性和养成淳朴的民风，而不是要人们成为头脑简单、四肢发达的愚笨冥顽之人。另外，愚民政策是从统治者的利益出发的，是让人们做愚昧无知、容易被统治的"傻瓜"顺民，而老子却是为全社会的利益考虑的,他关心的是全人类的前途和命运,他追求的是社会的自然和谐和人民的自足富裕。再者,愚民政策只是要人民愚,统治者自己却不愚,实际上愚弄的是人民,而老子却不是这样,他要求统治者自己首先要放弃智巧,返璞归真,以带动和营造淳朴自然的民风、政风,使整个社会趋于自然的和谐安定。由此看来,老子的尚愚主张,以愚治国,乃是其自然无为思想的本有意蕴;而为老子所批判的"以智治国",倒是与愚民政策有几分相像了。

老子主张以愚治国,提倡无为而治,这种做法是与一般的治国方法不同的,所以他说"与物反",即是与众人的世俗做法相反。在老子看来,道的自然无为恰恰是与世俗的价值观念和行为取向相反的。知大道,守自然,弃智巧,归真朴,是"常知稽式,是谓玄德"。深奥幽远的"玄德",虽与世俗相反,却是合于自然的大道。统治者若能知"稽式",守"玄德",弃智返璞,天下自然也就趋于大治了。

第六十六章

【原文】

江海所以能为百谷王①者,以其善下之②,故能为百谷王。是以欲上民③,必以言下之④;欲先民⑤,必以身后之⑥。是以圣人处上而民不重⑦,处前而民不害⑧,是以天下乐推而不厌⑨。以其不争,故天下莫能与之争。

【注释】

① 百谷王:百谷,百川。王,指大大小小的水流所归往之处。

② 下之:居其下,处其下。指居处一切水流的下游。

③ 上民:居于民上,处在民众之上的地位,即统治民众。

④ 以言下之:通过言论表现出甘处民下,指对民众要谦下。

⑤ 先民:居于民先,位于民众的前头,即领导民众。

⑥ 以身后之:让自身居于民之后,指随顺民众的意愿。

⑦ 处上而民不重:居于上位而民众不感到负累。处上,处于民之上;不重,不看作是一种重压。

⑧ 处前而民不害:居于前面而民众不感到受了妨害。处前,处于民之前;不害,不看作是一种妨害。

⑨ 乐推而不厌：乐于推戴而不厌弃。推，推戴；厌，厌弃。

【品鉴】

本章讲圣人的"谦下""不争"之德。

本章开头用江海做比喻，"江海所以能为百谷王者，以其善下之，故能为百谷王"。蒋锡昌说："《说文》：'王，天下所归往也。'是'王'即归往之义。此言江海所以能为百川归往者，以其善居卑下之地，故能为百川归往也。"老子喜欢用江海来比喻人的处下居后，同时也以江海象征人的包容大度。"处下""有容"，是"江海"与"圣人"的共同品性。严遵说："江海之王也，清静处下，虚以待之，无为无求而百川自为来也。百川非闻海之美，被其德化归慕之也，又非拘禁束教、有界道、画东西而趋之也，然而水之所以贯金触石、钻崖溃山、驰骋丘阜以赴随江海无有还者，形偶性合，事物自然也。"这就是说，江海纳百川，既不是依靠美名的吸引，也不是运用强制的力量，而是以自身的谦下虚受使百川自然地归往。

"是以欲上民，必以言下之；欲先民，必以身后之"。所以，"圣人"要想成为天下之王，就得以"江海"为榜样，学习"江海"处下居后的精神品性。在老子看来，统治者要想统治人民，就得出言谦逊，去除私意，"以百姓心为心"（第四十九章）；统治者要想领导人民，就得行事谦退，寡欲不争，"不敢为天下先"（第六十七章）。总之，统治者要想治理好天下，就必须先民后己，不与民争利，把自身的利益放到人民的利益的后面，把人民的意愿作为自己的意愿。"圣人"只有具备"谦下""不争"之德，才会"处上而民不重，处前而民不害，是以天下乐推而不厌"。"圣人"居于上位而民众不感到负累，居于前面而民众不感到受了妨害，天下的人都愿意推戴而不厌弃他。张舜徽说："此言为人君者，宜谦虚自守，卑弱自持，法江海之居下而为百谷所归往也。古之王公，自称孤寡不穀，是以言下之也；不敢为天下先，是以为身后之也。故处上处前而天下不厌恶，盖由其贬抑退逊，在能不争，而天下之人亦莫能与之争也。"圣人的一言一行，总是以人民的意愿和利益为重，而丝毫没有个人的私欲私意，动不为己，先以为人，所以天下也就自然地归往了，圣人也自然地成了天下之王。

老子最后总结说："以其不争，故天下莫能与之争。"正是因为"圣人"不与民争利，所以天下的人没有谁能与他争位。在老子看来，圣人的天下王位不是争来的，而是天下之人的自然归往。自然的王位，是没有谁能抢夺的，所以"天下莫能与之争"。圣人的地位之所以自然地尊贵，就是因为他的"谦下""不争"之德是合于自然大道的。道生养万物而不有不宰，充分体现了"不争"的精神。圣人的利民而不害民、生民而不压民、安民而不扰民、先民而不与民争，是符合大道"利而不害""为而不争"的精神特征的，所以圣人也就赢得了如同"道之尊，德之贵"那样自然的无上地位和崇高品性。严遵说："是以圣人信道不信身，顺道不顺心"。圣人循道而行，顺道而为，不私其身，不用私意，所以天下自然归往。

老子本章申言圣人"不争"之德，是有感于那些站在上位的人，威势凌人，对人民造成很大的压力；那些处在前面的人，见利争先，对人民造成很大的损害，因此警醒统治者应处下谦让，不与民争。统治者权势在握，很容易给人民造成一种重压感；一旦肆意妄作，人民就不堪其累了。正是基于此种考虑，老子站在人民的立场上，对在上位的统治者提出劝诫，要求他们效法大道，以"江海"为榜样，谦下居后，虚受不争，不要给人民带来重累和伤害。圣人以其"谦下""不争"的品格赢得了人民的拥戴，取得了"民上""民前"的尊贵地位。但是，圣人的因下而上，因后而前，因不争而天下莫能与之争，绝不是什么权谋诈术，老子也不是什么阴谋家。老子明确地反对以智术治国，怎么会鼓励人们去搞阴谋、弄权术呢？老子分明是为人民着想，怎么会是向统治阶级献媚呢？老子是真诚地希望当王的人要居身民下，而不是教他们装装样子，摆摆姿态以邀买人心。至于实际社会当中的统治者，常以花言巧语、虚情假意来糊弄人民、欺骗群众，这也是历史的真实，但这绝不能归罪于老子。老子的以不争而争、以无为而为，固然有其"术"的一面，但此"术"乃自然之"道术"，而非欺骗之"诈术"也。江海以其处下居后而为"百谷王"，圣人以其谦下不争而为"天下王"，若以"术"论之，可谓"争"在其中矣。然而需要强调的是，老子这种无争竞之名而有全归之实的"不争"之德，并不是有心去争，也不是有意为之，而完全是一种自然而然的结果。老子教导治者的"不争"之"术"，既不是什么见不得人的勾当，也没有什么不可告人的阴谋，他只是教人无私大公，先人后己，谦逊包容。就是在我们当今的现实生活中，无论是哪一人，只要具备此种精神品德，坚持此种人生态度，依循此种行为准则，他也自然就会赢得人们的尊重和拥戴，想不成为优秀的领导者恐怕都难呢！

第六十七章

【原文】

天下皆谓我道大①,似不肖②。夫唯大,故似不肖;若肖,久矣其细③也夫。我有三宝,持而保之。一曰慈④,二曰俭⑤,三曰不敢为天下先。慈,故能勇⑥;俭,故能广⑦;不敢为天下先,故能成器长⑧。今舍慈且勇,舍俭且广,舍后且先,死矣。夫慈,以战则胜,以守则固。天将救之,以慈卫⑨之。

【注释】

① 天下皆谓我道大:王弼本"我"下有"道"字,河上公本、傅奕本、范应元本、帛书本均无"道"字。张舜徽说:"首句之'我',谓'道'也。《老子》明云:'吾不知其名,字之曰道,强为之名曰大。'是'大'者,道之别名。故此处首句'天下皆谓我大',犹云天下之人,皆称道为大也。后人附注'道'字于'我'字下,辗转传抄,窜入正文,故王弼本遂作'天下皆谓我道大'矣。"张说是,据删。

② 似不肖:似乎不像任何具体的东西。肖,《广雅·释诂三上》:"肖,类也。"帛书本作"大而不肖",广大而不像任何具体之物。高

明说："'似'字是'肖'字的古注文,后人误将古注文羼入经内。'不肖'犹不似,即今语不像。"高说是。帛书本文义较佳。

③ 细：渺小,微细。

④ 慈：慈爱、和善。

⑤ 俭：俭约、节俭。

⑥ 勇：勇迈。蒋锡昌说："是'勇'谓勇于谦退,勇于防御,非谓勇于争夺,勇于侵略。"

⑦ 广：广厚。王弼注："节俭爱费,天下不匮,故能广。"

⑧ 器长：万物的官长。"器",物,指万物。

⑨ 卫：保卫、卫护。

【品鉴】

本章指明道之"大"及宝道的益处。

张松如说："此章'我'字乃'道'自谓,这是把'道'拟人化了。""天下皆谓我大,似不肖。夫唯大,故似不肖;若肖,久矣其细也夫。"这是"道"的自述。道之为物,"无状之状,无物之象"(第十四章),不能比拟他物而形状之。"道"不肖万物,又为万物所由出,此正所谓"大而不肖"。不能得一物而比拟之,正是"道"之所以为"大"者;若"道"可得而形状之,那早就成了渺小之物了。这说明了"道"的不同于具体事物的形而上特性。

"道"不同于具体的事物,"大而不肖",这是从"道"体的形而上特性说的;"我有三宝,持而保之",是从"道"的德性表现说的,或者说是得道之"圣人"的品德特征。"圣人"之品德即体现了"道"之玄德,二者的精神品质是同一的。得道之"圣人"怀有"三宝",或者说拟人化了的"道"有三种内在品性："一曰慈,二曰俭,三曰不敢为天下先。""慈""俭""不敢为天下先",这三者确切意含何谓,学者解释不一,殊难定论。有从为君之道解释"三宝"的,如张舜徽说:"君道之宝有三,必持之勿失。慈谓柔,俭谓啬,不敢为天下先,谓不先物为也。君道之要,尽于此矣。故言人君南面之术者,目此三事为三宝也。"此处之"我",与"天下"相对,老子意指"人君",此无疑。老子晓谕人君"三宝",用意何在?慈爱百姓、节制私欲、安治天下也。"慈"的基本意含就是"爱",《说文》:"慈,爱也。"但老子所倡导的"慈爱",不是建立在亲疏远近关系上的"仁爱",而是对待万物一视同仁,生养覆育万物而不为主宰的无私之爱、自然之爱。这种长养万物的自然之爱,因为不带有丝毫的个人情感意志,所以可以说它"不仁","天地不仁,以万物为刍狗;圣人不仁,以百姓为刍狗"(第五章)。也正因为这种自然之爱的无私,不存私意,才能养育成就天下万物,使万物各得自然,无有不成,所以又可以说它是"至仁"。"圣人常善救人,故无弃人;常善救物,故无弃物"(第二十七章)、"天道无亲,常与善人"(第七十九章),"无弃人""无弃物""常与""善人",岂不正是这种至仁之爱的表现吗?老子的"慈",是自然之爱、无私之爱,可谓是至仁不仁。《庄子·天运》:"至仁无亲",正是表明老子此意。

本章的"俭",相当于第五十九章的"啬",意指节俭含藏,不肆为,不奢靡,寡欲知足。这是圣人对自己的欲望和意志的节制约束。"不敢为天下先",是指圣人行为上的谦退不争,即"后身""退身""无身"之义。老子的"三宝":"慈""俭""不敢为天下先"各有侧重,分别指向圣人的心、意、行。圣人心怀天下,慈爱万物,所以能勇于担当天下万物的生存和命运;圣人少私寡欲,收敛己意,所以能深积广厚;圣人谦下虚柔,清静不争,所以能成为万物之长。在老子看来,"慈""俭""后"是圣人之所以"能勇""能广""能先"的内在原因和本质根据。但是世人只看重"勇""广""先"的外在效用,而不珍视"慈""俭""后"的内在根源。在老子看来,如今世人的舍慈而求勇、舍俭而求广、舍后而求先的做法,无异于断根本而求华实,这是自入死路。

老子的"三宝","慈"占首位。因为若是没有慈爱天下之心,是不可能自我约束、自处谦下的,所以老子重言"慈"。"夫慈,以战则胜,以守则固。天将救之,以慈卫之。"由于"勇"源于"慈",所以用"慈"作战则能取胜,用"慈"防守则能稳固;天要拯救谁,就用"慈"来卫护他。在老子看来,"慈"是攻无不克、战无不胜、自卫救人的最佳方法。孔子曰:"仁者必有勇";孟子云:"仁者无敌。"孔孟对"仁"之自信与老子对"慈"之倾心,何其相像邪?然"仁"之力量源于道德感化,"慈"之力量源于大道自然,此又见儒道之相异也。

第六十八章

【原文】

善为士①者不武②,善战者不怒,善胜敌者不与③,善用人者为之下④。是谓不争之德⑤,是谓用人之力⑥,是谓配天⑦,古之极⑧。

【注释】

① 士:武士。

② 武:耀武扬威。

③ 不与:不接战。王弼注:"不与争也。"高亨说:"'与'犹'斗'也,古谓对斗为'与'。"

④ 善用人者为之下:善于用人的人要对之表示谦下。下,谦下。

⑤ 不争之德:指上文的"不武""不怒""不与""为之下"。正因为有此"不争之德",所以是"善为士者""善战者""善胜敌者""善用人者"。

⑥ 用人之力:承袭上文的"善用人者为之下"。正因为对人表示谦下,所以能"用人之力",称为"善用人者"。

⑦ 配天:合于天道,与天道相配合。

⑧ 极:准则。

【品鉴】

盖至争者惟兵，故本章借兵事以明不争之德。

"善为士者不武"。这里的"士"，不是指一般的兵卒，而是指将兵带卒的上士。王弼注："'士'，卒之帅也。"善于统帅兵卒的武士，是不逞其勇武的。在老子看来，真正的武士并不逞武斗勇。焦竑说："古者车战为士，甲士三人在车上，左执弓，右持矛，中御军掌旗鼓，皆欲其强武，战卒七十二人在车下。盖至争者惟兵，故借之以明不争之德也。"争强斗勇，莫过于兵。老子却认为，逞强耀武的不是好士兵，做不得将帅。可见，老子是不主张战争的，更不希望在战争中杀人以逞其勇武。战争的目的不是杀人，而是保护自己、保卫和平。作为统领兵卒的将帅，更应具备不争的品德。

"善战者不怒"。《孙子·火攻》篇："主不可以怒而兴师，将不可以愠而致战。"怒则意味着"心使气"，"心使气曰强"（第五十五章）。怒则意气用事，强则争勇斗狠，这是不符合不争之德的。所以老子认为，善于用兵打仗的不发怒气，慎用兵戈。"善胜敌者不与"，"不与"，就是不用与敌接战，不用发生正面的短兵相接。不用与敌对斗，就能取得战争的胜利，也就是不战而胜的意思。《孙子·谋攻》篇："百战百胜，非善之善者也；不战而屈人之兵，善之善者也。""善用人者为之下"。善于用人的人要对之表示谦下。高延第说："卑谦接物，人人得尽其情，士卒亲附，皆乐为之用。"这就是说，善于团结士卒的将领，对待士卒谦下宽和，这样士卒才能心甘情愿地听从指挥。这也是谦下不争带来的良好效果。

老子在战争中讲"不争"，要人不可嗜杀。"武""怒"乃是侵略、暴烈的表现，老子却要人"不武""不怒"，不可逞强，不可暴戾。本章的"不武""不怒""不与""为之下"，都是"不争"在战争中的具体表现，是"善为士者""善战者""善胜敌者""善用人者"特殊的行为表现,即以"不争"而达到了"善胜"的效果。人们对于老子的以不争为争、不争而善胜的思想,总过多地关注其"术"的一面,只重视了它所具有的策略意义。其实,老子的"术"是不离"道"的,"不争"的策略是符合"天之道"的。"不争之德"是谓"配天,古之极也",不争之德合乎天道,是自古以来的最高准则。第七十三章:"天之道,不争而善胜",这就给不争善胜的行为效果提供了"天道"的根据和解释。在老子看来,不争的原则有宇宙的自然规律的支持,因而具有普遍且至高的意义价值。在价值观的意义上,我们看老子的处下不争,实际上它已经内化为一种生活态度和处世原则。老子之所以推崇这样一种生活态度和处世原则,乃是在于它是一种极好的德行。再进一步说,这种极好的德行好就好在它得之于自然的大道,并体现了大道的无为原则。

第六十九章

【原文】

用兵有言：吾不敢为主①而为客②，不敢进寸而退尺。是谓行无行③，攘无臂④，扔无敌，执无兵⑤。祸莫大于轻敌，轻敌几丧吾宝。故抗兵相加⑥，哀⑦者胜矣。

【注释】

①主：先举兵叫主。为主，指肇兵端以犯人。

②客：后应兵叫客。为客，指不得已而应敌。

③行无行：行（háng），阵列。行无行，即是说虽然有阵列，却像没有阵列可摆。

④攘无臂：攘臂是作怒而奋臂的意思。"攘无臂"，即是说虽然要奋臂，却像没有臂膀可举。

⑤扔无敌，执无兵：帛书本作："执无兵，乃无敌"，王弼本作"扔无敌，执无兵"。检王注："用战犹行无行，攘无臂，执无兵，扔无敌也。言无有与之抗也。""言无有与之抗也"，正说明"扔无敌"为"乃无敌"之误，据改。

⑥抗兵相加：傅奕本、帛书本作"抗兵相若"，王弼本作"抗兵相

加"。王弼注:"加,当也。"按"加"不应训为"当"。《四家注本》王弼注:"若,当也。"是王弼本原作"若"。抗,举也。唐李荣注:"两边举兵,名曰抗兵;多少均齐,故云相若。"

⑦哀:哀悲,悲愤。因哀悲生出道义的力量。

【品鉴】

此章承前章,都是以兵事来说明不争之德。

"用兵有言:吾不敢为主而为客,不敢进寸而退尺"。老子借用兵者言,说明对待战争的一个总的原则,是不主动挑起战争,只是迫不得已才应敌。吴澄说:"'不敢'字言用兵,又申言慈之宝。为主,肇兵端以伐人也;为客,不得已而应敌也。""不敢为主""不敢进寸",即是不争之义。行军用兵,不是为了攻城略地,发动侵略战争;老子主张"不以兵强天下"(第三十章),只是保家卫国而已。"是谓行无行,攘无臂,扔无敌,执无兵",这也是指要以不争的态度对待战争。在老子看来,最好的结果是消灭战争于无形,不起兵戈,持久和平;而不是通过两军对垒厮杀、涂炭生灵以获取战争的利益。轻起兵事,妄动干戈,就会丧失掉人心最宝贵的东西:慈爱、不争、谦让。所以,两军兵力相当的时候,哀悲的一方可获得胜利。因为哀悲的一方是不得已而应敌,处不得不战之境,有慈爱不争之心。所以,两军举兵相当,其结果必然是拥有道义的慈者和不争者取得胜利。

魏源说:"与慈相反者莫如兵。故专以兵明慈之为用,而俭与不敢先皆在其中也。老子见天下方务于刚强,而刚强莫甚于战争,因即其所明者以喻之。使之即兵以知柔退,即柔退以反于仁慈,非谓谈兵而设也。"这就是说,老子谈兵,是借兵事说明谦退不争、慈爱天下的道理,而不是着意专门研究兵事的。本章亦不过是老子的一贯思想在兵家之争中的一种延伸和运用而已。作为关注社会、关注民生的哲学家，老子不能不正视当时社会上最为显明的、关乎国家存亡和人民生死的战争问题；也正因为《老子》是哲学，所以它是以哲学的观点看战争，而不是专门研究战争问题的军事学。我们可以从《老子》的哲学思想领悟兵道，但不可以兵道全括《老子》的哲学思想。老子意不在"兵"，而讲的是更具普遍性的"道"；但"兵道"亦是"道"，兵亦有道，所以把《老子》作兵书观，亦有益于用兵者。此又足见"道"之大矣！

第七十章

【原文】

吾言甚易知，甚易行。天下莫能知，莫能行。言有宗①，事有君②。夫唯无知，是以不我知③。知我者希④，则我者贵⑤。是以圣人被褐怀玉⑥。

【注释】

① 言有宗：言论有宗旨。

② 事有君：行事有根本。君，主；有君，指有所本。

③ 不我知：不知我，我不被理解。

④ 希：稀少。

⑤ 则我者贵：以我为则者贵，"则"是动词，效法的意思，意谓：取法我的，是可贵的。帛书本作："则我贵矣"，反而愈发显得我可贵，"则"表示转折意义的连词，"反而"的意思。帛书本文义显明。

⑥ 被褐怀玉：穿着粗衣而内怀美玉。"被"，古同"披"，穿着。"褐"，指粗布衣服。

【品鉴】

在本章中，老子一方面慨叹自己的思想主张不能被人们理解，不能被社会实行，另一方面又对自己的思想主张充满了自信，相信它具有宝贵的价值。

老子说："吾言甚易知，甚易行。天下莫能知，莫能行。"这是老子自叹其言之不为人知，其道之不为世行也。第四十三章说："不言之教，无为之益，天下希及之"；第四十一章说："下士闻道，大笑之"。一方面是吾之言的易知、易行，另一方面是天下人的莫能知、莫能行。为什么易知、易行的思想主张，却是莫能知、莫能行呢？老子从人们认知方法的缺陷分析了其中的原因。老子说："言有宗，事有君"，我的思想是有宗旨的，我的行事是有根本的。但是人们不知道去抓宗旨、找根本，因此也就不能了解我的思想主张。那么，老子的思想宗旨和行事根本是什么呢？吕吉甫说："无为而自然者，言之宗也"；吴澄说："老子教人，柔弱谦下而已"；奚侗说："言宗事君，谓道德也"。统观《老子》全书，我们可知，老子的思想是以"道"为核心而展开的，以"自然"为最高的价值标准，以"无为"为最佳的行为方式。一言以蔽之，以自然无为的大道为其言宗事君也。

世人之所以不能了解老子的思想主张，固然有其认知方法上的失误，也有"道"之难于体认的客观情况，但更为主要的是，人们的价值观念和行为取向已经背"道"而驰了，人们已经迷于名利、惑于智巧、陷于贪欲而不知返本复始了，人们已经迷失了纯朴的本性，废弃了自然的大道。在这种世态俗情之下，再对人们谈"自然"、谈"大道"、谈"无为"、谈"柔弱"、谈"不争"，就如同对牛弹琴，不仅是曲高而和寡，而且在世人看来这简直是荒唐之言，无稽之论，是逆于他们的耳、反于他们的意的，难怪他们要大加嘲笑了。这就不是认知方式上的失误了，而是世俗的价值观念与"道"的价值原则相背、相反，从而使人们在价值认同上就背离了大道，更不必说有什么了解了。在世俗价值观的支配下，世人压根就不认同大道，更不想了解大道，"莫能知""莫能行"就不足为怪了。

陈鼓应说："老子提倡虚静、柔和、慈俭、不争，这些都是本于人性自然的道理，在日常生活上最易实行，最见功效的。然而世人多惑于躁进，迷于荣利，和这道理背道而驰。"老子的思想主张本于自然的大道，只是教人"自然"，"见素抱朴"，所以说它是"易知""易行"的；然而恰恰"素朴"是最难保持的，"自然"是最难做到的，人们的争名逐利、争强好胜之心是最易发作的，所以它又是"莫能知""莫能行"的。世人"莫能知""莫能行"，不等于老子的思想主张"不可知""不可行"，更不等于"不当知""不当行"。老子对自己的思想主张是充满自信的，也相信世人是会抛弃俗知俗见而归本大道、复归于朴的，也相信无为而治的理想蓝图是会变为社会现实的。他说："不笑，不足以为道"（第四十一章），不被世俗之人嘲笑的"道"，恐怕还不足以称为"道"呢？他又说："知我者希，则我贵矣"（第七十章），了解我、了解我所讲的"道"的人越少，反而愈发显得我和我所讲的"道"是那么的可贵！虽然我不被世人所了解，我所讲的"道"也不为时俗所认同，但我深知"道"的宝贵价值，我要用它来"救人""救物"！

老子一方面感叹世人的大迷不返，自己的思想主张不为世知、不为世行，另一方面又对世人饱含着慈爱和关切，对自己的思想充满着自信，真诚地希望用自己的思想警醒世人、变革社会，使人们能自然地生活，使社会能自然和谐，从根本上解决人类生存和命运的问题。所以，老子说："是以圣人被褐怀玉"，身着粗衣、怀揣美玉的，才是"圣人"呢。圣人之所以为圣人，不在外表，而在其内在的价值。刘笑敢说："'披褐怀玉'恰恰是圣人的常态，这正是道家圣人之超拔、卓越之处。"

第七十一章

【原文】

知不知①，上；不知知②，病。夫唯病病③，是以不病。圣人不病，以其病病，是以不病。

【注释】

① 知不知：知道自己有不知的。

② 不知知：不知而自以为知。

③ 病病：把病当作病，即重视病的意思。上一"病"字为动词，下一"病"字为名词。

【品鉴】

常见有人因为老子崇尚"愚"和"无知"，就认定老子否定文化知识、宣扬蒙昧主义。这是仅从字面上看老子的话，没有理解老子的本义。老子尚"愚"，是主张返璞；老子的"无知"，是反对智巧。老子从来不反对人们去求知，他只是提醒人们首先要思考这样的问题：究竟什么是"知"，应该求何种"知"。老子所求的"知"，是对"道"的体察认知，是真正的高深的"知"，如"知和""知常""知古始""知稽式""知天下""自知"等，这些都不是仅靠日常经验就能认知的。

在老子看来，要想求得真知、体认常道，首先就要有一种求知的正确态度。老子说："知不知，上；不知知，病。""知不知"，即知道自己有所不知，也就是承认自己的无知，老子认为这样最好。"不知知"，即不知道自己无知，反以为自己什么都知道，老子认为这是一种妨害求知的错误态度。世俗之人只看到事物的表层，便自以为洞悉了事物的真相；或一知半解，便不懂装懂，强不知以为知。这样，原有的知识便会成为获取新知识的障碍。这种态度，乃是浮华和浅薄的表现，欠缺求知所必需的真诚，所以说是犯了谬妄的错误，是求知的病害。有道的"圣人"却不然，"夫唯病病，是以不病"，他有自知之明，能够不断地进行自觉与反省，保持求知的真诚，以虚心的态度对待求知，所以就能避免谬妄的错误。

老子的"知不知"，不应理解为故作不知，而应理解为：虽有知识，但仍能保持真诚虚心的态度，以便接受新知识。荀子也主张求知的心灵要"虚"，"不以所已藏害所将受"(《荀子·解蔽》)。可见，老子提倡的"无知"，乃是以一种"无知"的态度即谦虚的态度来对待"知"和"求知"。这样的"无知"或"知不知"，即老子所崇尚的"愚"。老子的尚"愚"，是要将人们引向"大道"的境界，探寻人生的真谛，返璞归真，远离龌龊的低级趣味，做一个高尚的人。老子的尚"愚"，是为人们指出了一条告别浮华和浅薄的道路，引导人们摆脱以自我为中心的局限，克服耍小聪明和自以为是的毛病，启发人们进行玄远的哲学思考，去思索生命的意义和价值，认识和把握宇宙万物的本质和普遍规律——"道"，获得真知和最高的智慧。这样的思想绝不是什么蒙昧主义，恰恰相反，这是一种启蒙主义，是对人类智慧和哲学思维的开发和启蒙。

第七十二章

【原文】

民不畏威①，则大威②至。无狎③其所居，无厌④其所生。夫唯不厌，是以不厌⑤。是以圣人自知不自见⑥，自爱不自贵⑦。故去彼取此⑧。

【注释】

①畏威：畏惧威压。这里的"威"，是威压、压制的意思。

②大威：大的祸乱。这里的"威"，是指可怕的事变和动乱。

③狎，假为"狭"，含有逼迫的意思。

④厌：压榨。奚侗说："厌，《说文》：'笮也。'无厌笮人民之生活，使不得顺适。"

⑤夫唯不厌，是以不厌：正因为不压榨民众，民众才不厌恶统治者。上一个"厌"字，是压榨的意思；下一个"厌"字，是厌恶的意思。

⑥不自见：不自我炫示。见，同"现"，表现的意思。

⑦自爱不自贵：但求自爱而不求自显高贵。蒋锡昌说："'自爱'即清静寡欲，'自贵'即有为多欲，此言圣人清静寡欲，不有为多欲。"

⑧ 去彼取此：指舍去"自见""自贵"而取"自知""自爱"。

【品鉴】

本章是老子对于当时的高压政治所提出的严正警告。

老子说："民不畏威，则大威至。"当民众不再惧怕统治者的威压时，那么对于统治者来说，大的威胁和祸乱就要来临了。王弼注："威不能复制于民，民不能堪其威，则上下大溃矣。"上下大溃，就是大祸乱的结果。统治者用刑罚威权来压制人民，人民到了不能忍受的时候，便会揭竿而起，铤而走险。这对统治者说来，便是"大威至"。可见，在老子生活的时代，当时社会的君民上下关系是多么的紧张。一方面是上层统治者的暴政逼迫，使用恐怖手段压制人民；与此相对的，是下层民众对高压政治的反抗，不惜轻死作乱。陈柱说："民孰不乐生而畏死，然压制之力愈强，则反抗之力愈猛，此专制政体之下，所以多暴也。"

老子认为，君民上下关系的极度紧张、社会统治的严重危机，是由于统治者的高压政治造成的。因此，要缓解紧张关系、解救社会危机，使社会的统治秩序趋于安定，必须是变高压统治为"无为"之政，首先是不扰民生，让人民能安居乐业，过上安生的日子。老子劝诫统治者："无狎其所居，无厌其所生。夫唯不厌，是以不厌。"不要再逼迫民众的居处，不要再压榨民众的生活，只有不压榨民众，民众才不会厌恶你。奚侗说："此言治天下者，无狭迫人民之居处，使不能安舒；无压榨人民之生活，使不能顺适。"这就是说，只有使人民的生活安足，统治者的地位才能安稳，社会的秩序才能安定，才能治理好天下。这是老子对统治者的政治行为所作出的警告。

老子接着对统治者的自身修养也提出了规范的要求："是以圣人自知不自见，自爱不自贵。故去彼取此。"有道的"圣人"有自知之明而不自我表现，有自爱之心而不自显高贵。蒋锡昌说："'自爱'即清静寡欲，'自贵'即有为多欲，此言圣人清静寡欲，不有为多欲。"可见，老子对统治者所提出的"自知"，就是要求统治者知足知止，少私寡欲；"自爱"，就是要求统治者爱守素朴，清静无为；"自见""自贵"，指的是统治者倚仗威权扩张私欲、恃强凌弱的行为心理。老子要这些统治者舍弃贪婪和残暴，而选取素朴和无为。统治者只有具备了"自知""自爱"的素质修养，只有去除了"自见""自贵"的行为心理，在政治行为上不搅扰人民的安足生活，舍"有为"而取"无为"，社会的秩序自然就会安定，君民的关系自然就会和谐，天下自然得治。

　　春秋时代的老子，已经看到了人民是不可侮的，谁要是压迫人民，不顾人民的死活，人民就反对谁，甚至会拼上自身的性命来争得生存。因此，他劝告统治者不要逼得人民不得安居、没有活路，而是要有自知之明、自爱之心，不要再恃强凌弱、贪婪纵欲，否则就会大祸临头、自取败亡。这里反映了老子的民生、民本思想。老子看到了人民身上的巨大力量，并站在民众安生的立场上，对统治者的高压政治进行了批判，表达了当时人们渴望安居乐业、过上安足生活的愿望，这是非常难能可贵的。但是，老子并没有把人民的命运放到人民自己的手中，还是把希望寄托在统治者的身上，希望他们能加强道德自律，调整统治行为，实行无为政治，从而达到生活安足、社会和谐的自然状态。老子的民生、民本思想，还不是现代意义上的民主。我们既不能低估老子的思想水平，也不能不切实际地无限拔高它。至于要求春秋时代的老子就应该具有现代的民主思想，那更是不切实际的苛求了。

第七十三章

【原文】

　　勇于敢①则杀，勇于不敢②则活。此两者或利或害③。天之所恶④，孰知其故⑤？是以圣人犹难之⑥。天之道，不争而善胜，不言而善应，不召而自来，繟然⑦而善谋。天网恢恢⑧，疏而不失⑨。

【注释】

　　① 敢：指坚强。

　　② 不敢：指柔弱。

　　③ 此两者，或利或害：指勇于柔弱则利，勇于坚强则害。

　　④ 恶：厌恶。

　　⑤ 故：缘故、原因。

　　⑥ 是以圣人犹难之：严遵本、六朝写本残卷、帛书本皆无此句。此句是第六十三章的文字重出于此，与上下文不属，应删。

　　⑦ 繟然：坦然、安然，宽和徐缓之貌。繟（chǎn），河上公注："繟，宽也。"

　　⑧ 恢恢：《说文》："恢，大也。"恢恢，宽大、广大的意思。

　　⑨ 失：漏失。

【品鉴】

本章主要讲天道的自然无为。

"勇于敢则杀，勇于不敢则活"，勇于坚强就会死，勇于柔弱就可活。"敢"即是坚强、逞强、强梁的意思；"不敢"即是守柔、居弱、不争的意思。第七十六章："坚强者死之徒，柔弱者生之徒"；第五十五章："物壮则老，谓之不道，不道早已。"老子认为，天道是柔弱而不争，无为而自化的。勇于坚强、自逞强壮，是违反天道原则的，所以遭杀；而勇于柔弱、不强不争，是符合天道原则的，所以得活。这两种行为方式，虽然都是"勇"，但其最终结果却不同：勇于坚强者遭杀、勇于柔弱者得活，这是为什么呢？老子说："天之所恶，孰知其故？"天所厌恶的，谁又知道它的缘故？这里的"天"，实指"天道"，不是指有人格意志和赏罚功能的"天帝"。或者说是借"天帝"的好恶来说明天道的自然，或者说是把天道拟人化来表现它的自然功能。总之，我们不能一看字面上的"天之所恶"，就以为老子搬出具有喜恶、赏罚功能的天帝来吓唬人；其实这里的意思是说，天道是自然的，"弱者，道之用"（第四十章），柔弱者得活、坚强者遭杀，这些都是天道自然的结果。为什么会这样呢？天道运行的自然法则就是这样，谁违反了天道的自然法则必定受罚，谁因循着天道的自然法则就会获利，这些都是自然的因果，是不知所以然而然。自然，就是最初的原因和最终的根据，没有谁再能找出自然背后的原因和根据；如果自然背后还有原因和根据的话，那它就不是自然的了，除非这个原因亦是自然的。王弼注："自然者，无称之言，穷极之词也。"

老子认为，天道运行的自然法则就是厌恶坚强、喜好柔弱的，其实这只是一种拟人化的形象说法而已。天道既是自然的，那它就是不会喜恶的，是没有情感意志的；厌恶坚强、喜好柔弱的形象说法，只是表明逞强的行为违反天道的自然法则、守柔的行为符合天道的自然法则，天道是以柔弱为其功用的，如此而已。天道益"柔弱"而损"坚强"，这就是它的自然法则；当然也可以形象地说，是它喜恶惩罚的标准。

天道以柔弱为用，而损折坚强。守柔居弱即是意味着不表现出强行意志，不强作妄为。所以，守柔居弱的"勇于不敢"行为，是属于"无为"的范畴。天道是无为的。老子说："天之道，不争而善胜，不言而善应，不召而自来，繟然而善谋"。这里的"不争""不言""不召""繟然"，都意味着主观强行意志的抑制和消除，都属于"无为"的含意范围；而"善胜""善应""自来""善谋"，都是"不争""不言""不召""繟然"所自然地带来的最佳客观效果，是"无为"的态度行为所自然地达成的"无不为"的客观功效。所以，天道既是"无为"的，又是"无不为"的；或者说正是由于它的"无为"，才能成就其"无不为"。天道，是"无为而无不为"的。

天道的"无为而无不为"，亦是自然的，是它本身内在的、自然的功用，而不是有一个外在的力量使它如此，它是自然如此的，是自然而然的。天道自然的"无为而无不为"，这是宇宙万物所必须遵循的一个总的根本法则；同时，正是由于天道的自然无为，使天地万物得以自生自长、自化自育，各遂其生、无所不成，这对于宇宙万物来说又是一个最大的自由。天道的原则，既是对万物的根本规制，又给予万物最大的自由；换句话说，自然是自由的最后限制，也是最大的自由。老子说："天网恢恢，疏而不失。"天道自然，给予了万物最大的自由，所以说天道这张网是"疏"的；然而天道的自然法则，又从根本上规定了万物的生养长成，顺之则生，逆之则夭，无所逃于天道法则，所以又说天道这张网是"不失"的。在老子看来，天道就是这样一张"疏而不失""无为而无不为"的自然大网。个人的行为只有依循自然的天道，才能得生、得存；社会的运作只有依循自然的天道，才能得理、得治。天下万物遵循自然，才能尽得其然，这就是"自然而然"吧。

第七十四章

【原文】

民不畏死，奈何以死惧之？若使民常畏死，而为奇①者吾得执而杀之，孰敢？常有司杀者②杀，夫代③司杀者杀，是代大匠斲④。夫代大匠斲者，希⑤有不伤其手矣。

【注释】

① 奇：奇诡。王弼注："诡异乱群谓之奇也。""为奇"，指做邪恶的事。

② 司杀者：专管杀人的，指天道。

③ 代：代替。

④ 斲（zhuó）：砍、削。

⑤ 希：少。

【品鉴】

本章是老子对于当时社会的严刑峻法，逼使人民走向死途的暴虐之政所提出的沉痛抗议。

老子的时代，正是以法治国的呼声逐渐高涨的时代，然而老子却看到了刑罚作用的有限性和负面性，指出了法令刑罚同样不能从根本上解救社会的危机，滥用刑罚还会引起更大的混乱。老子说："民不畏死，奈何以死惧之？"老子这句话是对当时的试图利用严刑峻法来强化社会秩序的统治者说的。苏辙说："政烦刑重，民无所措手足，则常不畏死，虽以死惧之，无益也。"民众都不畏惧死亡了，你还怎么能用死亡来恐吓他们呢？刑罚的极刑不就是杀头吗？你现在弄得民众都不怕杀头了，再加重刑罚、再严厉制裁又有什么用呢？在正常的情况下，对于人来说，没有什么是比死更可怕的事情了，故死刑是刑罚之最；但当时的统治者极力扩张自己的私欲，不顾人民的死活，对人民"狎其所居""厌其所生"（第七十二章），弄得人民生不如死，逼得人民不得不奋起反抗，铤而走险，轻死作乱。民众不是不爱护自己的生命，而是不拼上性命一搏就只能为统治阶级折磨而死；与其束手待毙，不如揭竿而起。"民不畏死"的社会反常现象，是为统治者的贪婪和残暴所逼压的；当人民生不如死的时候，就会轻死相拼。

"民不畏死"现象的发生，既意味着刑罚作用失效，又反映了社会秩序的崩溃。在老子看来，法令刑罚不能从根本上解决社会治理的问题，高压重刑甚至会造成巨大的社会祸乱。要使刑罚起作用，必须得有个前提：那就是民众不愿死、不想死、害怕死；一旦失去了这个前提，连刑罚的最高手段都会失去效用。"若使民常畏死，而为奇者吾得执而杀之，孰敢？"假若民众还有怕死之心，你把为非作歹的邪恶之徒抓来杀死，以儆效尤，谁还敢再为非作歹呢？林希逸说："言用刑者不过以死惧其民，而民何尝畏死？使民果有畏死之心，则为奇邪者吾执而刑之，则自此人皆不敢为矣，故曰：'吾得执而杀之，孰敢？'今奇邪者未尝不杀，而民之犯者日众，则民何尝畏死哉？"所以，刑罚的关键是要让民众还能保有怕死之心，让民众不愿死、不想死、害怕死。"民常畏死"，本是自然常情，究竟是什么原因使得民众反常而"不畏死"的呢？严遵说："人之情性，穷困而轻死，安宁而重身。"这就是说，一个人只有在穷困之极的情况下才会轻死，在安宁生活的状况下就会珍视生命。老百姓只有在被逼得没有生路，完全失去生存条件的情况下才不怕死。所以统治者首先需要做的，是保证人民生存的条件、提供人民生活的环境，而不是制定更繁密的法令、加大刑罚裁制的力度。民众有了生存的条件、有了生活的环境之后，再对扰乱社会安定的害群之马予以惩治，谁还会作恶作乱呢？可见，老子不是不要刑罚，而是说刑罚发挥作用是要有社会条件做保证的，那就是让民众具备基本的生存条件和生活环境。

既然民生问题才是社会治理的关键，那就不如推而进之、大而广之，充分满足人民的生活意愿，使天下百姓都能过上自富、自足、自正、自朴的自然生活，社会秩序自然也就安定和谐了，人民也都乐生、重身了，也就不存在什么"民不畏死"的社会反常现象了，社会、民众都又返回了安定的、自然的常态。这就是以大道治国。在老子看来，统治者若以大道治国，则百姓自然安足，社会自然和谐，也就不再需要作出什么严刑峻法的举措了。对于社会上的"坚强"之徒，自然会有"司杀者"予以惩罚，河上公注："司杀者天"，"天网恢恢，疏而不失"（第七十三章），自然的天道自会作出裁决；若是统治者只为一己之私欲而斧钺威禁、私意杀人，即使是再严刑峻法也好比是代替大匠斲木，不仅于事无补，反会自伤其手。蒋锡昌说："人君不能清静，专赖刑罚，是代天杀。"奚侗说："人君不能以道治天下，而以刑戮代天之威，犹拙工代大匠斲也。"统治者若是恃威权以谋私利、峻刑法以逞贪欲，必然是自取灭亡，为"司杀者"所杀，此亦是天道之自然也。

第七十五章

【原文】

　　民之饥,以其上①食税之多,是以饥。民之难治,以其上之有为②,是以难治。民之轻死③,以其求生之厚④,是以轻死。夫唯无以生为⑤者,是贤⑥于贵生⑦。

【注释】

　　① 上:君上,指统治者。

　　② 有为:强施妄为。

　　③ 轻死:轻于犯死。

　　④ 求生之厚:奉养奢厚,指过分地追求享乐。

　　⑤ 无以生为:不把厚生奢侈作为追求的目标。即是不贵生,生活得恬淡寡欲。

　　⑥ 贤:优,胜。

　　⑦ 贵生:厚养益生。高亨说:"君贵生则厚养,厚养则苛敛。"

【品鉴】

　　本章揭示了老子生活的时代民众与统治者之间的尖锐矛盾,老子对统治者的虐政提出了警告。

老子说:"民之饥,以其上食税之多,是以饥。"人民之所以饥饿,就是因为统治者吞吃税赋太多,因此才陷于饥饿。此句是讲统治阶层与民众的矛盾激化的经济原因。在老子看来,是统治者的横征暴敛造成了民不果腹,社会矛盾激化的经济根源在上而不在下。"民之难治,以其上之有为,是以难治"。人民之所以难治,就是因为统治者强施妄为,因此才难以管治。此句是讲统治阶层与民众的矛盾激化的政治原因。"有为",林希逸注:"言为治者过用智术也。"陈鼓应注:"政令烦苛,强作妄为。"在老子看来,是统治者的有为多欲,以智术治国,用刑法制民,造成了人民的难以治理,社会矛盾激化的政治根源也在上而不在下。"民之轻死,以其上求生之厚,是以轻死"。人民之所以轻死作乱,就是因为统治者的奉养奢厚,逼得人民穷困不生,所以才轻死作乱的。此句是讲统治阶层与民众的矛盾激化的社会原因。在老子看来,是统治者过分地追求物质享乐,为自己的贪享餍食而剥夺了民众基本的生存条件,才逼得民众轻死犯上的,社会矛盾激化的社会根源也在上而不在下。

老子在这里就把社会矛盾的根源揭示出来了。王弼注:"民之所以僻,治之所以乱,皆由上,不由其下也。"在老子看来,人民的饥荒是统治者沉重的赋税造成的,人民的反抗是统治者苛酷的措施造成的,人民的轻生是统治者无餍的聚敛造成的。总之,由于统治者在经济、政治、社会等方面对人民的疯狂掠夺和残酷压制,使得社会矛盾激化、上下关系极度紧张,整个社会陷入了全面的危机。社会的严重危机,是由统治者本身所造成的。

老子认为,统治者的剥削和高压是社会祸乱的根本原因。陈鼓应说:"在上者横征暴敛,再加上政令繁苛,使百姓动辄得咎;这样的统治者已经变成了大血吸虫与大虎狼。到了这种地步,人民自然会从饥饿与死亡的边缘中挺身而出，轻于犯死了！这是对虐政所提出的警告。"因此，要想把社会从严重危机中拯救出来，解决的办法是消除对抗的根源而不是加大刑罚的力度。统治者必须改变政策，关注民生，薄赋敛、轻徭役，减轻刑罚、删简法令，才能缓和社会矛盾，避免激烈的社会对抗与严刑峻法的恶性循环，统治者才能维持其统治。在老子看来，要想改变社会的统治政策，必须从改变统治者自身做起。所以，老子在本章结尾说："夫唯无以生为者，是贤于贵生。"这里的"贵生"，就是"益生""求生""厚生"的意思，指统治者的多欲奢求、厚养自奉、贪图享受。高亨说："无以生为者，不以生为事也，即不贵生也。君贵生则厚养，厚养则苛敛，苛敛则民苦，民苦则轻死。故君不贵生，贤于贵生也。"这就是说，统治者的个人行为和道德修养，直接影响着社会治理的好坏。在老子看来，正是由于统治者的贪求奢欲，造成了社会秩序的崩溃，使社会陷入了全面危机；而统治者的寡欲恬淡，亦是成就"无为"之政的前提，是解救社会危机，使百姓安足、社会安定的首要。

老子的这种思想观点，既饱含着对劳苦大众的深深同情，又倾注着对治者"圣人"的殷殷期望；既对当时的社会矛盾对抗有着清醒地意识和批判，又寄希望于统治者的个人修养和政策改良以安定社会、改善民生。个中因由，怎一个对错了得，任读者评判吧。

第七十六章

【原文】

人之生也柔弱①,其死也坚强②。万物草木之生也柔脆③,其死也枯槁④。故坚强者死之徒⑤,柔弱者生之徒。是以兵强则不胜,木强则兵⑥。强大处下,柔弱处上。

【注释】

① 柔弱:指人身的柔软。

② 坚强:指人体的僵硬。

③ 柔脆:指草木形质的柔软。

④ 枯槁:形容草木的干枯。

⑤ 徒:类。

⑥ 兵:指砍伐。

【品鉴】

本章表达了老子守柔居弱的思想。"柔弱胜刚强"之说,又见于第三十六章、第四十三章和第七十八章。

老子从自然现象和日常经验的观察中总结出了一条规律,那就是

"柔弱胜刚强"。人活着的时候身体是柔软的，死了的时候就变成僵硬的了；万物草木生长的时候形质是柔脆的，死了的时候就变成干枯的了。所以坚强的就是走向死亡的一类，柔弱的就是保持生命的一类。老子并把这种经验观察的规律上升为人的行为价值准则和生活态度。因为"强大处下，柔弱处上"，所以用兵逞强就会败亡，自逞强壮就遭挫折。老子教导世人要守柔居弱，为人处世要柔弱谦下，不要争强逞强，这样生命就能保持长久而没有危殆。陈鼓应说："老子从人类和草木的生存现象中，说明成长的东西都是柔弱的状态，而死亡的东西都是坚硬的状态。老子从万物活动所观察到的物理之恒情，而断言：'坚强者死之徒，柔弱者生之徒。'他的结论还蕴涵着强悍的东西易失去生机，柔韧的东西则充满着生机。这是从事物的内在发展状况来说明的。若从它们外在表现上来说，坚强者之所以属于死之徒，乃是因为它的显露突出，所以当外力冲击时，便首当其冲了；才能外露，容易招忌而遭掊击，这正如高大的树木容易引来砍伐。人为的祸患如此，自然的灾难亦莫不然；狂风吹刮，高大的树木往往被摧折。小草由于它的柔弱，反而可以迎风招展。"此评说甚合老子意旨。在老子看来，刚强是败亡的象征，壮盛是衰落的朕兆，柔弱则是新生的标志，是生命力的体现，因而"柔弱胜刚强"。

对于"柔弱胜刚强"，人们通常是从以柔克刚的角度来理解的，而在我们看来，老子的本义是说，柔弱要优于刚强。柔弱之优于刚强，除了包含有柔弱最终要胜过刚强的策略性意义之外，还包括与其刚强不如柔弱的价值观意义，这后一层意义容易被忽视。守柔居弱，亦是人的价值观和生活态度。很显然，如果人们皆能甘守柔弱而不恃刚逞强，不仅个人的生命可得自然、长久，而且大多数的社会纷争也就不会发生，已经发生的社会纷争也会得到消解，社会秩序自然就可以和谐稳定了。老子把"柔弱胜刚强"看作是指导人们行为的普遍有效的方法，在他看来，既然懂得了"柔弱胜刚强"的道理，就应该使自己经常处于柔弱的地位和状态，才能延缓乃至避免向刚强的转化，从而维持相对的长久，立于不败之地。这样，虽然从表面上看是弱小，其实却是真正的强大；柔弱胜过刚强，因而是真正的强大，因为它保持着生命力和发展的前途，故而老子说："强大处下，柔弱处上"，"守柔曰强"（第五十二章）。居守柔弱之所以能"处上""曰强"，归根结底是由于"道"的作用。"弱者，道之用"，柔弱是大道的功用，也是大道的品性，因此，守柔居弱的行为态度是合乎大道的。居守柔弱就可以从大道那里获取生命的能量，使自身充满生机和活力，从而具有无限的生长发展前途，并最终取代和战胜走向衰亡的刚强之物。

毫无疑问，老子提出的"柔弱胜刚强"是杰出的辩证法思想。但他对此未免强调得过分，事实上这些道理并不是普遍适用的。柔弱并不总能胜刚强，在很多情况下是刚强胜柔弱，因而单讲柔弱胜刚强和单方面强调刚强一样，都是不全面的。人们对待周围的世界，是柔弱还是刚强，是进取还是退让，本无一定之规，而应灵活掌握，视具体的情况而定，并随情况的变化而变化，一味采取任何一种态度都是僵化的、不明智的。在此问题上，注重柔弱的《老子》和注重刚健的《易传》这两大辩证法体系可谓是仁者见仁、智者见智，本无是非优劣可言。应当说，它们各自强调了客观辩证法的一个方面，皆有所见也皆有所不见，皆有所得也皆有所失。荀子有言："老子有见于屈，无见于伸"（《荀子·天论》），那么，对于刚健派的《易传》体系，我们当然也可以说它是"有见于伸，无见于屈"。而这两大辩证法体系的交融互补，不正是先民伟大智慧的完美结晶吗？

第七十七章

【原文】

　　天之道①，其犹张弓欤！高者抑②之，下者举③之；有余者损之，不足者补之。天之道，损有余而补不足。人之道④则不然，损不足以奉⑤有余。孰能有余以奉天下？唯有道者⑥。是以圣人为而不恃，功成而不处，其不欲见贤⑦。

【注释】

　　① 天之道：指自然的大道。

　　② 抑：压低。

　　③ 举：抬高。

　　④ 人之道：指当时的社会规则。

　　⑤ 奉：供给，给予。

　　⑥ 有道者：指取法天道的人。

　　⑦ 不欲见贤：不愿炫示自己的才能。见，表现、炫耀。

【品鉴】

　　本章将"天之道"与"人之道"做了一个鲜明的对比，意指人类社会当遵循天道而行。

"天之道",指自然运行的大道,自然的法则;"人之道",指社会的规则,当时社会运作的法则。自然的法则,是高抑下举、损有余而补不足;而社会的规则,是损下益上、损不足而奉有余。这里老子所说的"人之道",并不是指人之所当行之道,或社会运作所应遵循的法则,而是指当时的社会现实状况,当时社会运作的规则。老子生活的时代,其社会现实的规则是极为不公平的。统治阶层利用强权威势,不断地剥夺穷人的劳动果实,以供奉自己的穷奢极欲、贪享餍食,造成了贫富之间的差距越来越悬殊,劳动人民的苦难越来越深重。民众由于冻饿已甚,迫于求生,故不惜铤而走险、轻死犯上,社会混乱,民不聊生。在老子看来,社会之所以陷入了严重危机,是由于当时社会运作的法则背离了"天之道"。"天之道"是公平的、施与的、均衡的;而"人之道"却是不公的、掠夺的、失衡的。这样的规则怎能不激起人民的反抗,这样的社会怎能不招致全面的崩溃?

杨兴顺说:"在老子看来,损有余而补不足,这是自然界最初的自然法则——'天之道'。但人们早已忘却'天之道',代之而建立了人们自己的法则——'人之道',它只有利于富人而有损于贫者。'天之道',有利于贫者,给他们带来宁静与和平,而'人之道'则相反,它是富人手中的工具,使贫者濒于'民不畏死'的绝境。"可见,当时社会的运作法则是与"天之道"背道而驰的,是背离天道原则的,是"不道"的。人间世上多少富贵人家不劳而获,多少权势人物苛敛榨取;与此相对的是,多少贫穷人家流离失所,多少困苦之人冻饿哀号,真可谓是"朱门酒肉臭,路有冻死骨"!社会上处处可见这种贫富两极、弱肉强食的情形,这正如老子所说的"剥夺不足来供奉有余"。而自然的法则、"天之道"则不然,它是拿有余来补不足,而保持均平调和的自然平衡状态。在老子看来，社会的规则只有效法自然的法则，"人之道"只有遵循"天之道"，才能消除贫富贵贱的悬殊，使社会趋于公平与均衡，从而达到自然和谐的状态。公平的、均衡的、和谐的、自然的社会状态，才是合乎天道的社会规制，才是符合"天之道"的"人之道"。

在老子的思想世界中，"天之道"即是"人之道"的终极根据和价值准则。刘笑敢说："中国哲学的一个特点就是从客观世界寻找人的行为的根据。所以，在有些情况下，天道也与人事有关，如'功遂身退，天之道也'；'天之道，不战而善胜'；'天之道，利而不害'；'天道无亲，常与善人'。这些天道都与人事有关，具有规范性的意义。其规范性意义的根据显然来自'天'的客观、独立特点。所以，天道或天之道一方面是客观的、实然的，另一方面又体现了人的行为原则。实际上，这些天道所体现的原则正是老子所要提倡的价值标准。本章所说的'天之道，损有余而补不足'也是以客观之天的独立性来强化、支持人事中应该'损有余而补不足'的原则。简单地说，'天之道'就是既独立于人之外、又给人的行为方式提供规范的价值和原则。"老子在本章中，既用"天之道"对当时社会现行的"人之道"予以了批判，又给人间的社会运作提供了终极的价值准则。"人之道"是人类的行为方式和规则，它可以和"天之道"相一致，也有可能不一致，甚至会背离。但在老子看来，背离"天之道"的"不道"社会必然陷入危机，直至祸乱灭亡；人的价值追求方向和社会的理想运作状态应该是与"天之道"相一致的，这就是"圣人"之治。"孰能有余以奉天下？唯有道者。是以圣人为而不恃，功成而不处，其不欲见贤"。有道的"圣人"，公正而无私，给予而无求，奉献不索取，其个人的修为是合乎大道的，其治理的社会亦是合乎"天之道"的，这就达到了个人修养、社会治理与"天之道"的一致。

老子所处的时代，正面临着政治与社会的大动荡。面对当时社会的贫富对立和阶级压迫等不合理的现实，老子提出了强烈的抗议，正是这种同"天之道"尖锐对立的"人之道"，造成了富者田连阡陌、贫者无立锥之地的不平等现象。由于历史的局限，老子无法看到造成这种不平等的复杂根源，他天真地认为，只要统治者遵循"天之道"的自然均平的精神，不再贪得无厌地追求社会地位和财富，社会就会趋于合理、和谐。因而，从老子对"天之道"的均平精神的赞美和对当时现实社会的不平等现象的批判中，我们又可以体味到他的几分期待和几许无奈。

第七十八章

【原文】

　　天下莫柔弱于水，而攻坚强者莫之能胜，其无以易之①。弱之胜强，柔之胜刚，天下莫不知，莫能行。是以圣人云：受国之垢②，是谓社稷主③；受国不祥④，是为天下王。正言若反⑤。

【注释】

① 其无以易之：王弼本"其"上脱一"以"字，蒋锡昌说："'以其'二字为老子习用之语。"验之帛书甲、乙本正是。"以其无以易之"，意谓：因为水是不能用别的什么东西来代替它的。

② 受国之垢：承受国家的屈辱。垢，同"诟"，屈辱。《左传·宣公十五年》："国君含垢，天之道也。"

③ 社稷主：指国家的君主。社稷，古代帝王所祭祀的土神和谷神，后为国家的代称。

④ 不祥：不吉祥，灾殃。

⑤ 正言若反：正道之言好像反话一样。河上公注："此乃正直之言，世人不知，以为反言。"释德清说："乃合道之正言，但世俗以为反耳。"

【品鉴】

本章以水性善柔为喻，再次说明柔弱胜刚强的道理。

老子说："天下莫柔弱于水，而攻坚强者莫之能胜，以其无以易之。"河上公注："圆中则圆，方中则方，雍之则止，决之则行。水能坏山襄陵，磨铁消铜，莫能胜水而成功也。夫攻坚强者，无以易于水。"奚侗说："击之无创，刺之不伤，斩之不断，焚之不燃，天下固无有可以变此水之物也。"天下没有什么东西比水更柔弱的了，而任何坚强的东西都不能改变水的本性，因而没有什么东西可以胜过水；相反，滴水可以穿石，洪水可以冲决一切坚固的东西，攻取坚强的东西没有什么可以超过它，也没有什么东西可以代替它。足见老子的"柔弱"，具有十足的后劲，包含着无坚不摧的力量，怎能说成是"懦弱""胆怯"呢？柔弱的东西从表面看浑似无力，其实却是真正的强大，因为它具有韧性的生命力和无限的发展前途。陈鼓应说："在刚强和柔弱的对峙中，老子宁愿居于柔弱的一端。老子对于人事与物性作深入而普遍的观察之后，他了解到：看来柔弱的东西，由于它的含藏内敛，往往较富韧性；看来刚强的东西，由于它的彰显外溢，往往暴露而不能持久。所以老子断言'柔弱'的呈现胜于'刚强'的表现。"水之柔弱，胜过天下之刚强，所以老子说："弱之胜强，柔之胜刚"。我们可以说，水是至柔的，又是至刚的；因其至柔，所以至刚。

天下没有人不知道水能以柔克刚，然而却没有人能切实照此法则行为处事。天下人为什么知而不行呢？其中原因，不外乎私心私欲作怪。天下熙熙攘攘，争名逐利、显刚逞强、奢欲贪享，哪个愿清静寡欲、居守柔弱、谦退让人？时俗社会是一个"争"的社会，以名利为目的，以刚强为能。所以，天下之人虽知柔弱之理，亦不以柔弱为用也。由此，也可见天下世人之短见近视。能知而行之者，惟古之"圣人"哉！老子借圣人之语，重言守弱谦卑之大用，"受国之垢，是谓社稷主；受国不祥，是为天下王"，承受国家的屈辱，才配称国家的君主；承受国家的灾殃，才配做天下的君王。《庄子·天下》篇引述老聃曰："知其雄，守其雌，为天下谿；知其白，守其辱，为天下谷。人皆取先，己独取后，曰：受天下垢。"可见，这里的"受垢""受不祥"即是不争谦下，守柔居弱的意思。只有柔弱不争、谦虚处下的"圣人"，才配作国家的君主，也才能作天下的君王。作社稷主、为天下王，即是天下至尊至贵者；然此至尊至贵的地位，却是以其柔弱不争而得来的，这也是以柔弱之道胜过了天下的自逞刚强之人。受垢受殃者，反为天下君王；柔弱不争者，反为至尊至贵。老子说："正言若反"。正道之言，在世人听来，就好像是反话呀！意谓守柔居弱本是天下之正道，胜过天下之雄强，然世人以争名逐利、显刚逞强为能事，反把柔弱不争看作是懦弱无能、胆小怕事。正道说出来的话，在世俗之人听来就好像是反话一样。"玄德深矣，远矣，与物反矣"（第六十五章），在老子看来，道的正则、德的深远，恰是与世俗价值相反的。世俗之人争先逞强以谋私利，道德之人柔弱谦容以成万物，价值取向之相背决定了认知态度之相反。"正言若反"，表明的是道的原则与世俗价值的背反。

　　本章的"正言若反"，在这里是对前引"圣人之言"的具体说明，但它却成了《老子》全书中那些闪耀着相反相成光辉言辞的一种精辟的概括，从而具有了朴素辩证法原则的普遍性质。张松如说："'正言若反'，正是打开《老子》一书中许多奥秘的一把钥匙。"《老子》书中"正言若反"的例句很多："大成若缺，其用不弊；大盈若冲，其用不穷。大直若屈，大巧若拙，大辩若讷"（第四十五章）；"明道若昧，进道若退，夷道若纇，上德若谷，广德若不足，建德若偷，质真若渝，大白若辱"（第四十一章），这些诸多现象都可说是"正言若反"。正言若反，即是以反彰正，以反求正，也就是预先在自身（"正"）中容纳了对立面（"反"）的成分，采取反面的形态，通过这种方法来防止向反面转化，并达到更高层面的正。以上这些"若"字，即意味着既是又不是，是正与反、肯定与否定在更高层面上的统一。由于事先容纳了反面的成分，看上去像是反面，实际上又不是，这种正反结合的正面才是高级的、完满的、真正的、长久的正面，才能立于不败之地。其中道理，第七十一章"夫唯病病，是以不病"说得很生动明了。张岱年把这种方法形象地比喻为注射预防针，提高自身免疫能力的方法，即通过对否定方面的肯定来实现对自身的肯定。老子认为，这种方法能够有效地防止向反面的转化。应当承认，这是一种极富辩证色彩的方法，在实践中也被证明是行之有效的，是老子对辩证思维的重要贡献。老子用"正言若反"的方式表达自己的思想，既是"道"的形而上性和超越性所决定的，也是对现实社会和世俗价值批判的需要。"正言若反"，既表明世俗对大道的废弃与背离，又昭示着世人须反身求正的返归之路。

第七十九章

【原文】

　　和①大怨，必有余怨，安②可以为善？是以圣人执左契③，而不责④于人。有德司契，无德司彻⑤。天道无亲⑥，常与⑦善人。

【注释】

　　① 和：调和，和解。

　　② 安：表示疑问的副词，相当于"怎么"。

　　③ 左契："契"，契约，合同。古时候，刻木为契，剖分左右，左边一半为左契，由债权人保存，右边一半为右契，由债务人保存。债约期满，以左右两契合同为凭，讨还欠债。

　　④ 责：《说文》："责，求也。"这里指强讨欠债。

　　⑤ 司彻：职掌税收。"彻"，周代的税法。

　　⑥ 天道无亲：天道没有偏爱。和第五章"天地不仁"的意思相近。

　　⑦ 与：助，帮助。

【品鉴】

　　陈鼓应说："本章在于提示为政者不可蓄怨于民。用税赋来榨取百姓，用刑政来钳制大众，都足以构怨于民。理想的政治是以'德'化民——辅助人民，给与而不索取，决不骚扰百姓。"

在老子看来，"和大怨，必有余怨"，调解深重的怨恨，必然还有余留的怨恨，"安可以为善"？因此，积蓄了怨恨再求事后和解的解怨并不能算是最妥善的办法。最妥善的办法就是根本不结怨，也就谈不上解怨了。与其结了怨再去解怨，不如与人为善，当初就不与人结怨。如何能做到不与人结怨呢？老子说："善者，吾善之；不善者，吾亦善之，德善"（第四十九章）。与人为善，难就难在善待不善之人，倘若对不善之人亦能善待之，便能做到不与任何人结怨了。

与人为善的一个极高境界、姿态，即是"报怨以德"（第六十三章）。别人做了有损于我的事，我不但不计较、不报复，反而以德相报，使怨隙化解。刘向《新序》中有这样一个故事，梁、楚两国邻界，都在边亭种了瓜，梁人勤于灌溉而瓜美，楚人惰殆而瓜恶。楚人心生妒恶，半夜里把梁人的瓜弄死了很多。梁人的长官不但不许部下报复，反而让他们每天夜里偷着去浇灌楚人的瓜。楚人的瓜越长越好，他们发觉了是梁人所为，便把这事报告了楚王。楚王自感惭愧，派人前来谢罪，从此两国修好，边境相安无事。刘向评论说："语曰：'转败而为功，因祸而为福。'老子曰：'报怨以德。'此之谓也。夫人既不善，胡足效哉？"这个故事虽然发生在老子之后，但却是老子"报怨以德"主张的绝好例证。

与人为善的主张，具体到君民关系上就是要求统治者不要积怨于民，"无狎其所居，无厌其所生"（第七十二章），不要用苛政、刑法、重税逼得人民没有活路，等到"民不畏死"犯上作乱了，再想调解社会矛盾的对抗，恐怕是难以济事。高延第说："人有怨心，后而平之，虽不寻仇构怨，其意终未释也。喻治国者当为之于未有，治之于未乱，及其有事然后图之，不足为善矣。"这就是说，统治者应预先积德，与民为善，不结怨于民，这样的社会自然是安定的；若是横征暴敛，峻法严刑，待民怨沸腾奋起反抗再试图镇压民乱，这样的统治恐怕是难以维持的。

老子认为，民怨不可结、不可积，最好的办法是统治者关爱民生，与民为善，利民而不取民。"是以圣人执左契，而不责于人，有德司契，无德司彻"，所以最好的治者就像有道的"圣人"那样，虽然手中保有借据的契约，但是并不向人索取偿还。执有左契，说明圣人对百姓的施与；不责于人，说明圣人对百姓的不求还报。圣人的施而不求报，正是与民为善、不与民结怨的最好办法。因此，有德的治者，就像是手中保有左契而不责于人的人，常施与百姓而不求还报；无德的治者，就像是掌管税收的人那样，只知敛收苛取而不知施与于人。"有德司契"，只予不取，所以不结怨于民；"无德司彻"，只取不予，所以结怨于民。无德的统治者，一方面苛税重赋，横征暴敛，以满足自己的穷奢极欲；另一方面，统治者对于百姓却不施不与，完全不顾人民的死活。在老子看来，正是由于统治者的只取不予，害民而不利民，才逼得民怨沸腾，轻死作乱。

老子认为，要想使社会安定、民心安顺，统治者必须与民为善，做"予而不取"的有德治者。老子说："天道无亲，常与善人"，天道没有偏爱，却经常帮助善人。这里的"善人"，即是指与人为善的人，予而不取的人。与人为善的人，"报怨以德"（第六十三章），"善救人""善救物"（第二十七章）；予而不取的人，"有余以奉天下"（第七十七章），他无私地奉献，无条件地付出而不求任何回报。真正与人为善的人，必是予而不取的人；真正予而不取的人，也必是与人为善的人。这样的"善人"，不是有意地为善以沽取善名，而是无所欲求的、自然的善德善行。这种自然的善德善行，可以称为"给予的精神"，它真正体现了大道的精髓。大道长养万物而从不居功、占有、主宰，"万物恃之以生而不辞，功成不名有，衣养万物而不为主"（第三十四章）。善人"给予的精神"，是合乎大道的,是符合天道原则的,所以说他能得到"天道"的助与。天道对善人的助与,也不是有意为之,"天道无亲",天道是没有情感意志的;天道之"常与善人",乃是善人之自为所带来的自然结果,并没有什么天意所在。

第八十章

【原文】

小国寡民①,使有什伯之器②而不用,使民重死③而不远徙④。虽有舟车,无所乘之;虽有甲兵,无所陈之。使人复结绳而用之⑤。甘其食,美其服,安其居,乐其俗。邻国相望,鸡犬之声相闻,民至老死不相往来。

【注释】

① 小国寡民:国土小,人民少。
② 什伯之器:十倍百倍于人工的器械。
③ 重死:看重死。
④ 不远徙:不向远方迁徙。帛书本作"远徙",与"重死"为对文,是远离迁徙的意思,即把迁徙的事看得很重,尽量远离它,不随便迁徙。
⑤ 结绳而用之:在绳子上打结,用来记事。

【品鉴】

"小国寡民"寄托了老子的社会理想。本章既然是对社会理想的想象和描述，似不必把言辞语句看得过实，要透过语言表面，掌握思想大旨；倘若看得过实，把老子的社会理想当作实际的社会形态来分析研究、定性评判，恐非是老子本意吧。

老子是这样描述他的理想社会状态的："国土小，人民少。虽然有各种各样的先进器具，却并不使用；人们爱惜自己的生命，不轻易冒险向远处迁徙；人们不出远门，虽有车辆和船只等便利的交通工具，却没有必要去乘坐；人与人之间没有争斗，国与国之间没有战争，所以虽有兵器铠甲等却派不上用场；人们的生活简单淳朴，结绳记事就足够了；人们有甘美的饮食、美观的衣服、安适的居所、欢乐的习俗；邻国之间可以看得见，连鸡鸣犬吠之声都可以互相听见，但人们彼此间互不干扰，相安无事，直到老死也不相往来"。这简直是一首和谐美妙的田园诗，一个和平欢乐的"桃花源"。

老子的"小国寡民"，是针对当时的诸侯兼并战争而提出的。春秋末年，诸侯争战，都想着广土众民，霸占天下，这给人们带来了深重的苦难。老子面对这种多欲逞强的有为政治，憧憬"无为"之治。显然，国小、民少，更有利于推行清静无为的政治。老子的理想社会，是以"大道"治国，行"无为"之政，只要是清静无为的政治即好，至于是"小国寡民"还是"大国众民"，倒是无关宏旨的。非是老子定要"小国寡民"，只是"小国寡民"好行"无为"之治；况且，诸侯兼并为扩土争民而不惜涂炭生灵，所以老子主张"小国寡民"。

老子说："使有什伯之器而不用"，"虽有舟车，无所乘之"。从这些描述中可以看出，老子的社会理想并不是要退回原始社会。原始社会的一个重要特征，是社会生产力极为低下，老子的理想社会却不是这样。这个社会里有着各种各样的先进工具和器具，有船只车辆等便利的交通工具，可见物质生产的水平还是比较高的，至少不是穴居洞处、茹毛饮血的原始社会所能提供的。那为什么有这样先进的器具而弃置不用呢？首先是用不着。在老子的理想社会中，人们尽合自然，各得其所，悠然自足，无事无非，知足知止，那些提高效率的器具还有什么用呢？生活的品质已经达到了最高水准，单纯的数量增加就显得没啥意义了。"至治之极"的人们朴素自然，简单的工具即可满足生活需要，是无须再求大、求新、求快的。其次是不想用。倘若人们急于争先、忙于占有，会用"什伯之器"以占之、耐烦舟车劳顿以争之；果真人们安足知止，寡欲不争，则舟车利器遂成累人之物，故有而不用也。天下熙攘，利来利往；去除逐利之心，则没有奔波之苦，舟车利器遂弃置之。再者是羞为用。利器巧物固然可以丰富人们的物质生活，但也不可避免地会刺激人的机心和贪欲，引起争斗攘夺，使人们不得安宁。《庄子·天地》篇记载子贡向汉阴丈人推荐使用"用力甚寡而见功多"的"槔"，庄子借汉阴丈人之口表达了道家对利器巧物的看法，他说："有机械者必有机事，有机事者必有机心。机心存于胸中，则纯白不备；纯白不备，则神生不定；神生不定者，道之所不载也。吾非不知，羞而不为也。"庄子的这番话，深得老子之学的要领，堪称"使有什伯之器而不用"的最佳注脚。在老子看来，利器巧物会损害人的纯朴自然的天性，故弃而不用。可见，老子的理想社会是纯朴自然的社会状态，并不是要返回贫穷落后的原始社会；老子的理想社会是物质条件足以满足生活需要的社会状态，但物质的丰富并不是人们生活追求的目的，精神生活的淳朴自然才是最重要的。

老子的"使民重死而不远徙"，全生贵身之谓也；"虽有甲兵，无所陈之"，息战偃兵之谓也；"使人复结绳而用之"，无为无事之谓也；"甘其食，美其服，安其居，乐其俗"，自安自足之谓也；"邻国相望，鸡犬之声相闻，民至老死不相往来"，清静无扰之谓也。可见，老子的理想社会，是没有战事、没有纷争、没有搅扰、没有事端，自富、自足、自安、自正、自化、自朴的社会状态。否定性的说法是针对统治者的，肯定性的主张是描述人民的。这与第五十七章"我无为而民自化，我好静而民自正，我无事而民自富，我无欲而民自朴"的基本意含一致，是老子"无为"之治的形象描述。老子以"桃花源"式的愿景，指引统治者要清静寡欲、无事无为，使百姓自然安足、社会自然安定、天下自然安平。老子的理想社会，如用一个词概括，就是自然的社会状态，天下万物各得自然。老子"自然的社会"的理想，是对统治者强行妄为、恣意生事、搅扰人民自然生活的告诫，是对"有为"政治的批判，实质上是一种相当激进的政治思想。实现这种自然的"无为"之治，在老子看来，是医治社会病症、使社会向好的方向改变的有效途径，是变天下无道为天下有道。在我们今天看来，这正是推动社会向前进步，而不是开历史的倒车。

第八十一章

【原文】

信言不美,美言不信①;善者不辩②,辩者不善;知者不博③,博者不知。圣人不积④。既以为人,己愈有;既以与人,己愈多。天之道,利而不害;圣人之道,为而不争。

【注释】

① 信言不美,美言不信:真实的言辞不华美,华美的言词不真实。"信言",真话。"美言",巧语。河上公注:"信者,如其实;不美者,朴且质也。"

② 辩:巧辩。

③ 博:指闻见广博。

④ 不积:不积藏。

【品鉴】

本章重点说明圣人的"不积"之德和"为而不争"的精神品性。

张松如说:"本章开头提出了美与信、善与辩、知与博诸范畴,实际上是提出了真假、善恶、美丑等矛盾对立的一系列问题,说明了某些事物的表面现象和内在本质往往不一致。这中间包含着丰富的辩证法思想。老子指出，信实之言多尚朴直，故不美，甘美之言多尚华饰，故不信；嘉善之人止于真理，故不辩，辩口之徒乱于实情，故不善；知道之人妄言绝学，故不博，博学之士耽滞名教，故不知。显然这比只从表面现象看问题更深了一层。"此说切合老旨。老子教导世人要透过事物现象的表面，掌握真知真理。在老子看来，真知真理是对"道"的体察认知。这里的"信言""善者""知者"，是对"道"而言的。信言，指言"道"；善者，指得"道"；知者，指知"道"。由于"道"是无形无名的，所以对"道"的言说、认知、体察，与日常的经验感知具有本质的不同。"道之出口，淡乎其无味"（第三十五章），朴实无华，所以言道者不华美；"大辩若讷"（第四十五章），得道者不巧辩，所以说"善者不辩"；知"道"者，"知常""知和"，把握大道运行的规律法则，因此无须向外驰求；"其出弥远，其知弥少"第（第四十七章），向外追求见闻，徒增俗见，有扰真知，所以老子说："不出户，知天下；不窥牖，见天道"（第四十七章），"知者不博，博者不知"。

老子说："圣人不积。既以为人，己愈有；既以与人，己愈多"。老子心目中的"圣人"，具有"不积"之德。"不积"，即不私藏、不居有，《庄子·天下》篇述老子之意云："人皆取实，己独取虚，无藏也故有余"，"不积"即是"无藏""取虚"的意思。不私藏、不居有、取虚弱，即意味着"圣人"没有自己的私欲私意，清虚自守，寡欲不争。圣人"不积"，对自身来说，意味着一种俭约的能力，抑制自私，做到无私；对他人来说，则意味着一种给予的能力，施予奉献，为人与人。"不积"之德，即是无私奉献的精神。"圣人"的无私奉献，并没有使自身有所损失，相反，"不积"之德却成就了他的更加富有、更加伟大。"圣人"的伟大和富有，就在于他的不断帮助别人，而不私自占有，这也就是"为而不争"的意义。"为而不争",即是遵循"利而不害"的天道,为人、与人、利人而不与人争、不妨害他人。在老子看来,圣人的"不积"之德,体现了天道的精神实质。天道自然,利万物而无妨害;圣人无为,利万民而不争夺。

老子深深地感到人世的纷乱,起于私心的相争。人们争名、争利、争功,无一处不在伸展私己的意欲,无一处不在竞逐争夺。老子为了消除人类社会的病症,于是提倡"不积"的品德、"不争"的态度、无私奉献的精神。值得注意的是,老子的"不积""不争",并不是一种自我放弃,并不是消沉颓唐,相反,他是要人去自然地"为",顺着自然的情状、遵循自然的规律去作为、去奉献、去给予,发挥自身的能力,展现自身的光热,真诚地辅助、赞与别人,这样的人自然也会赢得别人的尊重、信任和支持,从而成就自身的伟大和富有。正是由于"圣人"的不积、不争,所以他是愈有、愈多,"诚全而归之"(第二十二章)。陈鼓应说:"这是一种最伟大的爱的表现,是贡献他人而不与人争夺功名的精神,亦是一种伟大的道德行为。"

老子在本章提倡"不积"之德,而在第五十九章又主张"重积德",其实两者并不矛盾,其思想意涵是相通的。"不积",是指不积藏私欲;"重积",是指厚积道德。不积藏私欲,才能厚积道德;厚积道德,才能"有余以奉天下"(第七十七章);"有余以奉天下",即是"为人""与人";"为人""与人",人自然亦尊之贵之、爱之归之,是谓"己愈有""己愈多";己"愈有""愈多",仍是"不积"不藏;不积不藏,重又积德;重积德,仍是给予人、奉天下。这是"给予"精神的良性循环,道德境界的无限提升、无限充实、无限圆满,这就是"予而不取"的道德精神。"予而不取",即是"利而不害""为而不争",也即是天道、圣人的精神原则。

焦竑曰："老子之书，使人得以受而味焉，则近乎美。穷万物之理而无不至，则近乎辩且博。然不知其信而不美、善而不辩、知而不博者存，何也？则以五千言所言，皆不积之道也。不积者，心无所系，则言而无言矣。故非不为人也，而未尝分己之有；非不予人也，而未尝损己之多，斯何恶于辩且博哉？苟第执其意见以与天下争，则多言数穷者流，非天道也。学者于此了心而忘眼焉，则于全书思过半矣。"焦竑此说，以"著书立言"释解"不积之道"，发老子言未言而之旨，虽有牵附之嫌，却也别裁新意，令人一醒。

参考书目

1. 马王堆汉墓帛书整理小组编：《老子》（马王堆汉墓帛书），文物出版社1976年版。
2. 荆门市博物馆编：《郭店楚墓竹简》，文物出版社1998年版。
3. （魏）王弼、（唐）李约等：《老子》（全二册），中华书局1998年版。
4. （魏）王弼著、楼宇烈校：《王弼集校释》，中华书局1980年版。
5. 王卡点校：《老子道德经河上公章句》，中华书局1993年版。
6. （汉）严遵著、王德有译注：《老子指归译注》，商务印书馆2004年版。
7. 朱谦之：《老子校释》，中华书局1984年版。
8. 高亨：《重订老子正诂》，古籍出版社1956年版。
9. 蒋锡昌：《老子校诂》，成都古籍书店1988年版。
10. 张舜徽：《张舜徽集》，华中师范大学出版社2005年版。
11. 高明：《帛书老子校注》，中华书局1996年版。
12. 许抗生：《帛书老子注译与研究》，浙江人民出版社1982

年版。

13. 陈鼓应:《老子今注今译》,商务印书馆2003年版。

14. 陈鼓应、白奚:《老子评传》,南京大学出版社2001年版。

15. 刘笑敢:《老子古今:五种对勘与评析引论》(上、下册),中国社会科学出版社2006年版。

16. 詹剑锋:《老子其人其书及其道论》,华中师范大学出版社2006年版。

17. 任继愈:《老子绎读》,北京图书馆出版社2006年版。

18. 古棣:《老子校诂》,吉林人民出版社1998年版。

19. 卢育三:《老子释义》,天津古籍出版社1987年版。

20. 张松如:《老子说解》,齐鲁书社1998年版。

21. 张松辉:《老子研究》,人民出版社2006年版。

22. 饶尚宽译注:《老子》,中华书局2006年版。

23. 止庵:《老子演义》,中华书局2007年版。

24. 冯达甫:《老子译注》,上海古籍出版社2006年版。

25. 傅佩荣:《解读老子》,上海三联书店2007年版。

26. 余培林:《生命的大智慧:老子》,东方出版社2007年版。

27. 李申:《老子与道家》,商务印书馆1996年版。

28. 葛荣晋主编:《道家文化与现代文明》,中国人民大学出版社1991年版。

29. 潘乃樾:《老子与现代管理》,中国经济出版社1996年版。

30. 东方桥:《读老子的方法学》,上海书店出版社2007年版。

后记

在三十多年的学术生涯中，道家思想始终是我的重点研究领域之一。尽管道家在传承演变的过程中也发生了如同"儒分为八，墨离为三"那样的分化，出现过庄子之学、黄老之学、魏晋新道家等流派和理论形态，但老子的思想始终是道家的灵魂和根基。老子的思想玄奥宏博，充满了深邃的哲理与令人叹服的洞见和智慧，其思想的深度和思辨的高度达到了那个时代哲学思维的最高峰，至今仍闪烁着不朽的灵光，照耀着人类的哲学之路。我虽然是以学术研究的方式进入老子的思想世界，但长期以来，老子的思想早已深深地影响我的生活和工作的方方面面，在不知不觉中成为我的价值观和思维方式以及人生指南。我深切地感到老子的思想具有超越时空的价值，是一种极为珍贵的思想资源，理应成为当今人类特别是中国人的一种生活指南。在这方面，很多人早已走在前面，近年来坊间出现大量普及和应用老子思想的出版物。我在长期坚持对老子思想进行学院式专业探究的同时，也一直希望有朝一日加入这一行列，将自己多年来对老子的思考和理解转化为一种能为大众提供切实指导和启迪的载体，而不是仅仅将老子的思想当作学术研究的对象。本丛书的策划出版，使我终于有了实现这一愿望的机会。

本书的合著者王英杰教授是主要执笔者。英杰君毕业于武汉大学哲学系，受过系统的专业训练，对老子思想情有独钟，他的博士论文就是从人类生存的角度审视和研究老子思想的，出版后还获得了省里的社科优秀成果奖，可谓术业有专攻，他对本书的写作做出了主要贡献。我们合著本书的宗旨是正本清源和返本开新。所谓正本清源，就是用学术界已经取得的专业而严肃的研究成果来廓清当前老子研究中存在的一些模糊认识和不准确的理解，以此纠正老子思想在普及和应用中常见的偏差。所谓返本开新，就是尽可能地贴近老子思想的原意，以此彰显老子思想的永恒价值，在此基础上开显老子思想的现代意义，为大众提供可以放心使用的而不是靠不住的老子思想，以便于各行各业的读者结合自己的工作和生活实践来领会和发挥运用老子的思想。

希望本书的出版能够为老子思想的宣传普及和应用做出一些绵薄的但却是实实在在的贡献。

白　奚

2022 年 3 月于首都师范大学寓所